本书由内蒙古大学公共管理学院、内蒙古社会治理与创新研究基地资助出版，是内蒙古大学2022年高层次人才科研启动项目阶段性研究成果。

流动人口群体
分异包容性治理研究

王瑞雪 著

中国社会科学出版社

图书在版编目（CIP）数据

流动人口群体分异包容性治理研究／王瑞雪著 . —北京：中国
社会科学出版社，2024.9
ISBN 978 - 7 - 5227 - 3375 - 3

Ⅰ.①流… Ⅱ.①王… Ⅲ.①流动人口—城市化—研究—
中国 Ⅳ.①D631.42

中国国家版本馆 CIP 数据核字（2024）第 065974 号

出 版 人	赵剑英
责任编辑	许　琳
责任校对	苏　颖
责任印制	郝美娜

出　　版	中国社会科学出版社
社　　址	北京鼓楼西大街甲 158 号
邮　　编	100720
网　　址	http://www.csspw.cn
发 行 部	010 - 84083685
门 市 部	010 - 84029450
经　　销	新华书店及其他书店

印　　刷	北京君升印刷有限公司
装　　订	廊坊市广阳区广增装订厂
版　　次	2024 年 9 月第 1 版
印　　次	2024 年 9 月第 1 次印刷

开　　本	710 × 1000　1/16
印　　张	16.25
插　　页	2
字　　数	258 千字
定　　价	98.00 元

序　言

　　该书是王瑞雪在博士学位论文基础上补充修改而成的一本关于城市治理方面的学术专著。其以源自地理学科的"分异"概念为研究切入点，辅之以人口统计学中"人口群体"视角，对中国流动人口群体城市化过程中涵盖居住城市化、就业城市化与社会融入城市化的现实问题进行研究，探讨中国流动人口城市化过程中的居住、就业与社会融入在内的群体分异问题的具体表现、流动人口城市化进程中群体分异这一现实与学理问题的引致因素，并在融合当前包容性社会治理的相关内容基础之上，尝试找出解决这一问题的路径。

　　城市化的快速发展吸引大批流动人口进入城市，在人口城市化的进程中，有序推进流动人口城市化进程已成为中国现阶段全面提高城市化发展质量的重要任务。美国《世界城市》曾指出：都市化是一个过程，包括人口向城市运动与人口生活方式（价值观、态度和行为等）向城市生活方式的转变两个方面的变化。《中华人民共和国国家标准城市规划基本术语标准》也把城市化表述为"人类生产和生活方式由乡村型向城市型转化的历史过程"，其表现为农业人口向城市人口转化以及城市不断发展和完善的过程。因此，城市化实质上是"人的城市化"而非"物的城市化"。

　　2012 年，习近平总书记在中央经济工作会议上提出，要把有序推进农业转移人口市民化作为重要任务抓实抓好。党的十八大报告又特别强调，加强和创新社会管理，完善和创新流动人口和特殊人群的管理服务。党的二十大报告提出，中国式现代化是人口规模巨大的现代化，是全体人民共同富裕的现代化。要推进以人为核心的新型城镇化，加快农业转移人口市民化。这些都是立足中国国情、推进流动人口群体城市化发展进程所必须理清的基本任务，也为今后一段时期城市化工作指明了努力方向与奋斗目标。

中华人民共和国成立以来，流动人口城市化经历了漫长且过程曲折的发展历程。中国流动人口城市化过程是城市现代化和传统的农业社会向工业社会、信息社会转变多化合一的复杂过程，是建设性与挑战性共进的过程。期间流动人口城市化遇到了居住领域、就业领域、社会融入等多领域的转变困境，出现了城市居住隔离、职业谋生阻碍、社会融入排斥等群体性的问题。流动人口成为城市中一群独特的、边缘性的群体存在。在这些问题中，此书作者突出关注居住、就业、社会融入领域的人口城市化发展问题。"居住城市化"是流动人口城市化最基础性的内容；就业城市化即流动人口谋生则是城市中流动人口的最主要动因与内容；社会融入作为流动人口城市化更高一层次的内容，融入了更多的涉及精神、文化以及价值观等方面的内容。尽管改革开放以来人口迁移和流动数量、流向及时空范围都是前所未有的，但这并未明显改善流动人口城市化发展的滞后态势。中国流动人口城市化的历史实践进程表明：流动人口规模和强度并未下降，人口流动规模仍维持在较高水平。未来一段时期，人口流动仍将持续活跃。为促进人口均衡发展与城市化进程，促进流动人口的城市化需要国家从全局出发制定策略给予解决。

群体分异为人口城市化问题的解读提供了新视角。一些学者试图根据中国的城市化过程和现象提出各种中国式的术语，"半城市化"是一个代表性的例子；另一些学者则试图用西方已有的术语来解释和展示中国正在进行的城市化，"城市化水平"是一个突出例子。从这个角度来说，学者们为中国城市化研究做出了理论贡献。但值得注意的是，尽管国内现有关于人口城市化发展的研究框架已经基本确立，但是相关研究内容较为散落，整体性与系统性有所欠缺。对于人口城市化问题的具体内容研究颇丰，整体性、全局性解释研究鲜少；乡城流动人口群体尽管受到国内学者关注，但既有研究较多关注于乡城流动人口群体中的子群体城市化问题探究，对乡城流动人口群体的整体性、普遍性的人口城市化问题的研究尚不多见。此书作者引入的"群体分异"视角为上述研究增添新的观测视角。"分异"概念作为地理学术语，在人口城市化乃至乡城流动人口城市化问题研究领域的应用虽然已有涉及，但是已有研究较多表现于独立问题的阐释与实证，关联性研究相对较少。此书作者将"群体分异"这一概念框架应用于中国流动人口城市化问题的研究之中，辅之以时间维度，借助地理学中这一概念实现管理学问题情景转换。可以说，其在一定程度上为中国流动人口城市化问题的研究提供了新的尝试。

包容性治理为群体分异问题的善治提供新的实践方向。包容性治理作为治理研究领域的一个新"进入者"，近几年得到了广泛关注。其作为一种合成理论工具，主要强调尊重公民权利，促进发展的包容性、可持续性和民众认同。该理论的核心理念是参与和共享。流动人口群体分异这一问题不只是浮在表面的一种城市社会发展问题，而且是一个有着深厚的社会土壤与内在逻辑机制的产物。包容性治理是一项包含多层次、多领域内容的分异因素的消解过程，其治理目标并非是对群体人口数量和结构进行行政调控，而是以更具包容性和发展性的流动人口治理方式不断加强人口城市化的内涵建设。这种社会包容是一个多元文化共同成长和共同塑造城市的过程，因而包容性治理能够为流动人口群体分异问题的治理提供路径选择。中国流动人口群体分异问题的善治不仅关系到流动人口群体自身的健康发展，更关系到中国城市化的整体发展质量。因此，包容性视域下的流动人口群体分异问题的善治研究有利于在实现社会善治的过程中不断实现城市发展的共享、共建与共同繁荣。

该书的特点是研究的视角和内容较为新颖，它向读者分享了如何运用地理学科的概念分析管理学的现实问题。该书提出流动人口群体分异这一城市治理问题，并建议要以更具包容性和发展性的流动人口治理方式不断加强人口城市化内涵建设。这些学术观点反映出青年学者思维的前沿性。尽管作为学术探讨，该书对于流动人口群体分异的包容性治理路径探索的完整性尚需进一步完善，但是，瑕不掩瑜，作为具有启发性和创新性的学术专著，值得一读。特作此序。

沈亚平

南开大学周恩来政府管理学院

2023 年 6 月 8 日

目　　录

第一章

导　论

第一节　问题的提出与研究意义

一　问题的提出

城市化的快速发展吸引大批流动人口进入城市，在人口城市化的进程中，有序推进流动人口城市化进程已成为中国现阶段全面提高城市化发展质量的重要任务。在工业化和现代化进程中，农村人口向城市迁移与流动在世界范围内是适应历史潮流的普遍现象，是现代经济社会发展的重要标志。这部分流动人口作为城市现代化进程的重要推动力量，在破解城乡二元结构固化难题、提高劳动力供给和资源配置效率、优化经济结构继而转变经济发展方式等方面发挥着巨大作用。基于此，2012 年，习近平总书记在中央经济工作会议上要求各级党委、政府和各部门都重视人口流动迁移和社会管理问题，积极稳妥地推进城市化，特别要坚持以人为本，积极推进城乡发展一体化。党的十八大报告又特别强调："要强化社会管理和公共服务，特别要完善和创新流动人口和特殊人群的管理服务。"这些都是立足中国国情、推进流动人口群体城市化发展进程所必须理清的基本事实，也为今后一段时期城市化工作指明了努力方向与奋斗目标。

然而，流动人口城市化的快速发展在持续不断地产生巨大的环境、经济和社会变化，这反过来又对流动人口城市化问题的治理提出了各种前所未有的挑战。在这些挑战中，群体分异这一问题对城市化发展而言可以说是最具现实性的障碍。流动人口城市化过程是居住城市化、就业城市化与社会生活融合城市化的并进过程，也是一种城市社会的再生产与再分配过程。城市面临着从资源分配到社会关系等的再定位与重构。但中国的城市化发展进程中存在着以牺牲和剥夺流动人口群体的利益和权利为代价的现象：一方面，原来计划经济时代以平均主义为特征的社会体系表现出不同程度的群体隔离与分异、公共空间价值失范与资源供给失衡，构成了阻挡农村人口群体向城市流迁的制度性屏障；另一方面，市场化改革后的城市化发展进程以资本为核心、以利润率最大化为导向、以地方政府片面的GDP追求为价值特征、以制度公正相对缺失为条件的城市"再造"建立在不断剥夺流动人口在城市的居住、就业与社会生活等方面的合法权利之上，[①] 由此导致城市化发展过程中，流动人口群体与城市居民群体间的差距愈益加大，居住分化、职业排斥与群体隔离等流动人口群体分异问题至今层出不穷。因此，流动人口城市化的继续推进需要对当前群体分异这一流动人口城市化问题的治理进行深入关切。

包容性治理的应用可以为流动人口群体分异问题的治理提供现实路径导向。历史实践表明：我国流动人口城市化发展的过程与社会现状基本可以用多质共存来形容，多质表现于社会多质态发展的不平衡，也表现于多元异质群体的复杂参与。错综复杂的社会关系和大量不确定性的因素显然超出了科层和技术治理的承载能力，传统带有"防范型"与"限制型"特点的流动人口城市化问题治理模式与制度政策供给也显然不符合现代化社会的治理要求。因此，流动人口群体分异这一问题的治理需要一种更具包容性的社会治理形式。包容性以"尊重差异、差异正义"为理念，以"平等参与、协商合作"为治理策略，以"利益共享"为治理目标的治理理论于流动人口群体分异这一城市化问题治理的运用有助于在"存异"中实现异质群体的利益"求同"，实现流动人口城市化发展问题的"善治"。

综上所述，本书研究在重点关注流动人口这一特殊群体的基础上，从公共管理学与社会学的视角探究流动人口城市化过程中的群体分异问题治理。围绕这一核心研究主题，研究分别从历史沿革、现实论证、原因探索层面剖析了群体分异这一问题的产生，并在此基础上从契合性分析与实践

---

① 任平：《空间的正义：当代中国可持续城市化的基本走向》，《城市发展研究》2006年第5期。

案例的研究中试图探索出包容性治理理论于群体分异这一人口城市化问题治理的合理性与借鉴性，并最终探究出流动人口群体分异这一城市化问题的包容性治理之道。

二　研究意义

（一）理论意义

第一，有利于城市化发展理论中的"人口城市化"主题研究的理论关切。为人民服务的宗旨决定了作为社会主义国家的中国必须追求公平正义、保护人民权益，这要求城市化的发展应当以人为本。传统城市化发展的相关研究追求城市经济大发展基础上的实践探索，较多地聚焦于经济城市化和社会城市化，而对于发展过程中人口城市化问题的关注较少，这导致我国的人口城市化发展进程与经济城市化发展进程不均衡，这种不均衡集中体现于：城市之间、城市内部不同区域之间和城乡之间等方面。而流动人口作为我国现代城市化的重要推动力量，为中国城市化的高速发展做出了巨大的贡献。所以，本书以流动人口群体为关切主体，重点关注城市内部流动人口群体的城市化发展问题，有助于从人口群体视角出发，尊重人口城市化发展需求的差异性与复杂性，从更加宽广的视域与角度关注人口城市化进程中不同人口群体在现实城市化实践中的人群发展差异，丰富了现代化的人口城市化发展内容。同时这也是我国始终贯彻以人为本发展理念的根本要求。

第二，为流动人群城市化问题的现实表象提供一种归纳性学理分析尝试。改革开放使中国经历了从计划体制下的分离到引入市场的"脱离嵌入"大转变，在转变过程中，出现了部分人群处于长时间的"脱离嵌入"状态，无法与社会、制度乃至文化系统实现很好的衔接，从而带来许多社会发展问题，流动人口群体城市化问题便是其中之一。通过相关文献研究的回顾可见：当前对于流动人口城市化问题的相关研究较多地集中于城市化问题的分门别类的现象学演绎方向研究，系统性的学理归纳研究不完善。因此，研究试图通过借鉴相关地理学与人口学的部分概念，对于流动人口城市化问题的表象进行归纳型的学理方向的分析探索，具有一定的理论探索意义。

第三，有利于丰富城市化问题"善治"理论的治理实践。中国正处于城市化发展快速转型时期，在这期间，流动人口群体历经职业转移、地域迁移和身份变更三个环节，在职业、收入、教育机会、社会交往等方面出现了明显的群体分异。城市中由流动人口群体的边缘化和"两栖化"生存态势、城市居民人群间的利益分化加剧、人群权利诉求的增长、多元思想观念的共时态存在等多种因素引发的不稳定风险急剧增长，交织复合，不断为城市社会治理增添新的难题与挑战。包容性治理是在治理理论的基础上结合包容性的"发展"与"共享"理念而形成的，本质上强调通过政策倾斜和资源的二次分配来关注弱势群体的利益，为其提供更多的平等机会，实现发展成果的共享。因此，本书以包容性治理作为流动人口群体分异问题的治理理论选择，通过对这一城市化问题的治理探究，有助于为流动人口城市化发展进程中治理现代化的关键节点和方向选择进行理论选择尝试，从而在有序的城市化问题治理中提供一种路径选择。

（二）现实意义

第一，有利于进一步探索实现流动人口城市化的路径。中国作为一个发展中大国，流动人口城市化势必长期被各界共同关注。目前，理论界主流观点认为：流动人口群体"进城难"的问题终将伴随现代化基本实现而终结。然而，流动人口群体特别是农民工群体长期处在城市的边缘，被当作廉价劳动力而不被城市社会认同和接纳，无论是其难以融入城市社会生活、无法享受同等的权利的局面，还是伴随大量流动人口群体"进城"所产生的大量社会矛盾的事实均昭示了流动人口城市化进程的复杂性与渐进性。流动人口城市化是一个长期的、持续进行的过程，最终目的是实现有序的流动人口城市化、促进人口城市化进程健康发展、促进城乡社会经济发展以及社会的和谐发展。我国作为一个农业大国，流动人口城市化具有其特别的问题和特殊的困难。这不仅要求我们要不断加强相关理论研究，还要在实践中积极探索更优的流动人口城市化实现途径。事实上，已有不少学者从稳定支持角度指出：人口城市化的推进应兼顾速度与品质，人口城市化绝非简单地改变户籍，而是更具有权利平等、社会融入等多重内涵。当前，中国许多城市的居住空间已演变为居住人口的社会经济地位标签，并呈现以空间隔离为标志的群体异质化发展趋势，尤见于流动人口群体与城市户籍居民群体之间。此背景下既影响流动人口群体的城市自我定位，阻碍社会交往、社会互动及社会融入，又在一定程度上拉大人口之间的社会距离，造成社会排斥与隔阂。因此，鉴于新常态下流动人口群体城市生存处境更趋脆弱，城市化正值障碍攻坚期与新增困难适应期的"双期叠加"新阶段，在城市化即将以更大规模展开之际，应以前瞻性眼光辅之以包容性社会治理理论与模式，在兼顾考虑城市发展的环境容量和资源承载力限度的基础上打破城市社会群体的分异和隔离，让拥有不同户籍类型的人口群体有机整合在一起，使城市社会拥有更少冲突，更多和谐。一方面，有助于更多地考虑和满足"人"的利益需要，尤其关注流动人口群体边缘化的城市社会地位的改变与其城市化发展的推进。另一方面，这样做也有利于流动人口群体实现在城市的安居乐业。因此，以包容性城市社会治理诉求为观照，分析流动人口群体城市化过程中的群体分异问题，探讨解决群体分异这一城市化问题的路径，对于解决流动人口群体城市化进程中的现实问题具有重要意义。

第二，有利于推进人口城市化发展的现代化进程。流动人口城市化是社会进步的表现，其深刻的社会经济意义在于传递文化、信息，促进地区间、城市之间、城乡之间的交流，加速城市化现代化进程。流动人口城市化对于提高社会全体成员的素质，推进社会的文明进步以及促进社会结构、文化、道德、观念、生活方式的变迁具有重要作用。包容性治理理念与模式着眼于整体性社会治理，主张在一个既定的范围内运用权威维持秩序满足公众的需要，意图通过引导、规范和包容公民群体的各种制度关系调整实现最大限度的公共利益增进。流动人口群体分异问题的包容性治理就是以包容性治理理论为指导，通过各个治理主体的协同参与，共同推进流动人口城市化发展进程。这不仅仅是流动人口群体向城市聚集的过程，更是其身份、所扮演的角色、生产生活方式以及社会互动行为模式的转变。这一进程的推进不仅有利于把流动人口群体纳入国家社会政策范围之内，更有利于从社会心理、价值观念、生存环境等层面认识以及理解流动人口群体对抗社会排斥和边缘化的社会表达。因此，对于流动人口群异问题的发生、表现与包容性社会治理进行深入关切，在缩小城乡差距，促进城市乡、城人口群体和谐发展与构建共生、共享、共建的发展关系等城市现代化建设具有一定现实意义。

第三，有利于城市的可持续发展。城市被认为是充满活力并处在变化中的有机体，并且发挥着某种关键性的特定空间功能，城市也是一个具有延展性的构成并且不断演进。城市作为地域性组织，思想观念多元、社会文化繁杂、规模差异巨大、内部关系复杂以及发展问题繁多，这就使探索基于城市特殊性的可持续发展方式成为必要。新时代，我国城市发展已进入全面提升质量的新阶段，城市在推进区域协调发展方面发挥着重要作用，城市可持续发展的实现是包含流动人口群体城市化在内的均衡发展过程。流动人口城市化的可持续发展作为城市可持续发展的核心要义，其重点不仅仅在于关注城市户籍人口在城市场域范围内公平的安居、乐业和社保等方面福利待遇，更强调关注广大流动人口在实现乡—城转化过程中在城市空间范围内的身份转换和社会融入。流动人口城市化与城市的可持续发展之间紧密相关、不可分割，是构成城市化可持续发展整体均衡基础的重要内容。人民群众的需要是一切城市发展的出发点与归属点，脱离了人民群众利益需求的城市生产与发展必然造成城市化建设的异化。中国的城市化决不能建立在剥夺弱势群体的合法权利基础上，故而以包容性治理理念与模式为指导，对流动人口城市化进程中的群体分异问题治理进行研究与探索，有助于为城市社会资源的合理配置与供给提供依据，有助于均衡地实现城市群体利益的协调发展，增强城市发展动力。通过对流动人口群体分异这一现实问题的反思，探索适合我国人口城市化的包容性发展之道。

第二节　相关文献综述

一　国内相关文献研究

（一）城市化发展相关研究

城市化是全球社会经济发展的动力，我国未来很长一段时间的经济增长在相当程度上将受到城市化进程的影响。由于不同国家的历史起点和背景、国际环境、规模、政治制度、基本国情等因素的不同，其城市化道路不尽相同，暴露出的问题不尽相同，解决办法也不尽相同。尽管西方发达国家是城市化的先驱，其经典模式对发展中国家具有借鉴价值，但是近几十年来，中国城市化走在世界前列，在城市化发展与研究方面也有许多经验和贡献。关于可持续城市化的研究也在为相关政策问题寻求更深层次的解决方案。在过去的几十年里，中国的城市化速度比其他任何国家都快，城市化发展问题已经引起了中国城市规划者、决策者和研究者的关注。中国学者也发表了大量的研究成果。

中国知网（CNKI）作为中国最大的、不断更新的学术文献数据库，可以较为有效地、全面地展示一段时间内国内相关研究的发展变化。从关于"城市化"相关研究文献发布的时间序列来看：第一阶段，1980—1995年，这一阶段相关城市化的研究处于探索的阶段，所以关于城市化的研究文献发文量在平稳中呈现逐渐增加的趋势。第二阶段，1995—2010年，这一阶段关于城市化主题研究的文献处于陡然增加的阶段，发文量比起前一阶段明显增加。第三阶段，2010—2014年，这一阶段关于城市化的相关研究发文量较之前一阶段由上升进入平稳期，相关研究的发文量在稳定中略微有递减趋势。第四阶段，2014年至今，关于城市化主题的研究进入深水期，相关研究的文献发文数量较为丰富，关于城市化相关文献研究的发文量变化年度差异显著。

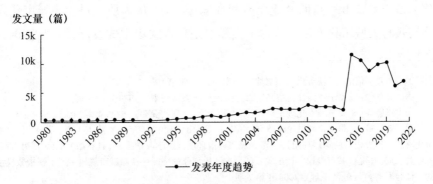

图1.1 有关"城市化"研究文献时间演进图

从时间序列的研究主题内容演变来看，中华人民共和国成立初期关于"城市化"早期研究的主题大多围绕碳循环与协调性等微观城市化发展问题展开。至 20 世纪 90 年代开始，关于城市化进程、城市化发展水平以及人口城市化等具有宏观系统性的主题内容开始突显，往后时期的相关研究则是在前期的研究积累下逐渐走向纵深。从"关键词"聚类内容来看，当前国内学界关于"城市化"主题研究内容大致划分为四个方面：我国城市化（背景、概念）、城市化发展进程（涵盖动力机制、城市化发展问题、失地农民问题、协调性问题、人口城市化、城市规划等）、以"向阳路"为代表的地方城市化发展实践以及城市化发展中的现代化。具体来看：第一篇以"城市化"为题的研究文献出现于 1959 年，"田间汽车跑，电线密如网，处处公社都是这样，谁能分出城市和村庄？"[①] 文献以一首诗歌的形式第一次展现了城市与农村之间的联系与差异。在这之后，关于我国城市化的研究进入探索阶段。[②] 在探索阶段，我国学者对于城市化的研究主要集中于对我国城市化进程的判断、城市化道路的选择。[③] 这一时期的主流学者通过工业化率、非农化率、钱纳里多国模型以及部分经济计量模型综合测出这一阶段我国城市化水平滞后于世界城市化进程。[④] 正是基于这样的事实，城市化道路的选择成为所有学者的共识。然而，在道路发展模式的选择上，学者们出现了分歧："大城市论"者力陈中小城市与小城镇发展的各种弊端，而"小城市论"者则坚持重点发展小城镇以促进城市化，力陈大城市过高的就业压力和环境压力。[⑤] 从本质上讲，小城市化发展模式与大城市化发展模式之争实际上是日本式集中式发展模式与德国式

---

① 张毅、信浩：《城市化》，《教学与研究》1959 年第 1 期。

② 吴友仁：《关于我国社会主义城市化问题》，《城市规划》1979 年第 5 期。

③ 郑菊芬：《关于城市化理论研究的文献综述》，《现代商业》2009 年第 11 期。

④ 辜胜阻：《非农化与城镇化研究》，浙江人民出版社 1991 年版，第 133 页。孙永正：《城市化滞后：扩大内需的深层梗阻》，《苏州城市建设环境保护学院学报》（社科版）1999 年第 1 期。陈彦光、周一星：《城市规模—产出关系的分形性质与分维特征——对城市规模—产出幂指数模型的验证与发展》，《经济地理》2003 年第 7 期。

⑤ 王小鲁：《城市化与经济增长》，《经济社会体制比较》2002 年第 1 期。许经勇：《中国特色城镇化、农民工特殊群体与发展县域经济》，《当代经济研究》2006 年第 6 期。官锡强：《从台湾农村城市化模式看广西农村城镇化的路径选择》，《城市发展研究》2007 年第 3 期。

分散式发展模式之间的选择问题。

1. 城市化发展的特征和相关概念术语研究

一些学者试图根据中国的城市化过程和现象提出各种中国式的术语；另一些学者则主要试图用西方已有的术语来解释和展示中国正在进行的城市化。根据中国的城市化过程和现象提出的各种中国式术语中最典型的例子是"城中村"和"户口"在中国语境中的用法和定义。"城中村"译为"village in the city"，有时也称为"农民聚居地"，由于城中村在产权、人口构成和景观等方面的复杂特征，所以城中村的内涵及其产权受到学者的关注。① 同样，"户口"作为中国最基本、最特殊的术语之一，也成为研究中国城市化的一个重要术语。② 而用西方已有的术语来解释和展示中国正在进行的城市化的一个最突出例子就是"城市化水平"，国内相当多的研究为这些术语引入了新的含义。在这个角度上来说，学者们也为中国城市化研究做出了理论贡献。城市化水平作为考察城市化的一个明确而基本的术语，应该便于准确地构建。然而，在中国的户籍制度和特殊的行政结构下，中国政府发布的城镇化水平统计数据与实际数据可能存在一定偏差。许多半城市化的农村流动人口被排除在外是一个普遍的问题，这通常被称为"不完全城市化"或"城市化不足"。③ 为了澄清误解并提供对中国城市化水平更准确的估计，许多研究都进行了界定中国城市化水平和每个城市的城市面积。④ 在总结西方城市发展经验阶段的最新的文献中，中国城市空间的后郊区形式受到了关注。⑤ 除了这两个城市化的一般指标，一些描述特定城市化形式的术语也被引入，用以解释中国正在进行的城市转

---

① 马立昌、向斌：《乡土、移民与北京农民飞地的出现》，《中国季刊》1998 年第 155 期。钟欣桐：《打造"城中村"形象：澄清中国独特的城市空间》，《中国城市发展研究》2010 年第 2 期。李天：《中国城中村土地市场：福还是祸？——产权视角》，《中国城市发展研究》2008 年第 2 期。

② 陈桂文：《中国的户籍制度是 50 岁》，《中国地理科学》2013 年第 2 期。

③ 陈桂文：《中国城市化的基本原理和政策》，《中国经济评论》2010 年第 1 期。

④ 马立昌、崔刚：《中国行政变迁与城市人口》，《美国地理学家协会年鉴》1987 年第 3 期。周燕：《中国城市场所的定义与城市人口统计标准：问题与对策》，《中国地理科学》1988 年第 1 期。周勇、马立军：《中国城市人口统计：批判性评价》，《地理学报》2005 年第 4 期。

⑤ 吴介民：《永远的陌生人吗？区别公民身份与中国农民工》，《台湾社会学》2011 年第 21 期。

型。例如，乡绅化正在成为解读中国各种形式的城市再开发或社会流动的重要视角。① 随着住房供给的商业化，封闭式社区也被引入中国研究新的城市形态。② 还有一个最近的趋势，将中国不同的城市空间的新形式打包成一个通用的术语，如"飞地城市主义"，它不仅应用于表示商业住宅区，还用于表示许多其他形式的飞地，如有城墙的城市和移民集群。③

2. 城市化发展进程中的驱动机制与模型研究

目前学者的研究可以以常用的"国家—经济—社会"三分法来解释他们的理论视角。学者们普遍认为，中国的特点是强大的政府权力，它不仅是"最终的决策者"，而且是评估和批准重大项目的"控制者"。④ 改革开放前，中央政府通过计划命令、单位制度、户口制度和各种形式的政治动员来主导中国的城市化进程。这些政策极大地重塑了社会主义中国的城市发展。例如，通过限制农村人口的涌入，节约城镇化成本，使中国的城镇化率连续 30 年保持在 20% 以下。这通常被称为"受控城市化"。⑤

改革开放后，地方政府开始发挥更重要的作用，尽管中央政府仍然是"经济转型戏剧的主角"。因此，改革开放后中央与地方关系的变化对中国城市结构的重塑作用越来越大，随着我国市场化进程的不断深入，经济因素和营销逻辑对我国城市化的理解越来越具有解释力。在改革开放前，许多重要的城市设施和要素（如住房和土地）在"企业经营社会"的体制下主要由单位提供。为了节约成本，大多数单位只提供最低标准的设施，使得城市化落后于工业化。⑥ 然而，随着中国城市住房和土地市场的发展，

---

① 何深静：《市场转型下国家主导的中产阶级化：上海案例》，《城市事务评论》2007 年第 2 期。

② 吴凡、韦伯：《北京"外国封闭社区"的兴起：在经济全球化和地方制度之间》，《城市》2004 年第 3 期。

③ 何深静：《中国飞地城市主义的演变及其社会空间含义——以广州为例》，《社会文化地理》2013 年第 3 期。

④ 马立昌：《中国城市转型，1949—2000：回顾与研究议程》，《环境科学与工程学报》2002 年第 9 期。

⑤ 陈桂文：《1949—1982 年中国经济增长战略与城市化政策》，《中国城市规划研究》1992 年第 2 期。

⑥ 林广昌：《受控城市化的中国工业化：反城市化还是偏向城市》，《问题研究》1998 年第 6 期。

中国城市化进程中出现了许多"资本主义"特征，由此引入了许多基于资本积累和自由制度的理论视角，最具影响力但也最具争议的观点是新自由主义。此种观点的支持者认为：为了应对多重危机和追求快速发展，中国的城市主义和城市空间正在发生激进的"城市革命"，而不是渐进的变化。因此，中国的城市化正在经历深刻的新自由主义转变，可以称为"新自由主义城市化"。与许多西方新自由主义国家一样，资本积累也被视为中国经济崛起和城市重组的推动力。[①] 然而，"中国特色"仍然引发了关于采用新自由主义理论研究中国城市化是否合适的激烈争论。[②]

3. 城市化中的人口城市化问题研究

户籍制度影响下的城乡差距与流动人口城市化问题备受关注。一方面，中国不同地区之间的发展高度不平衡，许多农村劳动力（又称"流动人口群体"）由于大城市的工资水平更高，职位空缺也更多，因此会被吸引加入。由于户籍制度的限制，这些半城市化的农村移民大多没有被计入城市人口，被排除在城市福利和就业机会之外，或被限制在城市福利和就业机会之外，这种"吸引与排斥"的矛盾对居住隔离的加剧有显著的促进作用。[③] 随着城市再开发成为当前中国城市的普遍现象，社会阶层的空间置换进一步加剧了中国城市的社会分化。住房流动性也是中国城市研究中最广泛的课题之一。[④] 学者们也对中国城市化发展中的社会剥夺和不平等问题进行了大量的研究：许多研究人员调查了不同社会群体中剥夺和城市贫困的配置[⑤]与中国城市弱势群体的形成和社会空间不平等格局。[⑥]

---

① 黄亚生：《有中国特色资本主义：企业家精神与国家》，剑桥大学出版社 2008 年版，第 80 页。
② 黄亚生：《有中国特色资本主义：企业家精神与国家》，剑桥大学出版社 2008 年版，第 80 页。
③ 吴富龙：《重新发现市场转型中的"门"：从工作单位小区到商品房飞地》，《住房研究》2005 年第 2 期。
④ 李淑梅、黄勇：《中国城市住房：市场转型、住房流动性与邻里变化》，《住房研究》2006 年第 5 期。
⑤ 陈安、高杰：《中国城市化与协调发展模式——以成都为例》，《社会科学学报》2011 年第 3 期。
⑥ 王永平：《中国住房改革的社会和空间意义》，《中国城市规划研究》2000 年第 2 期。

（二）流动人口城市化相关研究

自 20 世纪 80 年代末第一波 "农民工" 出现以来，城乡之间的迁移进入了一个新的阶段。流动人口的主流由社会阶层中的中低层次人口群体构成，主体是农民或农村人口即流动人口群体。他们离开农村主要是因为在乡 "没什么活干" "收入少"，而流入城市的目的在于 "打工挣钱" "学手艺" 等，皆属于基本层次要求。[①] 20 世纪 90 年代，中国学者开始对城市中的流动人口群体的流动动机、城市化发展的影响、城市化发展问题以及成因与治理对策等方面进行探讨。鉴于概念范畴口径的差异，目前学界关于 "流动人口" 主体研究散落分布于以这一主题为篇名的文献与以流动人口为主题的相关文献中，故以下部分关于这一主题的相关研究简要综述也将结合这两类文献的内容。

1. 流动人口城市化动机研究

相关研究者认为，人口流动是自然、社会、经济、政治等多种因素共同作用的结果。其中，人口自发流动的动机一般来源于居住地的物质或精神缺陷（如气候恶劣、经济贫困、社会保障不健全、教育水平低下、发展资源匮乏等），[②] 但人口流动的主要动机取决于社会经济条件。在二元经济和社会体制下，城市往往意味着高收入和高福利。城市化过程中较高的收入和福利水平以及就业机会多、第三产业发展水平高等往往成为吸引人口流动的重要因素。[③] 此外，年龄、性别、教育、职业和社会地位等人口特征的因素也被认为是影响流动人口进入城市甚至影响流动人口在城市的长期居留和永久居留的重要方面。正如一些学者所指出的，农村人口向城市迁移的主要驱动因素必然涉及农村劳动生产率的提高、农村的发展和大量

① 柯兰君、李汉林：《都市里的村民——中国大城市的流动人口》，中央编译出版社 2001 年版，第 4 页。

② 张铁道、赵学勤：《建立适应社会人口流动的接纳性教育——城市化进程中的流动人口子女教育问题研究》，《山东教育科研》2002 年第 8 期。

③ 李拓、李斌：《中国跨地区人口流动的影响因素——基于 286 个城市面板数据的空间计量检验》，《中国人口科学》2015 年第 2 期。王桂新：《中国区域经济发展水平及差异与人口迁移关系之研究》，《人口与经济》1997 年第 1 期。蔡昉：《人口迁移和流动的成因，趋势与政策》，《中国人口科学》1995 年第 6 期。

剩余劳动力的存在。① 进入城市的流动人口，就年龄结构而言存在明显失衡，多以青壮年为主，文化程度也较为集中，多以初中毕业为主，且他们在城市中的工作大都以临时工或者是合同工的用工形式存在。②

2. 流动人口城市化影响研究

学者们认为：一方面，流动人口群体的流入对国内生产总值有贡献，农村劳动力流入城市与城市的各种资本相结合，促进生产力的发展，促进经济的快速增长，并成为产业发展的重要因素，促进城市劳动力市场的发展，补充城市劳动力的"不足"，降低城市劳动力成本，提高城市劳动生产率，增加城市工人的流动性；③ 但另一方面，大量流动人口群体引发的诸多社会问题摆在城市公共生活面前，迫使政府和公众不得不面对。④

3. 流动人口城市化问题研究

这部分研究内容广泛，大致可以归结为以下几个方面，第一为社会保障问题：社会保险制度覆盖面的限制不利于按照公平的原则来调节劳动关系，而且还可能加剧劳资矛盾，且流动人口群体社会保险基金的区域统筹与跨省流动存在着冲突，导致这部分人口群体参保中断、退保现象频繁。⑤第二为就业问题：城市对流动人口群体的不同程度的排斥和非制度性歧视，使得难以创造公平公正的就业环境。⑥ 第三为住房问题：开发商对高端商品房开发的偏爱导致市场上针对流动人口群体需求特点的商品房缺乏供给，加之政府供给的保障性住房（经济适用房、廉租房、公租房等）的条件限制，导致流动人口被排除在外，无法享受同城市居民同等的住房条

---

① 翟锦云、马建：《我国广东省人口迁移问题探讨》，《人口研究》1994 年第 2 期。

② 朱传耿、顾朝林、张伟：《中国城市流动人口的特征分析》，《人口学刊》2001 年第 2 期。

③ 段成荣：《关于当前人口流动和人口流动研究的几个问题》，《人口研究》1999 年第 2 期。

④ 戚伟、刘盛和、赵美风：《中国城市流动人口及市民化压力分布格局研究》，《经济地理》2016 年第 5 期。

⑤ 蔚志新：《乡—城流动人口参加基本养老保险城乡统筹分析——基于《社会保险法》规定的基本养老保险制度》，《中国社会科学院研究生院学报》2014 年第 1 期。

⑥ 韩叙、夏显力：《社会资本、非正规就业与乡城流动人口家庭迁移》，《华中农业大学学报》（社会科学版）2019 年第 3 期。刘丹、雷洪：《乡—城流动人口就业部门分割及职业地位》，《青年研究》2016 年第 6 期。李萌：《劳动力市场分割下乡城流动人口的就业分布与收入的实证分析——以武汉市为例》，《人口研究》2004 年第 6 期。杨上广、丁金宏：《流动人口的城市就业效应》，《华东师范大学学报》（哲学社会科学版）2005 年第 3 期。

件和机会。① 第四为社会融入问题：流动人口群体是城市居住主体中的弱势群体。流动人口群体在居住分布上与市民隔离程度较高，居住形式和居住质量不容乐观。② 不同社会阶层和群体的居住空间存在差异，地理空间进入的限制也区分了社会空间。③ 因此，在城市社会融合方面，各种社会标签的校准，不仅影响着城市市民对流动人口群体的接纳和排斥，也影响着流动人口群体的自我意识和自我认同。流动人口群体与城市人口社会互动的隔离，无疑加剧了流动人口群体城市融入的难度。④ 第五为教育问题：流动人口群体子女的大量涌入和获得城市户籍的限制导致流入城市的学校拒绝，引致流动人口子女入学困难，或者不能适龄入学，甚至辍学。⑤

4. 分异视域下的流动人口城市化问题研究

已有国内文献中，最早涉及"分异"视域下流动人口城市化问题的探讨源于 20 世纪 90 年代关于北京市流动人口社会空间的研究，文中率先提出：低收入乡村人口的城市流入与高收入暴发户的出现引发城市社会分层现象，并通过社会分异引起城市社会空间结构分异的问题。此外，作者认为，北京市的流动人口分异这一城市化问题还表现在空间层面（主要是居住领域）。⑥ 在随后的 20 年间，对于流动人口城市化问题的分异视域关注则鲜少得见，仅有的数篇研究也是在首篇流动人口社会分异与居住分异研究的基础上继续进行不同地理区域的实践探讨。例如有学者指出：上海作

① 李君甫、王春璇：《超大城市乡—城与城—城流动人口的居住空间差异——基于北京和上海的研究》，《东北师大学报》（哲学社会科学版）2020 年第 5 期。吴柳眉、李金花、薛成斌、侯玉梅：《乡城流动人口城市落户的影响因素分析》，《农村经济与科技》2021 年第 8 期。蔡承彬、陈心颖：《中国乡城流动人口留城意愿研究综述》，《中共福建省委党校学报》2018 年第 4 期。刘厚莲：《我国特大城市流动人口住房状况分析》，《人口学刊》2016 年第 5 期。

② 张子珩：《中国流动人口居住问题研究》，《人口学刊》2005 年第 2 期。段成荣、王莹：《流动人口的居住问题》，《北京行政学院学报》2006 年第 6 期。

③ 罗震宇：《城市居住空间分异与群体隔阂——对失地农民城市居住问题与对策的思考》，《城市发展研究》2009 年第 1 期。

④ 郭竞成：《杭州流动人口城市融入调查报告》，《城市观察》2014 年第 2 期。高春凤：《标签理论视角下流动人口融入城市问题研究》，《农业考古》2011 年第 6 期。

⑤ 邬志辉、夏博书：《城镇化背景下人口流动对大城市义务教育学龄人口规模与结构的影响》，《湖南师范大学教育科学学报》2018 年第 4 期。徐莉、林雪明：《流动人口子女教育与"城市梦"的实现》，《宁波大学学报》（教育科学版）2018 年第 4 期。

⑥ 顾朝林、C. 克斯特洛德：《北京社会极化与空间分异研究》，《地理学报》1997 年第 5 期。

为外来流动人口集聚地，其城市社会的空间分异已然形成，究其原因，是经济转型时期城市社会阶层分化在空间上的反映。此外，上海市流动人口居住形态与城市整体居住空间形态现状分布中的分异格局凸显。① 进入 21 世纪，关于流动人口分异问题的研究有了新的内容——就业分异。学者们在相关研究文献中通过因子生态分析方法和空间聚类分析方法的引进证实：南京主城区的流动人口存在显著的空间分异现象，而这种分异现象不仅表现在居住领域，还表现于就业领域。② 随后几年的研究较多地围绕城市中的流动人口居住、社会以及部分就业分异的案例、表象、成因以及解决对策展开。如有学者指出：流动人口社会空间分异主要表现为经济状况的差异、教育水平等。③ 而在关于流动人口分异原因的探讨中，学者指出：城市中的流动人口分异现象并非城市规划所导致，更多的是由于社会经济发展规律和传统文化思想观念等不同因素共同作用的结果，这种分异现象本身是两者的共同选择，不存在错对之分，基于此，学者认为，应当逐步放开各种针对流动人口的制度壁垒，将城市中的流动人口居住生活等条件的改善纳入城市整体住宅建设中，让城市不仅成为流动人口的居住生活地，更成为就业地、心理归属地，实现流动人口城市化的可持续发展。④

5. 流动人口城市化问题成因研究

在流动人口群体城市化问题的成因研究方面，大致有以下几个角度，一是制度排斥：制度上的限制和排斥是导致流动人群城市融合障碍问题出现的根本性原因。围绕户籍制度的一系列流动人口管理制度与社会福利制度阻隔了流动人口从"制度外"到"制度内"的路径，导致客观上流动人口群体

---

① 杨上广、王春兰：《上海城市居住空间分异的社会学研究》，《社会》2006 年第 6 期。赵渺希：《上海市中心城区外来人口社会空间分布研究》，《地理信息世界》2006 年第 1 期。

② 徐卞融、吴晓：《基于"居住—就业"视角的南京市流动人口空间分异研究》，《规划师》2010 年第 7 期。

③ 雷军、张利、刘雅轩：《乌鲁木齐城市社会空间分异研究》，《干旱区地理》2014 年第 6 期。

④ 谭日辉、王涛：《留下、离开还是等待——流动人口城市化的群体分异及其治理》，《北京师范大学学报》（社会科学版）2019 年第 6 期。王凯、李凯、刘涛：《中国城市流动人口市民化空间分异与治理效率》，《城市规划》2020 年第 6 期。

城市体系进入失败。① 在城乡二元户籍的影响下，流动人口群体在养老、医疗、工伤、失业等社会保障制度上与城市户籍居民群体存在较大差异，导致城市中流动人口群体的社会保障待遇水平不同。加之现有城市管理制度将流动人口统一规划纳入范围限制，导致流动人口无法参与城市管理。② 制度和系统层面长期的不整合透过社会行动和心理认识使得流动人口群体的城市化面临困境，由此，越来越多的综合性障碍因素成为中国流动人口群体的城市化推进过程中面临的巨大挑战。③ 二是城市包容度：城市的社会包容度体现为客观的制度、政策与主观的城市居民对外来人口的态度、距离，但是当前的社会政策和本地居民对外来人口更多的是"排斥"，是不友好的，因此其感知到的社会包容度较低。④ 三是利益博弈引导下的主体性行为：作为一个动态的不断更替的人口群体，流动人群在流入、滞留、流出的过程中不断地与城市居民之间发生着差别性的行为选择，如流动人口根据其预期收入、生育水平、发展目标等标准做出不同的选择等。同时，城市部门也根据自身需求，对不同的流动人口选择不同的认可和接受程度。城市管理者试图屏蔽或排斥非必要的流动人口进入城市市民体系或将其排除在城市之外。⑤ 四是财政制度的供给缺位：流动人口的公共服务供给追求均等化是公共财政的目标，这也是社会资源分配的重要机制，⑥ 但是，现在的城市建设在很多时候都忽略了流动人口在实现公共服务均等化过程中的地位与作用。⑦

---

① 任远、邬民乐：《城市流动人口的社会融合：文献述评》，《人口研究》2006 年第 3 期。

② 陈杰、郭晓欣、钟世虎：《户籍歧视对农村流动人口城市定居意愿的影响研究》，《社会科学战线》2021 年第 2 期。王明涵、于莉：《城市化背景下流动人口的城市融入研究》，《管理观察》2019 年第 8 期。

③ 王春光：《农村流动人口的"半城市化"问题研究》，《社会学研究》2006 年第 5 期。徐彬、吴茜：《就业质量、体验效用与乡城流动人口幸福感》，《贵州大学学报》（社会科学版）2018 年第 5 期。

④ 谭日辉、王涛：《留下、离开还是等待——流动人口城市化的群体分异及其治理》，《北京师范大学学报》（社会科学版）2019 年第 6 期。

⑤ 任远：《谁在城市中逐步沉淀了下来？——对流动人口个人特征及居留模式的分析》，《吉林大学社会科学学报》2008 年第 4 期。

⑥ 王培安：《流动人口理论与政策综述报告》，中国人口出版社 2010 年版，第 246 页。

⑦ 张爱琴：《积极推进流动人口基本公共服务均等化：以宁波市为例》，《人口与发展》2008 年第 6 期。

6. 流动人口城市化问题治理路径研究

学者们指出，实际上，流动人口群体适应城市生活的过程就是其再社会化过程，实现这个目标，从政策制度的角度而言，政府引导、管理的角色发挥至关重要的作用。① 从社会的角度来讲，从转变城市社会居民固有的观念开始提高全社会的城市化意识，是流动人口群体城市化实现跨越式发展的重要思想前提。② 最后，流动人口群体本身需要具备几个基本条件：第一，要在城市中找到一个相对稳定的职业；第二，职业带来的经济收入和社会地位要在一定程度上可以帮助其形成一种接近城市居民的生活方式，从而与当地人民进行社会交往，参与当地社会生活；第三，通过相近的生活方式与当地社会的接触，尽可能地融入并形成新的、相同的价值观。③ 换言之，就流动人口自身努力而言，其城市化的实现可归结为经济层面、社会层面、心理层面三项内容。④

7. 包容性视域下的流动人口城市化问题治理研究

流动人口城市化问题的包容性治理研究在国内起步较晚，这主要是由于"包容性治理"概念的提出相对较晚（包容性治理概念提出于 21 世纪初）。国内最早关于流动人口城市化问题的包容性治理研究产生于 2007 年，学者主要是从城市流动人口激增所引起的城市化安全问题角度出发，论述包容性城市建设问题。⑤ 其后在此研究基础上，后续相关的文献研究间接涉及流动人口城市化问题的包容性治理内容，例如，包容性治理视域下的城市保障性住房、廉租房建设与管理研究。⑥ 直到 2012 年，国内学术界相关研究开始将包容性治理与流动人口抑或是乡村人口城市化问题直接挂钩，但此类文献数量依旧不多。包容性治理与

① 徐祖荣：《社会融入：推进流动人口城市化的路径分析》，《中共南京市委党校学报》2008年第4期。
② 郭虹：《从"外来人口"到"流动人口"城市化中一个亟待转变的观念》，《经济体制改革》2000年第5期。
③ 朱力：《论农民工阶层的城市适应》，《江海学刊》2002年第2期。
④ 田凯：《关于农民工的城市适应性的调查分析与思考》，《社会科学研究》1995年第5期。
⑤ 王瀛：《包容性城市治理——打击犯罪的关键工具》，《人类居住》2007年第4期。
⑥ 周阳敏：《基于包容性社会治理的保障房建设与管理研究——国外的经验教训及其对中国的启示》，《河南社会科学》2011年第4期。

流动人口城市化问题直接关联研究始于社会正义的主题文献中，作者在文章中指出：农村与城市人口在享受社会福利、社会政策优惠板块的内容方面存在巨大落差，农民、外地人口等的差异性在城市诸多领域遭遇排斥问题，在严格得到户籍制度控制下的农村人口通过向城市人口流动从而改变其福利状态的机会较少。① 此后，包容性治理与流动人口城市化问题的关联研究散见于城市农民工社会融入问题、城中村治理问题、② 村改居社区治理问题③等的文献中，数量较少。

综上，通过对当前学界关于城市化进程中流动人口群体城市化问题的理论与实践探索的相关文献梳理可以明晰：当前我国流动人口群体城市化问题已然存在且频发，涉及领域广泛，其问题产生的原因纷繁复杂，这表明流动人口群体城市化问题的应对已然成为推进我国人口城市化发展进程的必由之路。从另外一个角度也可发现，当前已有相关研究文献成果丰硕。

首先，现有城市化相关研究已然基本形成较为全面的人口城市化框架描绘，内容基本上涵盖了中国人口城市化发展历程、发展阶段、发展问题及成因、解决路径等；其次，现有学术研究对于人口城市化背景下的流动人口城市化问题亦有大量的理论与实践研究成果，其间一定数量的量化研究方法的引入为流动人口城市化问题的实证提供有力的支持；再次，伴随流动人口城市化问题研究的纵深拓展，乡城流动人口群体逐渐引起相关学者的关注，并且伴随研究视角的转变，"分异"概念也开始被引入流动人口城市化问题的阐释中；最后，包容性治理作为社会善治的一种理性工具，基于其对于公平正义、差异正义、参与协作等理念的主张而不断被学界的学者应用于流动人口城市化问题的应对策略之中。但值得注意的是：第一，尽管国内现有关于人口城市化发展的研究框架

---

① 向玉琼：《社会正义的实现：从"排斥"走向"包容性政策"》，《南京农业大学学报》（社会科学版）2012 年第 4 期。

② 叶裕民：《特大城市包容性城中村改造理论架构与机制创新——来自北京和广州的考察与思考》，《城市规划》2015 年第 8 期。庞娟：《融合视角下城市非正规空间的包容性治理研究》，《探索》2017 年第 6 期。

③ 章敏敏：《实施包容性治理化解"村改居"社区治理困境》，《求知》2019 年第 4 期。

已经建立，但是相关研究内容较为散落，整体性与系统性略有欠缺，对于人口城市化问题的具体内容研究颇丰，整体性、全局性解释研究鲜少，这为后续的研究指明了方向；第二，"分异"概念作为地理学著名术语，在人口城市化乃至乡城流动人口城市化问题研究领域的应用虽然已有涉及，但是已有研究内容较多表现于独立问题的阐释与实证，关联性研究相对较少，故为本书后续"分异"视域下乡城流动人口城市化问题关联性研究提供借鉴思路；第三，乡城流动人口群体尽管受到国内学者关注，但既有研究较多关注于乡城流动人口群体中的子群体城市化问题探究，对乡城流动人口群体的整体性、群体性、普遍性的人口城市化问题的研究鲜见；第四，包容性治理作为社会善治的工具选择，尽管产生较晚，但其丰富和极具包容性治理理念与思路深得学者青睐。但既有研究中，包容性治理于城市治理与城市化问题应对中应用较多，与"分异"视域下的人口城市化结合的研究尚未得见，这便为本书研究的创新提供着眼点。总而言之，既有国内学界关于人口城市化（如分异城市化问题）、乡城流动人口、包容性治理等研究为下一步的流动人口群体分异城市化问题进行深入研究与群体分异包容性治理解决路径的探索提供了重要理论基奠与研究启发。

二　国外相关文献研究

（一）城市化发展研究

"urbanization"即"城市化"一词源于 1867 年西班牙籍工程师塞尔达（A. Serda）的著作。[1] 城市化概念产生后的 100 多年时间里或是由于研究的侧重点抑或是由于学科领域的不同致使该词的解释存在差别。19 世纪中期，卡尔·马克思（Karl Heinrich Marx）就曾经在其著书中涉及了"城市化"一词。[2] 随后到了 20 世纪 40 年代，路易斯·沃斯（Louis Wirth）则使用"urbanism"这一全新词语诠释城市化，他认为，城市化概念不仅涉及农村

---

① 许学强、周一星、宁越敏：《城市地理学》，高等教育出版社 2009 年版，第 31 页。
② 卡尔·马克思：《政治经济学批判》，弗兰茨·敦克尔出版社 1859 年版，第 42 页。

人生活地方的转变也涵盖其生活方式和生活理念的扩散、同化，同时他指出：人口数量多、人口密度高和人口异质性是城市的三个基本特质。[①] 国外对于城市化较广泛的研究兴起于 20 世纪 60 年代，并于近几十年呈现数量猛增的趋势，越来越多的城市化研究与世界城市化进程的发展逐渐提高社会对相关城市问题的认识。[②] 后随着社会对城市问题的日益关注，城市化研究在新世纪变得更加重要。21 世纪初，经历了现代城市化的历史性转变，世界上一半的人口被认为是城市人口。这种转变是日益城市化的社会的现代趋势的一部分，这一直是包括城市社会学家在内的众多学者研究的主题。[③] 这些早期的研究人员专注于城市化的起源和影响，强调了技术发展在城市崛起中发挥的重要作用。因此在城市化早期的研究中，自然环境似乎是"处于某个阶段之外的地方"。[④] 例如，帕克（Park R. E）和伯吉斯（Burgess E. W）认为，"机器工业"是"大城市"发展的原因。[⑤] 沃斯（Wirth. L）认为，现代城市的发展"依赖于蒸汽的集中力量"。而关于城市化的定义，不同学科、不同学者的关注点也略有不同：经济学家眼中的城市化与经济结构、发展水平和制度安排等经济指标相关联，认为城市化是一种乡村经济—城市经济转化的过程；人口与环境学家眼中的城市化更关注城市人口数量以及总人口中城市人口占比等内容；[⑥] 地理学家眼中的城市化则更加聚焦于城市地域形成、扩大与变迁；[⑦] 人文社会学家眼中城市化的关注点着眼于生活方式及人文社会关系的转变。[⑧]

---

① 梁娟丽：《城市化研究回顾》，《城市建筑》2013 年第 24 期。

② Haijun Wang, Qingqing He, Yanhua Zhuang etc., "Glibal Urbanization Research from 1991 to 2009: A Systematic Research Review", *Landscape and Urban Planning*, Vol. 104, No. 3, March 2012, p. 302.

③ Davis, K., "The Origin and Growth of Urbanization in the World", *American Journal of Sociology*, Vol. 1, No. 60, 1955, pp. 429 –437.

④ Gibbs, J. P., Martin, W. T., "Urbanization and Natural Resources: A Study in Organizational Ecology", *American Sociological Review*, Vol. 3, No. 23, 1958, pp. 266 –277.

⑤ Park, R. E., Burgess, E. W., *The City*, Chicago: University of Chicago Press, 1967, p. 25.

⑥ 赫茨勒：《世界人口的危机》，商务印书馆 1963 年版，第 28—60 页。

⑦ 公磊：《城市化、分工和经济发展》，博士学位论文，辽宁大学，2012 年，第 12 页。

⑧ Wirth L., "Urbanism as a Way of Life", *American Journal of Sociology*, Vol. 1, No. 1, 1938, p. 24.

1. 城市化概念研究

基于学科对于城市化的长期研究，不同学者也对城市化的概念做了不同角度的界定，概括而言大致可以归纳为以下几种角度：一是认为城市化是人口、资源等要素在城乡以及不同产业间转移的过程，是人口从乡村流入大城市、比重不断增长并最终得以在城市集中的过程与现象。① 二是认为城市化是一个综合发展的过程，包含经济、文化、社会、生活方式、文化和价值观等多个层面的演化。② 三是将城市化视作农业向非农产业在生产方式与生产关系方面由农村意识、生活和行动方式转变为城市意识、生活和行动方式变革的过程。③ 具体而言，相关研究涉及的城市化内涵包含以下内容：城市原有地域面积的扩大与土地、基础设施的再开发和重新布局；医疗、卫生、教育等城市软环境的重构与完善；城市关系圈和特大城市及其周边地域的形成与变化；④ 城市地区人口比重的提高、城市人口规模的增加、城市生活行为及社会特征的扩展等。⑤ 而在促成城市化相关因素的研究中，学者指出：城市人口自然增长、城市行政管辖范围的不断扩大与农村人口的流入是核心要素。

2. 城市化发展影响研究

学者认为：城市化是一个复杂的社会过程，它不仅表示城市人口的增加和城市面积的扩大，还表示社会的明显变化。这种发展的一部分是社会分层，它反映了生活在同一社会的人们所遇到的社会分化和不同的生活机会。在快速城市化所表现出的破坏性与建设性转型时期，需要特别关注这一问题。国外相关研究主要是从上述角度展开论述：沃斯（Wirth. L）强调了非个人交往的城市问题，认为在城市地区，"我们的身体接触是密切的，

① 赫茨勒：《世界人口的危机》，商务印书馆 1963 年版，第 13 页。Wilson C.，*The Dictionary of Demography*，Oxford：Basil Blackwell Ltd.，1986，p. 1.

② 山田浩之：《城市经济学》，东北财经大学出版社 1991 年版，第 23 页。

③ Sorokin P. A.，Zimmerman C. C.，"Principles of Rural-urban Sociology"，*Urban Sociology A Global Introduction*，Vol. 12，No. 3，1929，pp. 40 –49. 西蒙·库兹涅茨：《现代经济增长》，北京经济学院出版社 1989 年版，第 33 页。沃纳·赫希：《城市经济学》，中国社会科学出版社 1990 年版，第 3 页。

④ 山鹿城次：《城市地理学》，湖北教育出版社 1986 年版，第 122 页。

⑤ Pacione M.，"Urban Environmental Quality and Human Wellbeing—A Social Geographical Perspective"，*Landscape & Urban Planning*，Vol. 1，No. 65，2003，pp. 19 –30.

但我们的社会接触是遥远的"。① 在城市社会心理学方面，戴维斯
（K. Davis） 对这种关系更为乐观，他认为："如果通勤能够以声音般的速
度和低廉的成本完成，人们不会介意住在离工作地点 200 英里的地方。"②
这些早期的城市社会学家和人类生态学家对城市化的研究源于社会学的想
象力，如沃斯所说的"现代最令人印象深刻的事实之一"。③ 然而，他们的
想象力受到一种范式的限制，在这种范式中，分析忽视了自然环境，直到
被公认为最早的城市社会学家之一的恩格斯，才真正直接考虑了自然环境
对于城市化的影响。④ 一些人认为，城市化恶化了受影响人口的健康状况。
如果没有规划和迅速的城市化，就容易产生住房不足、卫生条件差和拥挤
的非正式住区，所有这些都会加速疾病的传播。⑤ 城市化所带来的物质和
社会环境的变化可能会增加精神疾病的发病率。⑥ 生活方式的改变可能导
致事故、与暴力有关的残疾和非传染性疾病作为死亡原因的增加。⑦ 在中
低收入国家继续处理传染病和营养不良问题的同时，非传染性疾病和非传
染性疾病风险因素迅速上升，造成了与城市化有关的双重疾病负担。⑧ 大

---

① Wirth, L., "Urbanism as a Way of Life", *American Journal of Sociology*, Vol. 1, No. 44, 1938, pp. 1 – 24.

② Davis, K., "The Origin and Growth of Urbanization in the World", *American Journal of Sociology*, Vol. 60, No. 1, 1955, pp. 429 – 437.

③ Wirth, L., "Urbanism as a Way of Life", *American Journal of Sociology*, Vol. 44, No. 1, 1938, pp. 1 – 24.

④ Clark, B., Foster, J. B., "The Environmental Conditions of the Working Class: An Introduction to Selections from Frederick Engels's the Condition of the Working Class in England in 1844", *Organization & Environment*, Vol. 19, No. 1, 2006, pp. 375 – 388.

⑤ Godfrey, R. and M. Julien, "Urbanization and Health", *Clinical Medicine*, Vol. 5, No. 2, 2005, pp. 137 – 41.

⑥ Bhugra, D., A., "Mastrogianni. Globalization, Mental Disorders. Overview with Relation to Depression", *The British Journal of Psychiatry*, Vol. 184, No. 1, 2004, pp. 10 – 20. Kohler, S, "Can Internet Access Growth Help Reduce the Global Burden of Noncommunicable Diseases?", *Online Journal of Public Health Informatics*, Vol. 5, No. 2, 2013, p. 221.

⑦ Bygbjerg, I. C., "Double Burden of Noncommunicable and Infectious Diseases in Developing Countries", *Science*, Vol. 337, No. 1, 2012, pp. 1499 – 501. Montgomery, M. R, R. Stren, B. Cohen and H. E. Reed, "CitiesTransformed: Demographic Change and Its Implications in the Developing World", Washington: National Academies Press, 2003, p. 13.

⑧ Marshall, S. J., "Developing Countries Face Double Burden of Disease", *Bulletin of the World Health Organization*, Vol. 82, No. 7, 2004, p. 556.

规模工业化和乡村人口的迁入会导致发展中国家的城市基础设施供给不足，而在其中心城市也容易诱发一系列严重的社会环境问题。其他学者则认为，通过城市化改善医疗服务、教育、环境卫生和安全供水等基础设施，可以改善健康状况。① 同时，信息和通信技术在发展中国家尚未普及，但已迅速发展，这可能会越来越多地影响发展中国家预防疾病和促进健康的机会。② 然而，发展中国家先前要求的通过城市化增加获取信息和通信技术的途径已经受到了论证。③

3. 对中国城市化发展概况的研究

有学者指出，中国已经保持了30多年的快速增长，中国迅猛发展的轨迹是如此特殊，故他们称为"中国模式"。当世界发现中国在2008年金融危机后仍保持稳定增长时，"中国模式"吸引了更多的目光。一些外国人甚至开始把他们的问题从"中国重要吗"转变为"为什么中国很重要?"④ 虽然关于"中国模式"的主要特色和独特机制还没有达成共识，但大多数学者都认为，城镇化是"中国模式"最重要的组成部分之一。正如"城市问题"存在于资本主义国家的核心，⑤ 城市化在推动中国的经济增长和社会经济转型方面也起着决定性的作用。⑥ 一方面，中国经济的快速增长和外资的涌入一直是城市化进程的驱动，无论是农村移民的涌入还是城市土地的扩张；另一方面，中国城市化的趋势随着城市社会的快速发展走向也越来越明显。因此，中国城市化已成为中国最重要的政策议程之一，并在

---

① McDade, T. W, L. S., "Adair, Defining the 'Urban' in Urbanization and Health: A Factor Analysis Approach", *Social Science and Medicine*, Vol. 53, No. 1, 2001, pp. 55 – 70.

② Kohler, S., "Can Internet Access Growth Help Reduce the Global Burden of Noncommunicable Diseases?", *Online Journal of Public Health Informatics*, Vol. 5, No. 2, 2013, p. 221.

③ Chinn, M. D., R. W., Fairlie, "The Determinants of the Global Digital Divide: A Cross-Country Analysis of Computer and Internet Penetration", *Oxford Economic Papers*, Vol. 59, No. 1, 2006, p. 44.

④ Ma L. J. C., "Viewpoint: China's Authoritarian Capitalism: Growth, Elitism and Legitimacy", *International Development Planning Review*, Vol. 31, No. 1, 2009, p. 31.

⑤ Castells M., *The Urban Question: A Marxist Approach*, London: Edward Arnold, 1997, pp. 135 – 156.

⑥ Wu F., "China's Emerging Cities: The Making of New Urbanism" New York: Rout ledge, 2007, pp. 33 – 36.

以英语为母语的城市研究中受到越来越多的关注。近几十年来，国外学者发表了大量关于中国城市化的相关论文。[①] 这些国外的研究不仅为解读中国正在进行的城市重构提供了新的视角，而且也为比较中国的城市进程与"西方"对城市化的理解提供了桥梁。

4. 对中国城市化研究主题的综合述评研究

一些学者对中国城市研究的主要主题进行了综合评述，[②] 关于中国城市化的理论视角并没有被很多人提及。[③] 例如，在1995—2005年的地理学研究综述中，学者将相关研究分为三个主题，即城市的内部变化和重组，包括城市增长、再发展、郊区化、城市体系、政治和社会变革（城市治理、移民、住房变化、地区不平等），以及对2000年以前城市化的概念、全球化的影响、城市化、土地利用和行政重组等方面的研究进展进行了初步综述。[④] 与此同时还研究了城市的定义和城市化水平、城市系统和空间不平等、城市发展的路径、内部结构和方法论等一系列问题。[⑤]

现有文献综述涵盖了中国城市化研究的主要主题，且现有的综述大多采用实证研究，但对中国城市转型的主要理论视角进展的总结不够充分，基于背景的城市变化理论研究不足。国外学者们一般采用两种方式来定义中国城市化的特征和术语。一些学者试图根据中国的城市过程和

① WANG Fenglong, LIU Yungang, "How Unique is China Model: A Review of Theoretical Perspectives on China's Urbanization in Anglophone Literature", *Science Press*, Vol. 21, No. 1, 2015, pp. 98 – 112.

② Y an X., "Chinese Urban Geography Since the Late 1970s", *Urban Geography*, Vol. 16, No. 6, 1995, pp. 469 – 492. Ma L J C, "Urban Transformation in China, 1949 – 2000: A Review and Research Agenda", *Environment and Planning A*, Vol. 34, No. 5, 2002, pp. 545 – 1569.

③ Pannell C. W., "China's Urban Geography", *Progress in Human Geography*, Vol. 14, No. 2, 1990, pp. 214 – 236.

④ He S., Li Z., Wu F., "Transformation of the Chinese City, 1995 – 2005: Geographical Perspectives and Geographers' Contributions", *China Information*, Vol. 20, No. 3, 2006, pp. 429 – 456. Ma L J C. "Urban Transformation in China, 1949 – 2000: A Review and Research Agenda", *Environment and Planning A*, Vol. 34, No. 9, 2002, pp. 1545 – 1569.

⑤ Pannell C. W., "China's Urban Geography", *Progress in Human Geography*, Vol. 14, No. 2, 1990, pp. 214 – 236.

现象提出各种中国式的术语,另一些学者则主要试图用西方已有的术语来解释和展示中国正在进行的城市化。最典型的例子是"城中村"和"户口"在中国语境中的用法和定义。在关于中国城市化驱动力的国外研究中,学者们从政治、经济、社会的不同角度,基于中国的具体实践和过程概括城市化发展机制,采用外生理论解释中国城市的现象或转型。具体而言,对中国城市化进程中的政治力量的研究,主要集中在标量视角下的政治控制的分散与再集中。经济方面的研究强调住房、土地等城市空间的市场化,并运用新自由化和资本积累的棱镜来解读中国的城市转型。在城市化的社会维度方面,研究不仅考察了影响城市转型的各种社会因素,还考察了城市转型的社会空间结果。①

（二）流动人口城市化研究

从世界历史发展进程来看,西方发达国家是最先实现工业化、城市化和现代化的区域,农业流动人口也正是在工业化过程中出现的。18世纪第一次产业革命后,生产集中带来了大量人口集聚,故大量农业人口进入城市从事工业生产。19世纪中叶以后,北美国家及日本后来居上,同欧洲国家一起步入城市化的快速发展阶段。与此同时,第三世界也开始了早期的城市化探索之路。② 在欧洲,工业革命的到来加快了城市化进程,城市化率从1800年的15%上升到1910年的40%。非洲和亚洲用一半的时间达到了相同的水平,从1950年的15%上升到2010年的40%。③

1. 国外流动人口城市化发展历程研究

国外学者关于人口迁移的研究于20世纪50年代之前进展并不明显,一般认为,理论上对人口迁移行为进行最早分析的是19世纪末E. G. 莱文斯坦（E. G. Ravenstein）的人口迁移七大定律,即短距离迁移为主、首先迁移到城市边缘地带、农村人口向城市集中的特征在全国各地呈现出相似性、迁移

---

① WANG Fenglong Yungang, "How Unique is China Model: A Review of Theoretical Perspectives on China's Urbanization in Anglophone Literature", *Science Press*, Vol. 21, No. 1, 2015, pp. 98 – 112.

② ［美］西蒙·库兹涅茨:《现代经济增长》,戴睿、易诚译,北京经济学院出版社1989年版,第162页。

③ Henderson, J. Vernon, "Cities and Development", *Journal of Regional Science*, Vol. 50, No. 1, 2010, pp. 515 – 540.

伴随着补偿性的方向流动、长距离流动倾向于流入大城市、城市居民流动率相较农村居民低、女性流动率较男性高。① 西方学者认为，城市化是城市和乡村之间人口分布方式的变化，城市化过程划分为人口与非农业活动在不同规模城市集中以及城市文化和生活方式、价值观的扩散两个阶段。② 由于城市化必然带来人口的大规模流动，所以在城市化加速发展的中期，大规模的人口从农村向城市迁徙，必然对城市住房市场产生巨大冲击，而城市空间设计也不可避免地会遇到瓶颈并产生诸多问题。③ 同时，伴随着新经济的形成资本、劳动力和文化日益全球化以及新的剥削形式产生，人口流动也在加剧，从而在世界最大的城市中形成了严重的城市人口两极分化。④ 列斐伏尔（Henri Lefebvre）指出，统治阶级把空间当成了一种工具来使用，正是基于这样一种过程和逻辑支配，所有人受到了一种集中的剥削，在空间上都处于一种被隔离的状态。其所带来的空间资源分配不均的直接体现就是临近权力中心的居民享受更好的公共产品，尤其教育、医疗等基本公共服务；远离权力中心的"弱势群体"和"边缘人群"不仅难以享受均等化的基础设施和公共服务，还逐渐被隔离与边缘化。⑤ 而这种空间问题则会带来严重的社会问题。⑥ 基于此，学者指出：短期内禀赋好的空间资源尤为稀缺，因此从可持续发展的角度而言，应当将社会正义的空间范畴纳入可持续的解读之中，通过优势资源配置发挥作用应当成为城市政府的现实选择。⑦ 西方对外来移

① 陈藻：《农民工"半城市化"问题研究》，博士学位论文，西南财经大学，2013 年，第 13 页。

② John Friedmann, "China's Urban Transition", USA: University of Minnesota Press, 2005, p. 12.

③ Qadeer, M. A., "Do Cities Modernize the Developing Countries? An Examination of South Asian Experience", *Comparative Studies in Society and History*, Vol. 1, No. 1, 1974, pp. 266 – 283.

④ Soja, E. W., "Seeking Spatial Justice", Sarthe University of Minnesota Press: Minneapolis, MN, 2010, p. 256.

⑤ [法] 亨利·列斐伏尔：《空间与政治》，李春译，上海人民出版社 2008 年版，第 136 页。

⑥ Greenfield E. A., "Age-friendly Initiatives, Social Inequalities and Spatial Justice", *Hastings Center Report*, Vol. 48, No. 1, 2018, pp. S41 – S45.

⑦ Maecuse, P., "Form Critical Urban to Theory to the Right City", In city, Vol. 13, No. 1, 2009, p. 13. Munoz, S., "Urban Precarity and Home: There is no 'Right to the City'", *Annals of the American Association of Geographers*, Vol. 2, No. 1, 2018, pp. 370 – 379.

民与主流社会关系问题的理论探讨大致可以梳理为"同化论"和"多元文化论"两大流派。"同化论"认为，跨境移民在接受国一般要经历定居、适应和同化三个阶段，学习、适应、接受所在地的生活方式和文化价值观念，抛弃原有的社会文化传统和习惯进而实现同化和融合。而"多元文化论"认为，移民凭借其不同文化背景、不同社会经历和价值观念对新生活地点的重新塑造有助于建构多元化的社会、经济秩序。[①] 这些理论的研究对于社会原因、特异性原因的分析十分看重。推拉理论主张学者研究指出：人口迁移或是流动的决策动机源于推、拉这两种不同角度的力量，基于主要四个动机要素，即可采用性、价值、预期和诱因。[②] 流动或是迁移被看作对人力资本的一次家庭投资，而如若家庭收益超过费用则产生迁移，反之则不会，这便是人口迁移经济学的解释。该理论强调，由家庭集体决策的迁移不仅是为了获得预期收入，同时也使家庭收入的风险最小。[③] 此外，地方满意度也是影响流动人口居留意愿的重要考察因素。[④] 在关于"推、拉"两个方面的研究中，"推力"涉及原居住国或居住地相对不处于优势位置的一些限制性因素，如人口过多、气候条件恶劣、不好的居住条件以及缺乏机会和宗教迫害等。而"拉力"研究涉及的是吸引流动人口迁居别地的一些优势条件，如较多的就业机会、气候适宜、生活方式吸引与政治自由等。[⑤]

2. 国外流动人口城市化分异问题研究

国外既有文献中从"分异"视角切入流动人口城市化问题的早期文献可以追溯到城市的形成初期，即人口居住有了城市与郊区之分时。[⑥]

---

① 李明欢：《20 世纪西方国际移民理论》，《厦门大学学报》2000 年第 4 期。

② Clark WAV, "Human Migration", USA：SAGE Publications Press, 1986, pp. 51 – 74.

③ Tark, O., Bloom, O. E., "The New Economics of Labor Migration", *American Economic Review*, Vol. 75, No. 1985, pp. 73 – 178.

④ Lark G. H., Ballard K. P., "The Demand and Supply of Labor and Interstate Relative Wages an Empirical Analysis", *Economic Geography*, Vol. 57, No. 1, 1981, pp. 95 – 112.

⑤ Bouvier, Leon. F., Henry. S., Shryrock, Harry, W., Henderson, "International Migration Yesterday, Today and Tomorrow", *Population Bulletin*, Vol. 32, No. 1, 1977, p. 26. Stouffer. S. A., "Intervening Opportunities A Theory Relating Mobility and Distance", *American Sociological Reviews*, Vol. 5, No. 1, 1940, pp. 845 – 867.

⑥ Derek G., Ron J., Geraldine P., "The Dictionary of Humageography", Oxford：John Wiley & Sons Press, 2009, p. 67.

"social spatial segregation"的中文翻译有"社会空间隔离",也有的译为"社会空间分异",其概念大致相近,都是用于描述不同类型人群在社会空间的分离性与非均匀性,只不过程度不同。"分异"更多地表示为一种由同质化到异质化的过程和结果,如学者指出的"社会阶层分异"是一种社会群体、社会关系在时空变化中的显著规律性差异化的现象。① 在这之后,对于社会分异城市化问题的测量方法也先后较多地出现量化研究,如隔离指数(又名差异性指数)、接触性指数 P*(Exposure Index)等数十种,因这些方法简单实用,被当时许多学者大量用于研究中。② 此外,对于分异现象或是问题的研究文献还涉及居住空间分异③(指具有不同特征的城市居民伴随着社会经济发展所形成的居住空间现象)④ 问题,但是文献较为鲜见。

3. 国外流动人口城市化问题治理路径研究

学者认为,城市中庞大的流动人口规模和观察到的差距迫切需要通过更公平的社会经济和卫生政策促进城乡移徙者及其家庭的健康和福利。针对移徙社区中已知有健康问题的最弱势群体的公共卫生研究举措是有必要的,应解决妨碍全面了解移徙者健康需求和风险的技术障碍,特别是对未登记或流动性很强的移徙者。追踪不同类别移徙者的纵向研究将更清楚地说明如何针对特定人口制定政策和提供服务。⑤

4. 包容性视域下的城市化问题治理研究

"包容性"概念在国外最早出现于 2002 年,其提出者指出:包容性对

① [日]藤田昌久、[美]保罗·克鲁格曼、安东尼·维纳布尔斯:《空间经济学:城市、区域与国际贸易》,梁琦译,中国人民大学出版社 2005 年版,第 133 页。

② Massey D. S.,"Reflections on the Dimisions If Segregation",*Social Forces*,Vol. 91,No. 1,2012,pp. 39 – 43.

③ Ivana Přidalová,Jiří Hasman,"Immigrant Groups and the Local Environment:Socio-spatial Differentiation in Czech Metropolitan Areas",*Geografisk Tidsskrift-Danish Journal of Geography*,Vol. 13,No. 1,2018,p. 13.

④ [美]约翰·弗农·亨德森、[比]雅克·弗朗索瓦·蒂斯:《区域和城市经济学手册(第四卷):城市和地理》,郝寿义等译,经济科学出版社 2012 年版,第 133 页。

⑤ Jin Mou,Sian M.,Griffiths,"Health of China's Rural Urban Migrants and Their Families:A Review of Literature from 2000 to 2012",Oxford University Press,2013,p. 1.

城市经济增长具有关键性作用。[①] 包容性概念内涵并不统一，有的学者倾向于将之定位为一种人群对待态度或民族认同特征，而有的学者则将之定位为一种城市开放程度。[②] 但不论如何，城市包容的内涵都涉及对城市区域范围内群体间社会、文化、种族多样性的开放程度与共存及整合程度这些内容。总体来说，西方学者认为，城市包容性的基本内涵为：城市对有异于自身的个体或群体能够保持基本制度、基础设施的开放与居民态度的平等，减少其他群体进入以及长久居住的障碍。[③] 从包容性城市化基本特征来看，国外学者认为：异质友好、多样、发展导向应当包含其内。[④] 在城市化包容性测量方法研究中，国外学者采用较多的方法为定量研究方法，如大熔炉指数、细分指数等。在包容性城市治理研究方面，国外学者指出，包容性所引致的创新创业活动在城市的集聚中可使城市经济发展更倾向新技术开发方向。[⑤]

5. 对中国流动人口城市化过程的研究

国外学者指出，1978 年以后，中国城市人口从 1978 年的 17.9% 增加到 2011 年的 51.3%，人口 50 万以上的城市数量从 40 个增加到 140 个，自 20 世纪 80 年代以来，中国国内人口流动开始加速并保持在较高水平。城市作为区域经济、政治、文化、交通的焦点，因其众多的就业机会、完善的基础设施和良好的教育环境而对周边地区具有吸引力。这些比较优势促使人口从农村流向城市地区。城市人口流动已经成为人口维度上促使城市化比率快速增长的重要因素。而城市化的发展也促进了该地区人口的流动和迁移。快速

---

① Florida, R, C. Mellander, H. Qian, "China's Development Disconnect", *Environment and Planning A*, Vol. 44, No. 3, 2012, p. 628.

② Epstein S., "Urban Governance and Tolerance: The Regulation of Subspect Space and Burden of Surveillance in Post-world War 1 Asheville, North Carolina", *Journa of Urban History*, Vol. 43, No. 5, 2017, p. 683.

③ Florida R., "The Rise of the Creative Class", *Washington Monthly*, Vol. 35, No. 1, 2002, p. 593.

④ [挪] 詹·法格博格、[美] 戴维·莫利、[美] 理查德·纳尔逊主编：《牛津创新手册》，柳卸林等译，知识产权出版社 2009 年版，第 169 页。

⑤ Ottaviano, Peri, "The Economic Value of Cultural Diversity: Evidence from US Cities", *Journal of Economic Geography*, Vol. 6, No. 1, 2006, pp. 9 – 44.

的人口流动为满足中国经济日益增长的市场需求提供了所需的人力资源。[①]

与其他国家的城市化发展路径不同，中国的城市化几乎完全由国家管理，因此，这一过程并没有产生城市贫民窟。[②] 中国被广泛视为城市化推动工业化和改善生活水平的典范。2011 年，中国创造了超过 50% 的人口居住在城市的历史性里程碑，而 1980 年这一比例仅为 20%。空前的城市化速度反映了中国城市就业增长的力度。如今，中国城市的平均家庭收入几乎是农村地区的三倍，这在很大程度上是因为较高的生产率。中国政府对城市基础设施进行大量投资，这有助于限制大规模人口流动对社会的破坏性影响。中国的经验证实了，刺激和维持增长的不是城市化本身，而是城市化的形式，包括城市容纳不断增长的人口和经济活动的方式，这种增长在不同规模的城市和更广泛的国家领土上的分布。[③] 也有学者认为，中国的城市化包括强制城市化，即从不达标的农村住宅强制迁移到新建城镇的高标准住房，[④] 被迫城市化与住房质量提高带来了一系列积极变化，对中国人民的健康和幸福感有积极的影响，那些搬到城市地区的人比留在城市的人有更好的健康结果。[⑤] 他们还指出，除了与城市规模和靠近大型市场相关的标准城市特征（在国内和国际层面）外，农村移民在中国的城市化效应中发挥着特殊的作用。它们非但没有给城市居民带来损失，反而带来了相当可观的收益，并为

① Jin Mou, Sian M., Griffiths, *Health of China's Rural Urban Migrants and Their Families: A Review of Literature from 2000 to 2012*, Oxford University Press, 2013, p. 1.

② Gong P., Liang S., Carlton E. J. et al., "Urbanization and Health in China", *The Lancet*, Vol. 1, No. 1, 2012, p. 843.

③ Ivan Turok, "Urbanization and Economic Growth: The Arguments and Evidence for Africa and Asia", *Environment & Urbanization*, Vol. 25, No. 2, 2013, p. 1.

④ Johnson I, "New China Cities: Shoddy Homes" Broken Hope. New York Times, November 9, 2013, p. 1.

⑤ Chen J., "Internal Migration and Health: Re-examining the Healthy Migrant Phenomenon in China", *Social Science Med*, Vol. 72, No. 1, 2011, p. 1294. Zhang L. W., Liu S. S., Zhang G. Y., Wu S. L., "Internal Migration and the Health of the Returned Population: A Nationally Representative Study of China", *BMC Public Health*, Vol. 9, No. 1, 2015, p. 9. Bo Hou, James Nazroo, James Banks et al., "Are Cities Good for Health? A Study of the Impacts of Planned Urbanization in China", *Environment, Green Space and Pollution*, Vol. 4, No. 1, 2019, pp. 1083 – 1090.

提高中国城市的劳动生产率做出了重大贡献；同时，不同的城市化回报促成了中国城市工资差距的不同个体特征的作用。高技能城市工人的收入远远高于农民工，也高于低技能工人，这不仅是因为他们拥有更好的个人特征，并从这些特征中获得更高的回报，还因为他们通过更高的回报从城市化中获益更多；但与此同时，农民工本身面临着激烈的竞争，这部分反映在估计的工业—城市水平对农民工的负替代效应上，更普遍地反映在他们从城市化中获得的较低收益上。[①]

6. 对中国流动人口城市化问题的研究

国外学者指出，不同地区的技术水平、经济增长水平、工业化水平、城市化发展水平不平等、城乡收入差距不断扩大、人口分布不均衡、城市增长不平衡已成为中国城市化发展最明显的特征；[②] 而中国严格的户籍制度和与户籍挂钩的社会福利制度使得中国的城市化水平不完整、不可持续，农业户籍和城镇居住的流动人口在就业、教育等方面受到不平等对待，随着城市化进程加快，流动人口增多，户口不一致现象日益普遍。[③] 在中国流动人口中，较长工作时间和较高的工作强度是常见的，这增加了工作场所暴露的危害对健康的风险。与城市户籍居民相比，农民工在中国城市的伤害发生率明显更高，[④] 许多农民工群体在采矿、制造业和建筑业工作中的工伤和死亡人数正在迅速增加。中国新的制度包括针对穷人的医疗救助计划（MAP）和城市居民计划或城市居民基本医疗保险（URS），但有关管理的详细策略是否将非户籍居民纳入覆盖范围，地方层面仍在探索之中，具体取决于每个城市政府的财政投入。这使得城

---

① Pierre, Philippe Combes, Sylveis, Démurger, Shi Li, Jianguo Wang, "Unequal Migration and Urbanization Gains in China", *Journal of Development Economics*, Vol. 142, No. 1, 2020, pp. 1 – 3.

② Buhaug, H., Urdal, H., "An Urbanization Bombs? Population Growth and Social Disorder in Cities", *Glob, Environ, Chang*, Vol. 23, No. 1, 2013, pp. 1 – 10. Yuan, J. J., Lu, Y. L., Ferrier, R. C. ect., "Urbanization, Rural Development and Environmental Health in China", *Environ, Dev.* Vol. 28, No. 1, 2018, pp. 101 – 110.

③ Sun, P. J. Song, W.; Xiu, C. L.; Liang, Z. M., "Non-coordination in China's Urbanization: Assessment and Affecting Factors, China", *Geogr, Science*, Vol. 23, No. 1, 2013, pp. 729 – 739.

④ Klemetti R., Regushevskaya E., Zhang W. H. et al., "Unauthorized Pregnancies and Use of Maternity Care in Rural China", *Eur J Contracep Reprod Health Care*, Vol. 16, No. 1, 2011, p. 359.

乡移徙者在获得适当和及时的保障方面面临一系列障碍。中国不断发展的医疗保险制度是碎片化的，基于地方财政投入，可转移性非常有限，给农村流动人口带来了不便和低效率。因此需要更好地了解流动人口健康的社会决定因素，包括归国流动人口和留守人口。快速的经济发展对中国社会产生了巨大的影响，涉及的不仅仅是流动人口群体，失业的移徙者、老年人、辍学的青年移徙者、移徙性工作者和非法童工都是脆弱人口的例子。①

综上可知，首先，现有国外文献关于城市化、流动人口问题的研究已然取得一些成果，且研究文献中，对中国城市化以及流动人口问题主体研究的国外文献占据相当数量，这表明，中国城市化发展状况以及流动人口城市化问题已然得到国门以外学者的注视。其次，相较于国内相关研究主题的研究方法而言，国外学者研究方法的量化特征较为明显，这为后续论义相关研究方法的使用提供有益借鉴。最后，国外就"分异"概念和流动人口城市化问题的关联研究内容与国内学术界差异不大，较多的集中于居住、社会领域，这表明，居住、社会空间分异这一人口城市化问题在国内外国家发展中具有普遍性；但值得注意的是：首先，国外现有关于城市化与流动人口问题的研究内容与方法主要内生于西方的经济社会环境，如果不加以分析直接引用，可能造成错误。其次，鉴于我国的人口城市化进程是与西方国家处于迥然不同的国情和制度背景之下展开的，人口的流动和城市化过程自有其特殊性。因此，尽管上述相关研究颇具增益性与理论贡献，但对于中国乡村——流动人口的复杂动因及行为特征的解释却并非全然，部分内容存在时间滞后性与代表性欠缺、解释性不足等诸多缺漏之处，西方的中国城市化研究也尚未形成系统、整体的研究范式。基于此，就西方对于城市化过程中流动人口群体的研究及实践经验借鉴，在归纳和总结其发展普遍成功实践基础之上，结合我国实际，以严谨的研究态度考察中国流动人口群体城市化过程中的问题及其治理应当成为此次研究中关

---

① Abdul Raheem I. S. , "Health Needs Assessment and Determinants of Health-seeking Behavior Among Elderly Nigerians: A House-hold Survey", *Ann Afr Med*, Vol. 6, No. 1, 2007, pp. 58 – 63.

注的重点。最后，国外关于包容性城市的测量指标（如同性恋指数、基督教政党选票份额等作为城市包容性的主要度量指标）较多适用于西方政治社会特点，不适合我国的价值观，因此需要国内学者探索适用中国特色的城市包容性量化指标。

第三节 研究思路与方法

一 研究思路

研究主要聚焦于我国流动人口城市化过程中的群体分异问题。研究以源自地理学科的"分异"概念为视角切入点，辅之以人口统计学中群体之概念，从"群体分异"的视角，对我国流动人口城市化过程中涵盖居住城市化、就业城市化与社会融入城市化的现实问题做学理性研究，探讨中国流动人口城市化过程中的居住、就业与社会融入在内的群体分异问题的实质表现，并于此基础之上，探索流动人口群体分异这一现实与学理问题的引致因素，在融合当前包容性社会治理的相关内容基础之上，找出解构这一问题的可尝试路径（见图1.2）。

具体而言：首先，根据研究主题，通过简要回顾流动人口城市化与相关群体分异的现有学术研究，理清当前我国流动人口城市化的三大主要内容与群体分异的概念内容，确立本书的核心主题，构建"流动人口群体分异问题"的研究框架来深入剖析我国流动人口城市化问题。其次，依据"流动人口群体分异问题"的研究框架，以"群体分异"概念的方向维度为界轴，以"时间"为载体，结合我国流动人口城市化的发展阶段实际，以人口城市化的三大主要内容为维度依据，对我国流动人口群体分异这一问题展开纵向时序演进（包含共性特点）与阶段化差异发展（包含变化特点）的现实研究及影响因素分析，充分为流动人口群体分异这一问题展开研究场域，形成一种对流动人口"群体分异"这一问题的实践研究。再次，在此基础之上，针对流动人口城市化过程中所涉及的主体、制度与社会因素等相关内容，深入剖析流动人口"群体分异"这一问题的生成因子，为"群体分异"问题的进一步解决提供明确的导向。然后，基于"分

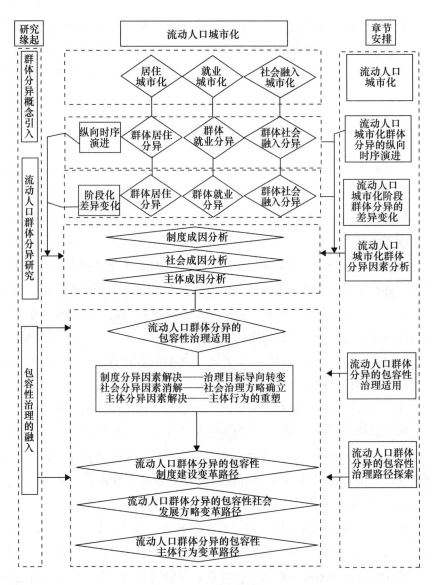

图 1.2　研究思路图

异"与"包容"这一矛盾关系维度，将包容性社会治理的理念与模式内容
引入"群体分异"这一问题的解构探索之中。最后，在包容性社会治理与
流动人口"群体分异"适要性分析的基础之上，提出"群体分异"这一问

题的解决路径。通过对解决路径的探索，为我国流动人口群体城市化现实问题——"群体分异"提供现象学学理分析，为我国流动人口城市化与问题的应对以及我国流动人口城市化进程的继续深入提供参考性建议。

二 研究方法

第一，文献研究法。一方面，在文献综述部分结合使用 Citespace 文献研究工具对相关研究主题文献进行分类搜集梳理，明晰当前关于流动人口城市化、群体分异城市化问题、包容性治理等相关研究的进展与聚焦点，了解其当前的研究现状以及实践状况，尤其是我国流动人口群体在城市化发展进程中所面临的城市化问题及其应对策略，以发现研究过程中存在的不足及有待弥补的区域，从而为流动人口群体分异这一问题的相关系统研究做前期准备。另一方面，在流动人口群体分异这一问题实证研究部分，对收集的自 1978 年以来有关流动人口管理部分较为重要的政策性文本的关键词进行相关分析，以求为研究实证提供政策依据。

第二，Logistic 回归分析法。一方面，以国家卫生健康委员会基于问卷调查的相关全国流动人口动态监测数据为研究分析源，通过对我国 31 个省市自治区的城市空间范围内的流动人口群体分异现况的数据描述，了解城市中流动人口群体分异这一问题的当下现实情况。另一方面，依据数据研究，尝试采用有序统计回归分析法对流动人口的城市化内部群体分异这一问题进行统计相关性分析，试图为群体分异事实的论述提供理性依据。

第三，案例研究法。在对流动人口群体分异这一城市化问题的相关研究过程中，研究基于包容性治理对于这一城市化问题的治理具有一定实用性与指导意义，在理论应用的适用性分析基础上，通过对包容性治理与流动人口群体分异这一城市化问题的社会治理案例展示，试图阐释包容性这一社会治理理念与工具于中国人口城市化进程中的流动人口群体分异这一城市问题的社会治理的现实实用性与契合性，为研究的下一步——群体分异这一问题的包容性社会治理提供可参照经验。

第四，比较研究法。本书在对流动人口群体分异这一城市化问题的实证研究部分，为了能够突出"群体分异"这一问题的实际性，以"城—城

流动人口群体"与"城市户籍居民群体"为研究主体的参照群体，通过在
人口城市化进程中居住、就业与社会生活融入层面的群体间城市社会实践
的异质性分析与比较，以突出城市中流动人口群体分异问题的全貌，以此
为本书的主题研究问题提供理论上的对照对象与实践中的合理性支撑。

第四节　研究的创新点与不足之处

一　研究的创新点

第一，为流动人口城市化问题的现实表现提供一种现象学的学理解
释。本书将流动人口在城市化的发展进程中面临的城市化问题的群体现象
概括为"群体分异"。"分异"概念源于地理学，原意指地球表层自然环境
及其组成要素在时空的某个方向保持特征的相对一致性，而在另一方向表
现出明显的差异变化与特点。研究中使用"群体分异"这一组合型词语意
在探究与描述中国流动人口群体在纵向时间序列与横向时空节点中的城市
化发展规律与特征的一致性与差异性问题，也就是说，以"乡城"这一流
动人口群体为研究对象，通过对该群体城市化问题纵向时间序列的历史回
溯探究出该流动人口群体自身的城市化发展的一致性（共性）特征，同时
通过城市化问题纵向时间序列的横向参照群体（研究中主要是指：城—城
流动人口群体与城市户籍居民群体）对比辅之以当前时间节点下的横向参
照群体对比探究该群体城市化发展的差异性问题。将地理学"分异"理念
思维应用于流动人口城市化问题的现象学与学理分析，为当前中国流动人
口城市化问题现象的解释提供了一种可适用的分析思路。

第二，为社会治理问题的分析提供新的研究思路。"异质"与"包容"
在中文的语言环境中似乎天生就存在某种相关性，在"异质"中求"同"
即"求同存异"，这一表述也长期见著于我国的外交辞令之中。当前我国
诸多的社会治理中的问题皆具有"异质"性特征，而追求共同富裕与多元
共存的发展目标使得社会治理包容性成分的重要性得到前所未有的重视。
研究中基于此种思维的导向，以包容性治理之模式、理念见之于中国流动
人口群体分异问题之中，以"包容"存"异质"，在异质中求共同发展的

研究探索可以为流动人口群体分异问题的治理提供研究思路。

第三，为包容性治理增添新的应用范畴。包容性治理作为社会治理模式优化与创新的具体表现形式，顺应了深化改革与提升国家治理体系与治理能力的时代要求，对当下的社会治理有着深刻的指导意义。然而，目前相关包容性治理的研究较多停留于包容性治理理念、模式的学理性分析层面，而对于包容性治理于社会治理问题的实践运用探索较少。所以研究中以"流动人口群体分异"这一城市化社会治理为问题导向，以包容性治理工具与理念为治理路径目标，试图通过研究将包容性治理理念与模式契合于中国流动人口群体分异问题的治理实践之中以推进我国人口城市化发展之进程，同时也为包容性治理理念与模式的社会实践提供新的尝试。

二　研究的不足之处

第一，关于流动人口群体分异问题的表征领域涵盖性有待完善。如书中前篇论及，中国流动人口城市化过程是一项包括居住、就业与社会融合等内容在内的综合性过程，这一过程的内容包括但不限于这三大领域，因而，这一过程中所呈现出的群体分异问题的表征也就不仅仅限于这些领域，还涉及生态环境、人口归属等其他领域的内容抑或是政治、经济、社会、生态融入不同视角等。研究中限于篇幅与时间等因素，主要从居住、就业与社会交往三个层面对"群体分异"这一问题进行重点性的论述与说明，意在突出"群体分异"这一人口城市化问题的解释与说明，因而，本书在流动人口群体分异的事实范围的全括性上存在一定的不足之处，将会在后续的相关探索中不断进行补充。

第二，研究中关于城市类别的差异研究有待深入。本书研究受限于时空因素，对于流动人口群体分异实证的研究主要采取 31 个省市自治区城市级别抽样问卷分析研究的方法。在城市这一概念范围上主要适用广泛意义上的概念，关于不同城市类型下流动人口群体分异问题的差异性研究还未展开，故在后期的工作研究中会持续性进行深入研究。

第三，对于流动人口群体分异这一城市化问题包容性治理路径探索的完整性有待进一步完善。如前文所述，包容性治理模式与理念于群体分异问题的社会治理实践研究实属初次尝试，关于包容性治理实践路径的相关参考也鲜见，故研究中对于中国流动人口群体分异问题包容性治理路径的尝试不免存在些许漏缺，会在以后的持续性研究进行补充与修正。

第二章

相关概念、理论基础与分析框架

第一节　相关概念阐释

研究中涉及部分基本概念，如：流动人口、人口城市化、群体分异以及包容性治理等，故本部分内容主要对于这些概念的由来及演变做出相应梳理，并在此基础上明确各名词在研究中的应用，以便对该研究的基本概念以及后续研究内容进行清晰的认识与理解。

一　流动人口

人口移动（Population Movement）作为一种人口活动现象，指的是人口从一个地方到另外一个地方的变换，这种变化突出表现为人口在地理上与空间上的位置变更。这种移动通常涉及人口居住地由迁出地到迁入地的永久性或长期性的改变，这种迁移被称为永久性迁移，它与其他形式的和不涉及永久性居住地变化的人口移动不同。人口流动（Population Mobility）与人口迁移（Population Migration）相互并列，同属于人口移动的范畴。其中，关于人口迁移与人口流动，二者之间并没有严格的区分，但在中国特有户籍制度的背景环境下，在具体使用上往往又有所区别。人口迁移与人口流动最实际的区别标志就是：迁移改变了当事人的户口登记常住地，而流动则不会改变当事人的户口登记常住地。① 换句话而言，人口迁移多是伴随户籍变更常住地持续半年或 1 年以上、跨越界限的人口移动，而人口

---

① 魏津生：《中国城市流动人口的基本概念、状况和问题》，《人口与计划生育》1999 年第 6 期。

流动则未伴随户籍变更或常住地变更不满半年或 1 年以上、跨越界限的人口移动。①

国外学者依据迁移时间长短将人口迁移划分为永久性迁移（Perma-nent-migration）、暂时性迁移（Temporary-migration）和循环迁移（Circulato-ry-migration）三类。以迁移的方向为标准，人口迁移又可以划分为国内迁移（In-migration）与国际迁移（E-migration）。人口流动也被称为人口移动，是指人口出于自身生存、发展动机而进行的一种就业、生活或学习所在地与其户籍所在地处于分离状态的、跨越一定空间界限、在不同区域间的流动并从事社会经济活动的行为。② 人口流动以流动距离为划分标准，划分为较远距离（国际流动和国内跨省、自治区、直辖市）的流动与较近距离（跨县、乡、镇）的流动。当前我国的人口流动实践主要有 2 种形式：改变常住地式的以户口迁移为目的的人口移动与不改变户籍登记地的人口移动。而以时间划分标准，人口流动则包括流动半年以上与流动半年以下。③ 从移动时间、空间和目的角度来看，首先，中国当前的人口迁移与流动属于往返于流入地与流出地的钟摆式的循环流动，移动者选择的生活方式是城市与农村两栖。其次，二者移动的基本方向具有一致性，那就是同是流向社会经济发展水平比较高、生存条件较好的地方而不是相反，即由农村流向城市、由中西部地区流向东部沿海地区。最后，就中国目前的人口流动而言，户籍人口迁移与非户籍人口迁移在离开原居住地的时间长短上更具有"一致性"，即在户籍未迁移的流动人口中，长期连续居住的居民比例大幅增加。

同为社会学概念的"人口流动"和"流动人口"从量的角度考察时便具有统计学概念。作为人口流动的主体，"流动人口"是发生人口流动这种过程的人口统称。"流动人口"是在中国户籍制度条件下的一个概念，

---

① 李东：《人口流动与重庆经济发展的灰色关联度分析》，《西北人口》2009 年第 3 期。
② 张铁道、赵学勤：《建立适应社会人口流动的接纳性教育——城市化进程中的流动人口子女教育问题研究》，《山东教育科研》2002 年第 8 期。潘竟虎、李天宇：《甘肃省人口流动空间格局和影响因素的 ESDA 分析》，《统计与信息论坛》2009 年第 9 期。
③ 梁勇、马冬梅：《现阶段我国城市流动人口变动的新特点及服务管理创新》，《理论与改革》2018 年第 1 期。

中国的流动人口在一般情况下系指在不改变其户口登记常住地的条件下，离开户籍所在地的县、市或者市辖区，以工作、生活为目的异地居住的成年育龄人员。但是不包括因出差、就医、上学、旅游、探亲、访友等事由异地居住、预期将返回户籍所在地居住的人员和在直辖市、设区的市行政区域内区与区之间异地居住的人员。① 流动人口以流动源头与目的地为界可以划分为流入人口和流出人口，其中，流入人口是以流入地为参照的本地区非户籍人口，流出人口是以流出地为参照的离开该地区到其他地方居住的户籍人口。流动人口根据流动性可以分为常住流动人口和短期流动人口，常住与短期的分界线一般为 5 年。② 依据流动人口的来源，流动人口的类型又有"外来农民"与"外来市民"之分，即分别来自农村地区和城市的流动人口即农村→城市（乡城）与城市→城市（城城）的流动人口。当前中国流动人口的主体依旧是农民大军，占比将近 83.7%，具有相当的稳定性与绝对优势，非农业流动人口仅为这部分人口的 16% 左右。为了更好地理解上述概念及它们之间的关系，绘制如下概念逻辑关系图（图2.1）。③ 本书研究中将要涉及的流动人口范畴属于由乡村流向城市的人群总体，即"乡城流动人口"群体。

　　综合以上关于流动人口概念的相关研究，"流动人口"范畴锁定于"乡城流动人口群体"这一层面，是指不改变其户口登记常住地的条件下在一定时期（通常为一个月及以上）④，离开户籍所在地的县、市或者市辖区，以谋生盈利为主要目的、自发从事社会经济活动并实现异地居住的农村剩余劳动力，但是不包括因出差、就医、上学、旅游、探亲、访友等事由异地居住、预期将返回户籍所在地居住的人员和在直辖市、设区的市行政区域内区与区之间异地居住的人员。他们的社会身份大多为"外来务工"人员或是"农民工"。移而不迁和流动性大是这部分人群的突出流动

---

① 《流动人口计划生育工作条例》，中国人口出版社 2009 年版，第 3 页。
② 段成荣：《关于当前人口流动和人口流动研究的几个问题》，《人口研究》1999 年第 2 期。
③ 李强：《农民工与中国社会分层》，社会科学文献出版社 2012 年版，第 120 页。
④ 鉴于后文所采用的问卷数据是基于 CMDS 调查对象，该问卷关于流动人口流动时间的限定是一个月及以上，故论文此处关于乡城流动人口流动时间的定义与 CMDS 定义保持一致，定义为离开户籍所在地一个月及以上。

特点。而且，正是基于这样的流动性，导致部分人口群体中不断有人口流入和流出。此类流动人口既是目前国内流动人口的主体也是城市新生的一类特殊社会群体。[①]

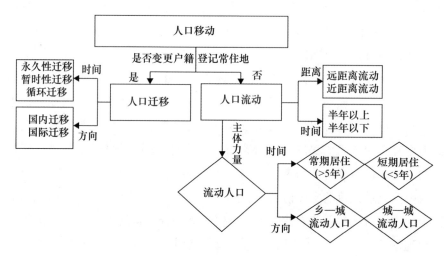

图 2.1　概念逻辑关系图

二　流动人口城市化

(一) 城市

城市作为社会经济与社会生产发展到一定阶段的产物，在一定程度上映射着不同时期的社会经济发展历程。人类社会的第二次与第三次重大社会分工促成了人类最早的城市出现。[②] "城" 与 "市" 初始为相互分离的概念，在我国早期历史时期出现的 "封城建邦" 的思想中，"城" 可以理解为具备国防和行政意味的含义，也具有战略防御和宗族统治等方面的功能性质。而 "市" 则是人口和商品密集区域，是人们为了方便商品交易而逐渐集聚而成的、一个充满商业气息的场所名词。[③] 人类最早的 "城市"

①　吴晓：《我国大流动人口居住空间解析——面向农民工的实证研究》，东南大学出版社2010年版，第9页。

②　尹艳华：《现代城市政府与城市管理》，上海大学出版社2003年版，第1页。

③　卢继宏：《人口均衡城市化的基本问题与路径选择研究》，博士学位论文，西南财经大学，2012年，第40页。

距今约有5000年的历史。与早期城市相比，现代意义上的城市意涵经历了长期的发展之后有了很大的变化，城市发展的内容也比以前丰富了很多，定义为经济学中的一个网状系统、社会学中的复杂整体、地理学中的聚居地等。而我国关于城市本质和特征也早已写入了《中共中央关于经济体制改革的决定》之中，即"城市是我国经济、政治、科学技术、文化教育的中心，是现代工业和工人阶级集中的地方"。从这些对城市概念的新时代定义中可以发现，现代城市的基本特征及未来发展方向已经与以往简单扩张的发展方式完全不同。①

综上所述，研究中认为：城市作为人类社会生产力的空间组织形式，是随着人类追求自身的需求和欲望的满足而不断推动的生产力发展和产业结构演变的空间载体。具体而言，城市概念特征涵盖如下几个层面：运行的复杂性、系统的开放性、要素的聚集性、文化构成的异质性以及城市管理职能的区域中心性。世界各国各地区根据各自社会经济发展的特点制定了不同的城市设置标准。研究主要采用中国的城市类别标准，即2014年国发〔2014〕51号《国务院关于调整城市规模划分标准的通知》明确的现行城市规模划分标准（表2.1）。② 截至2020年初，中国大陆共计686座城市，其中直辖市4座，特别行政区2座，地级市（含副省级市）293座，县级市387座。③

表2.1　　　　　　　　现行（2014年）城市规模划分标准

城区常住人口数量	城市类型		
50万以下	小城市	Ⅰ型小城市	20万以上50万以下
		Ⅱ型小城市	20万以下
100万以下	中等城市		

① 公磊：《城市化、分工和经济发展》，博士学位论文，辽宁大学，2012年，第109页。王佃利，曹现强：《城市管理学》，首都经济贸易大学出版社2007年版，第10页。

② 资料来源：《国务院关于调整城市规模划分标准的通知》2014年第11期，http://www.gov.cn/zhengce/content/2014－11/20/content_9225.htm，2021年4月21日。

③ 数据来源：根据国家统计局公开数据整理。

续表

城区常住人口数量	城市类型		
100万以上500万以下	大城市	Ⅰ型大城市	300万以上500万以下
		Ⅱ型大城市	100万以上300万以下
500万以上1000万以下	特大城市		
1000万以上	超大城市		

（二）城市化

英文"urbanization"是城市化或称都市化的英文译法。其词源"urban"意为都市的、市镇的；其词尾"ization"由"iz（e）+ation"组成，则表示行为的过程，可译为"使……化"。① "urbanization"这一术语最早出现于西班牙工程师塞尔达（A. Serda）的《城市化概念》一书之中，至今已有100多年的历史。他在其著书中提出城市化是由工业化发展而来的著名观点。同时还指出，城市化过程的最重要表现就是：农村人口向城市空间的迁移与聚集，② 其在过程以及内容上涉及了包括人口转移、经济领域、社会文化发展等诸多综合性内容，因而，不同学科对城市化内涵的解释与侧重点也存在差异。③ 例如，人口学视角侧重点在于城市人口比重的角度；而人类学家对城市化内涵范畴的最早拓展则侧重于生活方式的转变；社会学家认为，城市化就是农村生活方式转化为城市生活方式的过程；经济学侧重点在于工业化的视角。④ 诺贝尔经济学奖得主库兹涅茨（Simon Smith Kuznets）曾将城市化定义为大城市和农村地区之间的人口分布结构的转变，⑤ 而《中华人民共和国国家标准城市规划术语》对城市化的定义是：城市化是人类生产与生活方式由农村型向城市型转化的历史过

---

① 王桂新：《城市化基本理论与中国城市化的问题及对策》，《人口研究》2013年第6期。
② 颜咏华：《中国人口流动对城市化进程的影响》，经济科学出版社2017年版，第10页。
③ 孙中和：《中国城市化基本内涵与动力机制研究》，《财经问题研究》2001年第11期。
④ 周丽萍：《中国人口城市化质量研究》，博士学位论文，浙江大学，2011年，第17页。
⑤ 李同屏：《人口经济学》，清华大学出版社2008年版，第13页。

程，主要表现为农村人口转化为城市人口以及城市不断发展完善的过程。[①]由此可见，城市化应是一个综合性的概念，是一个由多角度所构成的图景，伴随着方方面面的变迁和多方面的表现。

综上所述，本书综合上述学者的观点对城市化进行界定，认为"城市化"是传统农业社会向现代城市社会发展的综合转化过程。该过程涵盖人口流动、空间转移、经济、社会、文化发展等多方面的内容，是多位一体的复合过程。[②]"城市化"具有如下本质特征：其一，城市化是农村人口不断向城市集聚，城市人口所占比重不断上升的过程。[③]其二，城市化是空间扩展的过程。城市数量的增多和城市规模的扩大是通过对农村土地的不断占用而实现的。其三，城市化是产业结构升级的过程。随着生产力水平的提高，第二、第三产业得到快速发展，劳动力逐渐由第一产业转向第二、第三产业。其四，城市化是消费结构不断变化的过程。城市使得人们对消费产品的种类发生变化，不再是自给自足，低消费群体也会在带动下向高消费群体转移。其五，城市化是现代文明向农村扩散的过程。城市文化、价值观、生产以及生活方式不断向农村渗透，城市化不只是城市的发展，而是要达到城乡一体化。[④]其六，城市化阶段的演进以城市化率不同的增长速率为衡量标准划分为三阶段（"初期阶段""中期阶段""后期阶段"），其变动轨迹大致展现为一条稍被拉斜的"S"型曲线（见图2.2）。[⑤]城市化的三个阶段既相对独立又相互依存。城市化初期阶段是村民（villager）转变为市民（citizen）的过程，表现为乡村人口向城镇的聚居；城

---

① 中华人民共和国建设部：《中华人民共和国国家标准：城市规划基本术语标准》，中国建筑工业出版社2008年版，第22页。

② 孙中和：《中国城市化基本内涵与动力机制研究》，《财经问题研究》2001年第11期。赵丹丹、胡业翠：《土地集约利用与城市化相互作用的定量研究——以中国三大城市群为例》，《地理研究》2016年第11期。

③ 左学金、朱宇、王贵新：《中国人口城市化和城乡统筹发展》，上海世纪出版集团2007年版，第17页。

④ 王知非：《中国城市化进程与经济增长互动关系及推进城市化政策研究》，博士学位论文，东北师范大学，2015年，第16页。

⑤ Ray M., *Northam*, *Urban Geography*, New York: John Wiley & Sons Press, 1975, pp. 66 - 69.

市化后期阶段的"都市化"是市民（citizen）转变为公民（civics）的过程，表现为城市都市化和城乡一体化的过程，而处在中期阶段的"城市化"具有承前启后的过渡属性，最具象征性和影响力。[①] 根据国家统计局公报显示，2021年我国的城镇化率超过63.89%，[②] 也就是说，当前中国正处于城市化发展的中期阶段。

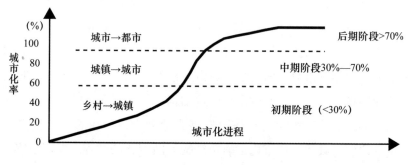

图2.2　城市化阶段演进图

（三）流动人口城市化

人口城市化的过程不仅仅是现代化的过程，也是传统农业社会向工业社会、信息社会转变的过程。而过程之中，作为区域社会、经济、文化发展的载体，城市空间大量人口的涌入成为发展的必然趋势。[③] 但值得注意的是，城市化是"人"的城市化而非"物"的城市化。[④] 美国《世界城市》曾指出：都市化是一个过程，包括人口向城市运动与人口生活方式（价值观、态度和行为等）向城市生活方式的转变两个方面的变化。同时，《中华人民共和国国家标准：城市规划基本术语标准》也把城市化表述为"人类生产和生活方式由乡村型向城市型转化的历史过程"，表现为人口向城市人口转化以及城市不断发展和完善的过程。因此可以说，城市化的本

---

① 罗淳：《中国"城市化"的认识重构与实践再思》，《人口研究》2013年第5期。
② 数据来源：国家统计局统计公报。
③ 郭虹：《从"外来人口"到"流动人口"——城市化中一个亟待转变的观念》，《经济体制改革》2000年第5期。
④ 周家明：《包容性发展：从"半城市化"走向"城市化"》，《淮阴工学院学报》2012年第4期。

质即"人的城市化"。[①] "人的城市化"也称"人口城市化",顾名思义就是承认与强调"人"在城市化过程中需求的满足、成长、发展。人口城市化最根本的目的就是实现人口对城市文化的认同,在城市文明下形成新的价值观和生活方式、取得城市户籍、完成身份的城市化。人口城市化基本的逻辑起点是市场化和工业化。城市市场化是城市形成的初始起点,城市中"市场"的作用是十分明显的。在工业革命后,工业化进程成为人口城市化的重要动力,城市工业化进程的开启增加了城市对劳动力的需求,大量就业机会及工业部门较高的比较利益优势吸引着大批农村人口流向城市,而城市工业发展也具有循环积累效应,吸收乡村地区或不发达地区的劳动力向城市流动。[②]

尽管流动人口的进入对我国城市区域发展规划、政府社会管理和公共服务提出了严峻挑战,但不可否认的事实是,流动人口是城市化人口的主体和流动的生产、消费要素,是中国城市化的微观主体,是被"化"的对象。它是城市化发展的必然现象。[③] 20世纪80年代以来,我国经历着世界上最为迅速的流动人口城市化进程。毫无疑问,规模庞大的流动人口迁移为我国的经济腾飞与城市化发展奠定基础,进而也为我国综合国力的提升、社会经济的快速发展与人民生活质量的提高做出了巨大贡献。[④] 换言之,流动人口对中国城市化具有明显的促进作用,这一作用直接关系到中国城乡一体化的进程和社会经济发展的速度。所以,就中国的城市化发展实践来看,"流动人口城市化"是必然趋势。[⑤]

流动人口城市化是包括"居住城市化""就业城市化"和"社会生活城市化"等在内的一系列综合性过程,其中,居住已经成为影响流动人口

---

① 赵伟:《城市经济理论与中国城市发展》,武汉大学出版社2005年版,第44—55页。

② 白国强:《城市化的选择——城乡空间均衡及其实现》,广东人民出版社2013年版,第54页。

③ 叶裕民、黄壬侠:《中国流动人口特征与城市化政策研究》,《中国人民大学学报》2004年第2期。江智华:《中国人口城市化综述》,《北方经济》2013年第1期。

④ 本期聚焦:《快速城市化背景下的流动人口研究》,《现代城市研究》2013年第3期。

⑤ 商俊峰:《加强流动人口的宏观调控充分发挥流动人口在城市化中的作用》,《中国人口科学》1996年第4期。

在城市定居的主要因素之一，就业是流动人口进入城市的前提，更是流动人口在城市生存发展的基础，是流动人口城市化的核心，而城市社会生活融入对于提高流动人口群体在城市的长期居留意愿、促进流动人口与流入地城市化进程具有重要意义，具体而言：

1. 居住城市化

居住已经成为影响流动人口在城市定居的主要因素之一。发达国家社会治理的相关研究和实践表明，居住将会在个体整个生命历程中对人力资本的积累和提升、职业和社会阶层的变迁产生极为深远的影响。[①] 故，在我国人口城市化的长期发展实践中，实现城市"安居"一直是流动人口群体进入城市的首要动因。站在人口城市化是"人的城市化而非物的城市化"的起点来看，城市的本质构成首先是为人的聚居提供物质支撑，或者说人口城市化的发展首先要满足人的居住需要。流动人口群体进入城市，首要条件就是要有庇护之所，才能进行城市扩大再就业。城市中流动人口规模的急剧扩张和发展必然需要城市住宅供应的扩大和发展，或者我们可以这样理解，城市居住问题的产生和发展的复杂程度往往与人口城市化的速度和质量密切相关，我们也可以认为，在城市化阶段的居住问题表现得异常尖锐和复杂。所以，"宜居"就是推进流动人口城市化的根本目的之一。因此，流动人口群体的城市化实现与该群体居住城市化实现是密切相关的。

从人类与居住的关系来看，中国古代就有"人因宅而立，宅因人而存，人宅相扶，感通天地"的辩证分析和风水学理论，而西方有"人造住宅，住宅造人"的一致认知。[②] 城市中的流动人口也有人与住宅的聚居活动，至今为止人类有两类聚集形式，一是农村，二是城市。流动人口群体的城市化主要就是农村向城市转移、农村人口群体在空间结构上的变化。从人的生存空间形势发展来看，农村人口向城市转移体现了人类居住方式和生活方式的进步；从另一个人类与城市的空间构成对应关系来看，居住

---

① Miech R., Eaton W., Liang, "Occupational Stratification Over the Life Course", *Work and Occupations*, Vol. 30, No. 4, 2003, pp. 440 – 473.

② 李建平:《丧经、宅经、周易》，中州古籍出版社 2002 年版，第 85 页。

空间是城市空间的重要组成部分。人是城市的主体、居住是城市的最基本职能。居住的稳定与合理既关系着城市中"人"的生存环境和生存质量，也影响着整个人口城市化效益的实现。因此，居住城市化的实现对于流动人口城市化的重要意义毋庸置疑。

从人口流动的角度来看，人口社会流动的变迁通常也伴随着社会成员居所和居住区位的流动。从低收入的聚居处向高收入的居住区流动即乡村向城市的流动是人口社会流动的一般趋向，也符合马斯洛的需求层次理论。因此，由乡村向城市范围的人口流动是与流动人口群体居住空间的城市化实现相互关联的。这种趋势在发达国家表现得极为明显，在中国也不可避免。中国是世界第一人口大国，居住城市化的关注与可持续发展推进也实然被许多研究先驱所描绘。从当前关于流动人口城市化的相关研究来看，学界已经形成了"半城市化""梯度城市化""居住分化"等概念。①而在对这些概念内涵进行深入研究时我们会发现：不论怎样去定义人口城市化现象，都是以居住空间变动为中心。总之，在流动人口群体城市化发展进程中，所有与流动人口城市化发展相关的话题，通常都能与居住问题相联系，评论流动人口城市化的扩张和发展进程推进也都是以流动人口群体的"适居"为首要指标。

2. 就业城市化

就业是现代城市社会生活中的一个非常重要的问题。就业问题往大说关系到城市社会经济的发展与稳定，往小说关系到城市个人职业的发展、人生价值的实现和基本生活的保障。市场经济条件下，城市中的流动人群没有其他的经济来源，只能通过在劳动力市场上向劳动力需求方让渡自己的劳动能力即通过就业来获得劳动报酬，满足自己生存和发展的需要。同时，这类流动人群的其他各种物质与精神需要（如安居、受教育、社会医疗与服务、被尊重、实现理想与人生价值等）也要以就业为重要支撑。就业为其提供了实现理想与人生价值的舞台，以及其他精神需要满足所必备

---

①　侯慧丽、李春华：《梯度城市化：不同社区类型下的流动人口居住模式和住房状况》，《人口研究》2013年第2期。厉有为：《居住城市化：人居科学的视角》，高等教育出版社2005年版，第13页。

的物质条件。如果进城的流动人群长期处于失业状态、劳动收入减少，甚至完全失去，不仅会使劳动者本人的生存和发展受到威胁，就连家庭生活与城市社会稳定也受到影响，甚至可能引发违法犯罪。因此，城市中流动人群就业的充分实现具有重大的城市社会经济发展意义。

就业城市化的实现是流动人口城市生存与发展以致最终实现城市化的重要内容。人口城市化基本的逻辑起点是市场化和工业化。城市市场化是城市形成的初始起点，城市中"市场"的作用是十分明显的。在工业革命后，城市工业化进程的开启增加了城市对劳动力的需求，大量就业机会及工业部门的较高比较利益优势吸引着农村人口流向城市，而且在城市就业也可以获得比从事农业更高的收入。农民作为"经济人"，这种利益诱惑必然使大量农民涌入城市谋生，寻求更高的收益、更好的生存状态。大批流动人口进城就业，一方面提高了劳动收益率和总收入；另一方面提高了城市流动人群收入的广泛性。我国乡村农业收入尚未从总体上摆脱"靠天吃饭"的局面，仍然面临很多风险，而到城市就业打工，相对而言风险较小，也能够取得更多的经济收入。而且，城市社会发展速度很快，职业具有较强的变动性，就业结构也会出现不断的调整，劳动者只有不断地学习提高自身素质和能力，才能跟上职业变动和就业步伐的调整。

当前中国已进入快速人口城市化和经济社会转型发展的关键时期，规模庞大的流动人口源源不断地涌入城市。农村的劳动力向城市流动，在大城市就业乃至落户最终变为城市居民，既是我国市场经济发展和人口城市化进程的客观要求，又是人的全面发展和社会进步的必然趋势。就发展中的社会主义中国而言，流动人口的城市就业问题关系到流动人口增收和城市社会稳定问题，更关系到中国能否提高城市化，进而实现现代化的问题，因而，流动人口的就业城市化是人口学、社会学乃至管理学关注的问题，也是人口城市化的必有之意。

3. 社会融入城市化

流动人口群体的城市社会融入是城市现代化过程的重要内容。世界发展规律证明：一个国家的现代化过程就是农业人口不断被城市化转变为城市市民的过程。当前，中国正进入城市化快速发展时期。城市经济高速发展，城市规模不断扩大。农村人口群体大量进入城市，并投入城市经济发展大潮中去。随着城乡统筹经济社会发展战略的逐步实施，城市化发展面临着艰巨的历史任务：一方面，要把农村人口群体从农村转移出来进入城市，从事效益更高的非农业活动，使其告别农民身份，实现社会分工和职业角色的转变（就业城市化）；另一方面，帮助转移出来的农民人口实现与城市居民的充分融合。这种融合就要求在人口城市化发展的过程中，不仅要使农村人口群体实现身份的转变，更重要的是在生活方式、社会交往、思想理念等方面与城市逐步融合。[①]

实现城市社会融入是流动人口城市社会生活的必然选择内容。进入城市的流动人口作为"新来者"，在面对"陌生"而又"新奇"的城市社会时既会有一种"文化震撼"也会感到焦虑不安。对来自乡村偏远地区的新城市进入人群而言，城市是一个未知的、捉摸不定的世界。城市有着与农村不同的文化特质、社会结构和生活方式。流动人口作为城市中的一个特殊群体，制度身份为农民，职业身份为城市产业工人。流动人口在进入城市社会之后，本身所具有的农村社会交往习惯将在城市社会中接受考验。进入城市初期，以血缘、地缘和业缘等为基础的纽带关系是流动人口群体作为城市"外来者"最可靠的社会基础，也为流动人口在城市中实现基本的生存提供了条件。但是，在后来长期的城市社会生活与交往过程中，流动人口群体不可能只生活在熟人圈里，他们也需要按城市的规则建立新的就业、投资、经营以及新朋友、婚姻、交换等关系。因为能否参照城市人群的社会交往标准来对自身的社交行为进行相应调整以适应城市社会，对于流动人口在城市的生存和生活有着重要影响。

流动人口城市化除了包含上述三项内容以外，当然还会涉及流动人口其他领域的部分内容（如有的学者从政治、经济、社会等角度抑或是从城市生态建设角度出发研究流动人口城市化）。但是，正如上文所述，居住、就业与社会融入作为三项最为基本也最为重要的流动人口城市化内容，在

---

① 侯亚非、张展新：《流动人口的城市融入——个人、家庭、社区透视和制度变迁研究》，中国经济出版社2010年版，第1页。

流动人口城市化内容结构中占据核心位置，且对其他领域或是层面的流动人口城市化内容有着重要影响。换言之，以居住、就业与社会融入三项基础性流动人口城市化内容为观照，对流动人口城市化问题进行分析研究是具有代表性与普遍性特征的，因而，本书的后续研究展开亦以此为据。

三　流动人口群体分异

"群体"是指以某种方式相互依赖的个体的集合，是与个体相对的概念。群体中的个体彼此间存在相互关系，这使得他们在某种有效程度上是相互依赖的。① 结合以上定义，本书所述"群体"，是指一群成员之间有着共同的相互依赖属性的社会实体。研究中"群体"的概念是作为一个中性词出现和使用的。② 它只是人类生存、活动与作用的一种形式，具有两面性，兼具理性与情绪之"群体"，既可产生积极作用也可形成负面效应。管理心理学认为，群体具有以下特征：各成员相互依赖且在心理上彼此意识到对方，各成员间在行为上相互作用，彼此影响以及各成员有"我们同属于一群"的感受，实际上也就是彼此间有共同的目标或需求的联合体。③ 群体依据内部各成员相互作用的目的和性质可以分为不同的类型，研究中主要聚焦流动人口这一群体的相关内容。

"分异"其英文词源为"differentiation"，可作为一种"差异性"进行理解，这种差异是用于区别一般常态性状态的定义。④ 从语义上讲，"分异"概念内涵反映的是事物从"均质"到"异质"、从"整体"到"分化"的变化特征与过程。⑤ "分异"反映的是一种动态的变化过程，是自然事物整体及其组成要素在某个方向上保持特征的相对一致性（共性），而在另一个确定方向上表现出差异性，因而发生更替的过程。

---

① 戴维·W. 约翰逊、弗兰克·P. 约翰逊著：《合作的力量——群体工作原理与技巧》，上海人民出版社 2016 年版，第 1 页。

② 黄建钢：《群体心态论》，浙江大学出版社 2004 年版，第 90 页。

③ 俞文钊：《管理心理学》，甘肃人民出版社 1985 年版，第 236 页。

④ 吕露光：《从分异隔离走向和谐交往——城市社会交往研究》，《学术界》2005 年第 3 期。

⑤ 石恩名、刘望保、唐艺窈：《国内外社会空间分异测度研究综述》，《地理科学进展》2015 年第 7 期。白光润：《应用区位论》，科学出版社 2009 年版，第 200 页。

综合上述，研究中的"群体分异"概念是指：中国流动人口城市化发展在纵向人口城市化发展阶段演进与横向人口城市化发展阶段（这里是指当前人口城市化发展趋稳定阶段）中，"乡城"这一类型流动人口群体及其人口群体内部相较于其他城市人口群体（研究中主要是指城—城流动人口群体与城市户籍居民群体抑或称市民群体）所表现出的人口城市化实践的一致性（共性特点）与差异性发展特点。其间，为了突出呈现"群体分异"中的差异性，特选择以城—城（流入地与流出地皆为城市）流动人口群体与城市户籍居民群体（市民群体）作为参照对象。而在"乡城流动人口群体分异"这一问题的实际研究中，则主要测重从群体居住、就业与社会融入三大基础领域作展开性论述。其中原因在于，一方面，"群体分异"是本书研究中重点聚焦的问题，从学术研究的角度而言，若想对这一问题抑或是分析概念做出较为充分与深入的论述与研究，就应当对流动人口群体分异城市化问题的所有展现场域做一研究。但现实是：流动人口群体分异这一城市化问题的出现与我国流动人口城市化实践具有极强的关联性。如前文所述，流动人口城市化的具体实践内容涉及流动人口居住、就业、社会融入、生态环境、政治参与城市化等不同研究视角下的多项内容，这意味着，"流动人口群体分异"这一人口城市化问题的展开场域也在一定程度上涉及群体居住分异、就业分异、社会融入分异、政治认同（权利）分异、生态环境权益分异等多角度多视角侧重下的多方面内容。而若对这些内容作逐一展开论述，目前不论是从篇幅上还是从研究的操作性上都存在部分限制，因此，研究主要择选其三点以重点说明"群体分异"这一流动人口城市化问题的事实。另一方面，也如前文所述，居住、就业与社会融入作为流动人口城市化实践最基础也是最为重要的三项内容，对于其他层面抑或是领域内容的流动人口群体城市化实践有着较为强烈的基础性影响。换言之，研究中流动人口群体居住、就业与社会融入分异同样对流动人口群体分异的其他表现场域与内容产生较为强烈的基础性和关联性的影响。"居住分异"是流动人口城市化实践中群体分异的基础性内容，对于其他流动人口群体分异内容的产生与发展有着根本性的影响。发达国家社会治理的相关研究和实践表明，居住将会在个体整个生命历程中对人力资本的积累和提升、职业和社会阶层的变迁产生极为深远的影响。[①] 故，在我国流动人口城市化的长期发展实践中，居住分异是流动人口群体分异问题的首要与基础部分，而流动人口群体就业分异则是中国流动人口群体分异问题表征中最主要也是最重要的内容。因为谋生是流动人口向城市流动的最主要动因，就业问题大到关系城市社会经济的发展与稳定，小到关系城市个人职业的发展、人生价值的实现和基本生活的保障。社会融入则是城市现代化过程的必要内容，对其他流动人口群体分异领域抑或是内容产生着潜移默化的导向，因而，对于流动人口群体城市社会融入内容的展现也能够在更高层次上体现流动人口群体分异问题的广泛性与深入性。

需要特别说明的是："群体分异"这一概念本身是具有中性特质的名词。也就是说，它意图表达的只是不同人口群体城市化发展过程中呈现的一种一致与差异性分化与发展的过程与结果，兼具两面性，既可产生积极作用也可形成负面影响。但鉴于学术问题导向研究的必要性，研究中则主要是从"群体分异"这一城市化问题的角度出发，故主要是探讨其消极一面的存在及其负面问题的治理。

四 包容性治理

包容性治理作为治理研究领域的一个新"进入者"，近几年得到了广泛关注。包容性治理是包容性增长（inclusive growth）理念和治理（governance）理论高度契合的一种合成理论工具。"包容性发展"最早出现在亚洲开发银行 2007 年的出版物中，是一项基于减贫、人力资本发展（教育、保健）的公平和赋权战略社会资本等发展方面的研究，主要强调尊重公民权利，促进发展的包容性、可持续性和民众认同，其核心理念是参与和共享。[②] 包容性治理的原始意义在于，有效的包容性增长战略需要能确保机遇平等的社会包容性以及能减少风险，并能给最弱势群体带来缓冲的

① Miech R., Eaton W., Liang "Occupational Stratification Over the Life Course", *Work and Occupations*, Vol. 30, No. 4, 2003, pp. 440 – 473.

② Gupta, J. Pouw N. R., MRos-Tonen, M. A. F., "Towards an Elaborated Theory of Inclusive Development", *European Journal of Development Research*, Vol. No. 10, 2015, p. 30.

社会安全网，最终目的是把经济发展成果最大限度地让普通民众来受益。①

而治理理念源起于社会复杂运行性与资源有限性中出现的"政府失灵"与"市场失灵"问题。双失灵问题使人们开始寻求国家和市场之外的其他途径，在此基础上，"自治"与"合作"得到空前的重视，社会治理由单一权威中心治理向多中心协同治理的方向发展。政府、市场、社会组织与公民皆为多元治理主体的一部分，公共权威建立在各主体互动合作的基础之上。② 在包容性发展与治理理念基础之上发展起来的包容性治理既融合了包容性发展的"平等"与"共享"理念，又考虑到社会治理过程中各行为主体之间的差异，是治理理论在因应转型中社会问题融合包容性发展理论精华而提出来的一种新的社会治理模式与治理理念，具有很强的现实性。

基于上述内容，本书研究的包容性治理的主要含义是：在治理中吸纳各种利益主体参与，以影响治理主体结构和决策过程，公平分享政策结果、治理收益和社会资源，各种利益相关者的权益能得到尊重和保障的公共治理过程与结果。③ 其中，包容性是治理的核心价值，主体多元是包容性治理的逻辑起点，实现"人"的利益是包容性治理的终极目标。具体来讲：包容性治理着眼于公平参与、平等对待和权利平等。一方面，所有社会成员，包括弱势群体等在内都能够实质性地参与整个治理过程之中并对决策产生实质性的影响。④ 对所有社会成员而言，包容性的治理制度和政策是全体社会成员平等发展的，是可行、负责和兼具回应性的、能够保护弱势群体利益的;⑤ 包容性治理的基础不是控制，而是多元协调，包容性治理主体既涉及公共部门，也涉及非公共部门，因此是具有持续的多元互

① 林琼：《包容性治理：生态公共治理变革新向度》，《江西社会科学》2013 年第 12 期。

② 张康之：《社会治理中的价值》，《国家行政学院学报》2003 年第 5 期。

③ 李春城：《包容性治理：善治的一个重要向度》，《领导科学》2011 年第 7 期。高传胜：《论包容性发展的理论内核》，《南京大学学报》2012 年第 1 期。徐倩：《包容性治理：社会治理的新思路》，《江苏社会科学》2015 年第 4 期。

④ Gupta, J., Pouw, N. R. M Ros-Tonen, M. A. F., "Towards an Elaborated Theory of Inclusive Development", *European Journal of Development Research*, Vol. 27, No. 4, 2015, pp. 541 - 559.

⑤ Sachs, I., "From Poverty Trap to Inclusive Development in LDCs", *Economic and Political Weekly*, Vol. 39, No. 18, 2004, pp. 1802 - 1811.

动特性的。看似松散的协作网络，其实是建立在信任与合作秩序基础之上的。

在逻辑构成上而言，包容性治理包含着极为丰富的理论思想意涵，是一种更加全面、公平和可持续性的发展理论和管理战略。第一，治理理念的包容性。由于不同治理主体所处的位置不同，其拥有的立场是有差异的，这要求相互之间有包容的心态，容忍不同的利益立场的存在，并相互尊重、求同存异、包容妥协，形成公共理性。包容性治理需要多元利益的共存，在相互容忍中形成对问题的不同看法，从而寻找殊途同归的治理之道。这样，既可以解决治理的多样性问题，也可以容忍差异性的治理道路的续存。① 第二，治理主体的包容性。治理主体的代表性、多元性和包容性是治理成果分配上利益共享的逻辑起点，因此，社会治理的包容性首先体现为治理主体资格的代表性和包容性。富有包容性的治理主体结构治理的权威来源于多元合作的网络权威，反映和代表受到群体决策影响的各种利益相关者。第三，治理过程的包容性。包容性的治理过程强调的是治理权力的运行、治理行动程序实施的包容性，是政府完善社会治理的保障机制，这是包容性治理的本质要求。第四，治理结果的包容性。成果共享是包容性治理追求的最主要目标之一，即包容性治理成果的最终表现为利益共享。

第二节 理论基础

一 人口流动相关理论

（一）推拉理论

在关于人口流迁的研究中，比较成熟的理论和模型种类较为繁多，其中推—拉理论关于人口流迁的研究比较早，理论、学说与相关模型较为成熟和具有影响力。几乎所有将流迁问题纳入研究范围的学科都在使用"推—拉"这对名词。推—拉理论所考察的现象主要是用于回答：是什么

---

① 尹利民、田雪森：《包容性治理：内涵、要素与逻辑》，《学习论坛》2021 年第 41 期。

根本机制在人口流迁中发挥主要作用。第一个提出推力、拉力理论的先驱者是 D. R. 赫伯尔（D. R. Herberle）。在 1938 年发表的一篇论文中，他认为，流迁是由一系列的力量引起的，包括使一个人离开一个地方的"推力"和将他吸引到另一个地方的"拉力"。① 换言之，促使一个人离开原地前往另外一个地方的主要因素就在于其需求未得到满足。因此，任何人口流迁行为都可能有多个推力和拉力相互作用和影响。② 在其之后，康纳德·丁·博格（D. J. Bogue）与李（Lee）二人发展了推—拉理论，从流迁入、出地空间差异下的自然、社会等角度对迁移的推力与拉力因素进行了分析与讨论，指出了引起流迁的 12 项推力因素与 6 项拉力因素。他认为，当影响人口流迁的主要因素是目的地的排斥力时，人口流迁的效率较高，并且人口流迁的流动过程中具有一些基本特征：选择性、正负迁移的划分、迁移者的特征双向性以及迁移的障碍越大越具有淘汰性，即弱者被淘汰，并且迁移的选择会受到生命周期的影响。在博格研究的基础上，李对推拉理论进行了深入的发展，他指出，流迁的很多因素（如对迁入地了解程度等）会对其主体决策产生影响，而这些因素既有客观心理方面的，也有主观心理方面的。③

　　人口流迁论在书中的运用之处在于：人口流迁的推拉理论在解释人口流动的动机和特征方面起着突出的作用，特别是，这一理论在分析中国流动人口的特征和动因时，可以得到一定的发展和应用。推拉理论对人口流动的解释具有综合性特征，该理论普遍认为，推拉因素是多方面的（如经济、人际关系、自然环境和居住地、政治、教育等）。在流迁的具体情况下，任何因素都可能被归结为推力或拉力。这样的观点在研究中的指导作用在于为分析流动人口城市化进程中的流动行为动因的产生以及人口城市化进程中群体分异现象产生的动因提供理论支撑。

---

① 康纳德·丁·赫伯尔：《乡村—城市迁移的原因》，《美国社会科学》1938 年第 52 期。
② 李竞能：《现代西方人口理论》，复旦大学出版社 2004 年版，第 139 页。
③ Lee, E. S. A. , "Theory of Migration", *Demography Press*, Vol. 3, No. 1, 1966, pp. 47 – 57.

（二）新迁移理论

新迁移理论（new economics of labor migration）是将流动人口的影响机制从宏观转换为微观视角的产物，代表人物为斯塔克（Stark）。从行为学的角度出发研究人口流迁这一经济现象，是新移民理论的出发点和着力点。新移民理论在考虑成本和收益的基础上，将人口流迁的个人特征、家庭特征和自主选择行为联系起来。[1] 新移民理论的内容可以从以下几个方面来理解：第一，新移民理论认为，收入激励是影响人口迁移和流动的重要因素，同时，人口的迁移和流动也会受到流动成本的制约。[2][3] 第二，作为人力资本的显性表现指标，受教育程度的提高对迁移具有正向的影响。第三，流动者个人特征（包括年龄、性别、婚姻状况等）也是微观决策机制下影响迁移的重要因素。家庭成员的年龄、素质和技能各不相同，父母通常根据个人特点、家庭需要个人意愿安排谁出去挣钱，谁留在家里从事农业生产活动。第四，迁移决策是家庭行为而不是独立的个体行为。与新古典移民理论将移民决策视为独立个体行为不同，新移民经济学将移民研究的重点从独立个体转移到相互依赖的个体。从那时起，一些家庭内部的微观行为被引入了迁移理论的研究范围。第五，在完善健全的市场体系和金融体系下，不会出现大量的移民现象。新移民理论指出，发达国家家庭风险通常由保险公司或政府项目担保，但发展中国家的保险市场并不完善和成熟，因此家庭只能通过在不同市场配置劳动力来分散风险。而且在现实生活中，市场存在很多问题，比如信息不对称、外部性等，这些都是吸引家庭迁移的动力。第六，家庭条件也是影响劳动力迁移决策的重要因素。家庭劳动力越多，家庭经济条件"相对较差"的人口迁移动机越强。[4]

---

[1] Stark O., D. Bloom, "The New Economics of Labor Migration", *American Economic Review*, Vol. 75, No. 1, 1985, pp. 173 – 178.

[2] Rosen Sherwin, "The Theory of Equalizing Differences", *Handbook of Labor Economics*, Vol. 1, No. 1, 1987, p. 641. Stark, Oded, J. E. Taylor, "Migration Incentives, Migration Types：The Role of Relative Deprivation, *Economic Journal*, Vol. 408, No. 101, 1991, pp. 40 – 49.

[3] 明芬：《农民工家庭人口迁移模式及影响因素分析》，《中国农村经济》2009 年第 2 期。

[4] Stark O., D. Bloom, "The New Economics of Labor Migration", *American Economic Review*, Vol. 75, No. 1, 1985, p. 176.

新迁移经济理论在研究中的运用主要在于：中国是发展中国家，城市化进程中的人口流动与迁移的产生是市场体系和金融制度还未完善、健全的重要表现，在此前提下发生的人口流动除了需要关注市场体系和金融制度的完善与发展之外，也需要关注家庭决策对流动的影响分析，明晰流动人口的流动动机与时机，对于流动人口群体性行为的动机与行为方式的表现研究具有重要指导意义。

二 人口城市化相关理论

城市化过程是世界各国社会经济发展中普遍存在的现象，其过程纷繁复杂，视角与着眼点可以从社会、经济、人口与空间等方面进行，每一种观点都反映了城市化过程的一个重要方面，因此也成了整个社会科学所共有的研究对象。

人口城市化理论与人口流迁理论有着密切的联系，随着工业化与现代化进程的不断发展，人口城市化理论的研究从人口流迁研究中脱颖而出，并日益成为人口研究的一个理论基础。从本质上讲，人口城市化是现代工业化过程中农业人口向城市非农业人口转变的过程。这一过程不仅是农村人口通过流动或迁移在城市中聚集并最终成为城市公民的过程，也是农村人口的职业非农业化、生活方式和意识形态逐渐城市化的过程。总的来说，人口城市化的理论研究主要体现在以下几个方面：首先，主要从人口发展过程与其他社会经济发展过程的关系，特别是人口城市化与工业化、市场经济和现代化发展的关系，以及其社会经济后果（如对社会经济和生态环境的影响）来考察和分析人口城市化与社会经济发展的关系。马克思、恩格斯认为，城市源于农村产生的农村城市化，突出表现为：先是由农村地区工厂慢慢发展而成工业城市，后随着城市化的不断发展表明生产力前进的动力和重心已经从乡村移到了城市。这时，"城市的繁荣也把农业从中世纪的简陋状态中解脱出来了"。[①] 其次，基于人口发展过程本身的视角分析人口城市化过程本身及其对人口发展变

---

① 《马克思恩格斯全集》第 26 卷，人民出版社 1957 年版，第 260 页。

化的影响，特别是人口城市化对生育率和死亡率的影响。人口城市化理论的早期著名学者是韦伯（M. Weber），他的研究聚焦于工业化进程中西方城市的崛起。[1] 而第一本名为《城市化》的专著出现在20世纪初。早期的人口城市化着重点在于研究人口的城乡分布等并非常关注人口变化。列宁认为，不同地区的城市化水平不同，在一定条件下，这种差异会长期存在。[2] 最后，联合国出版的《城市化：发展政策和计划》等著作系统地阐述了城市化的概念以及人口城市化研究的不同角度等内容，为人口城市化理论的发展做了大量的工作。人口城市化理论研究中最重要的是人口城市化规律及其相应的理论模型，人口城市化理论研究中影响最大的理论模型主要有区位理论模型、中心地理模型和二元经济结构模型。区位理论模型的主要观点是，区位因素在城市及其人口的增长中占有决定性地位，因此研究和分析人口城市化过程必须将区位支配原则作为考量因素之一。[3] 中心地理论模型则认为主要是经济中心或核心城市功能的作用引致城市及其人口增长结果。二元经济结构模型主要认为，人口城市化是城乡劳动力转移的动力基础。20世纪末，人口城市化成为世界的主流和主要研究对象，研究主要集中在人口城市化对资源、环境乃至可持续发展的影响，以及人口城市化和城市人口贫困问题上。

人口城市化理论在研究中的使用主要在于：由非正规与正规城市暂住人口推动的中国快速城市化是一个深远的过程，人口城市化则是城市化过程中最主要的表现之一。深入分析我国人口城市化滞后现象的内在规律能够在稳步推进我国城市化进程的同时切实改善城市化过程中流动人群的城市生活现状。研究以流动人口群体为着眼点探索和分析流动人口城市化问题，上述人口城市化的理论基础与模型可以更加直观地为城市化过程中的流动人口城市化发展滞后问题成因的分析提供理论支撑，也有利于研究将流动人口群体放至整个中国城市化进程中加以考虑，更具理性地认识和理解流动人口城市化问题。

---

[1] M. Weber, "The City", New York: Ny Fress Press, 1966, pp. 1 - 334.

[2] 《列宁全集》第3卷，人民出版社1959年版，第527、500、530页。

[3] 约翰·海因里希·冯·杜能：《孤立国》，商务印书馆1826年版，第1—334页。

三　社会包容理论

21 世纪头十年，世界银行出版了 202 份与"包容性"有关的出版物，从 2010 年到 2015 年 8 月，这个数字已经增加了 325 个。现有文献中对于这些术语的定义通常很宽泛，但它们的受欢迎程度非常高。就如同贫困与结果有关，排斥和包容则与关系和机制有关。城市发展的本质突出了以身份为中心的城市社会包容定义的局限性。正如萨姆·希基（Hickey）、库纳尔·森（Sen）和巴德鲁·布肯亚（Bukenya）[1] 所指出的：如果优先考虑公平和赋权的包容，包容可以从根本上指明变革发展的路径与方向。更广泛的"包容/排斥"用语为追求人权和公平提供了强有力的基础，前提是保持对公平和赋予权力的注意。它也更符合当代对不平等的关注。[2] 社会包容是支持参与社会进程所必需的公分母。在社会质量理论中，社会包容直接被确定为使个人成为社会一部分的先决条件。[3] 同样，对城市的权利概念也主张社会包容，不仅在占用现有资源方面，而且在决定如何生产这些资源方面。[4]

社会包容是指处于同一社会环境中的人们能够实现权力和利益的共享，它是指社会中的制度体系能够容纳和认同具有不同社会特征的成员及其社会行为的程度。具体而言，首先，包容被看作需求的满足；其次，包容包括两个部分：归属感和独特性；最后，团体包含个人，而不是与团体有联系的个人。[5] 归属感与社会接纳是主观社会包容的两个核心维度，[6] 个人层面的归

---

① Sam Hickey, Kunal Sen, Badru Bukenya, "The Politics of Inclusive Development", Oxford: Oxford University Press, 2014, pp. 3 - 34.

② 李子明、王磊：《地方政府与包容性城乡一体化》，《国际城市规划》2013 年第 3 期。

③ Maesen, L., Walker, A., "Social Quality: From Theory to Indicators", New York: Palgrave Macmillan, 2012, p. 133.

④ Marcuse, P., "From Critical Urban Theory to the Right to the City", *City*, Vol. 13, No. 3, 2009, pp. 185 - 197.

⑤ Jansen, Wiebren S., Otten, Sabine; van der Zee, Karen I., Jans, Lise, "Inclusion: Conceptualization and Measurement", *European Journal of Social Psychology*, Vol. 44, No. 4, 2014, pp. 370 - 385.

⑥ Tana Cristina Licsandru, Charles Chi Cui, "Subjective Social Inclusion: A Conceptual Critique for Socially Inclusive Marketing", *Journal of Business Research*, Vol. 82, No. 1, 2018, pp. 330 - 337.

属感带来的感受是包容性社会的基础。[①] 归属感通常与社会包容有关，与他人和幸福的联系紧密相关。归属被认为由两部分组成：群体成员身份和群体情感。团体成员关系反映了个人与团体之间的纽带的感知强度，而团体情感则反映了这种纽带的感知。独特性的需求是拥有独特自我概念的动机。为了满足这一需求，人们需要通过贬低自己与他人的共性，或通过用自己的特质和观点来定义自己，从而在感知上与有意义的他人保持距离。[②]

社会接纳又称"感觉受欢迎"，[③] 意味着"其他人希望将你纳入他们的群体和关系中"。[④] 社会接纳反映了社会接纳个体的意愿，而被接纳的感觉来自参照群体所接收到的信号。平等一直是公共政策和法律话语中社会包容的一个普遍指标，指的是公平、正义、平衡和同化，[⑤] 与赋权类似，平等可以体现在社会的不同层面，从法律面前的平等和机会的平等到与非弱势个体拥有平等的社会关系。[⑥] 弱势个体的尊重也是社会包容的重要内容。尊重就是"我们应该假定每个人都有要求的东西，即作为一个人的充分承认，具有与其他人相同的基本道德价值"。社会认可可以归入更广泛的尊重概念领域，[⑦] 这两种构式都广泛应用于程序正义研究，传递象征性信息和承认群体成员身份。与接受类似，尊重的感觉来自接受他人的待遇，并

① Fredericks, B., "What Health Services within Rural Communities Tell us about Aboriginal People and Aboriginal Health", *Rural Society*, Vol. 20, No. 1, 22010, pp. 10 – 20.

② Frederickson, N., Simmonds, E., Evans, Soulsby, C., "Assessing the Social and Affective Outcomes of Inclusion", *British Journal of Special Education*, Vol. 34, No. 2, 2007, pp. 105 – 115.

③ Marino-Francis, F., Worrall-Davies, A., "Development and Validation of a Social Inclusion Questionnaire to Evaluate the Impact of Attending a Modernized Mental Health Day Service", *Mental Health Review Journal*, Vol. 15, No. 1, 2010, pp. 37 – 48.

④ DeWall, C. N, Bushman, B. J., "Social Acceptance and Rejection: The Sweet and the Bitter", *Current Directions in Psychological Science*, Vol. 4, No. 1, 2011, pp. 256 – 260.

⑤ Collins, H. Discrimination, "Equality and Social Inclusion", *The Modern Law Review*, Vol. 1, No. 1, 2003, pp. 16 – 43. Lunga, V., "Empowerment Through Inclusion: The Case of Women in the Discourses of Advertising in Botswana", *Perspectives on Global Development and Technology*, Vol. 14, No. 1, 2002, pp. 35 – 50.

⑥ Chan, K., Evans, S., Ng, Y.-L., Chiu, M. Y.-L., & Huxley, P. J., "A Concept Mapping Study on Social Inclusion in Hong Kong", *Social Indicators Research*, Vol. 119, No. 1, 2014, pp. 121 – 137.

⑦ Hall, S. A., "The Social Inclusion of People with Disabilities: A Qualitative Metaanalysis", *Journal of Ethnographic & Qualitative Research*, Vol. 3, No. 1, 2009, pp. 162 – 173.

与特定群体中的接受、声誉和包容沟通信息。① 因此，尊重可以被视为一个人感觉社会包容的一个基本属性；社会包容的另一个重要属性是赋权，即"增加个人、人际或政治权力的过程，允许人们采取行动改善他们的生活状况"。② 被授权的个人被期望控制他们的生活，他们的决定和社会政治环境。这一概念对遭受脆弱性的群体或是个人特别重要。赋权可以作为一种手段来减少耻辱和无力感，并提高福祉。因此，它被视为社会包容的一个指标。③ 授权从个人的角度来看取决于每个人的控制能力，从制度的角度来看取决于每个国家的社会政治环境。

2010 年 9 月 16 日，时任中国国家主席胡锦涛在亚太经合组织会议开幕式上强调了"实现包容性增长，有效解决经济发展中出现的社会问题"的重要性。这种发展理念主张把所有人都纳入社会经济发展的进程，共享社会经济发展成果，消除社会阶层和社会群体之间的隔阂和裂痕，因此需要协调好公平与效率问题。包容性意味着制度公平，而增长意味着效率，包容性增长包括制度的基本效能，即公平和效率。包容性增长理念的重大创新是重新描述公平与效率的相互依存和良性互动的内在包容性。在政策层面，以"包容性增长"为中心的发展战略包括三个相辅相成的支柱：一是通过高速、有效和可持续经济增长最大限度增加就业和发展机会；二是确保人民能够获得平等机会，促进公平参与；第三是保证人能获得最低限度经济利益。④

社会包容理论在研究中的使用主要在于：社会包容理论既遵循了国际社会"广泛增长"和"包容性增长"的理论语境，又在发展理念上深化了中国倡导的协调发展的实际内容，可以说是为城乡协调发展的实现形式提供了最佳路径选择。从这个意义上说，包容性城市化本身就是城乡协调发展和融合的具体实现形式与最优路径。包容性城市化发展可以充分吸收发展中国家

---

① Cremer, D. De, & Tyler, T. R., "Am I Respected or Not? Inclusion and Reputation as Issues in Group Membership", *Social Justice Research*, Vol. 18, No. 2, 2005, pp. 121 – 153.

② Gutièrrez, L. M., "Understanding the Psychological Empowerment Process: Does Consciousness Make a Difference?", *Social Work Research*, Vol. 19, No. 1, 1995, pp. 229 – 237.

③ Cherayi, S., Jose, J. P., "Empowerment and Social Inclusion of Muslim Women: Towards a New Conceptual Model", *Journal of Rural Studies*, Vol. 45, No. 1, 2016, pp. 243 – 251.

④ 张占斌：《城镇化建设的保障房研究》，河北人民出版社 2013 年版，第 140 页。

特别是中国城乡协调发展的实践经验、发展要求和政策内涵，它具有丰富的中国特色社会主义政治经济学和中国特色社会主义发展经济学的新内涵。因而，社会包容理论对于流动人口群体城市化问题的治理具有借鉴意义。

四　多元治理理论

"治理"一词自20世纪90年代以来开始时兴并逐渐成为社会科学关注的焦点。"治理"这一概念即意味着单一权威向多中心的转变，其核心特征在于政府与市场、社会、民众等多元主体互动合作。[1] 以埃莉诺·奥斯特罗姆（Elinor Ostrom）为代表的公共治理学派发展整合成多元治理理论，为从政府向多元治理的转变提供了重要的理论分析框架。[2] 在此背景下，治理的内涵发生了巨大的变化，从过去主要指政府治理转向由政府、社会、社区和市场等各种行动者共同参与的治理。[3]

联合国全球治理委员会（CDD）对治理的权威定义是，"治理"是指"各种公共或私人机构管理其共同事务的许多方法的总和，是一个采取联合行动调和冲突或不同利益的持续过程"。从这一概念的界定中可以明示，治理是一系列活动领域里的管理机制、是一种持续互动的过程。治理过程的基础是协调和合作，而不是管理和控制。治理不仅涉及公共部门，也涉及私营部门和非政府组织。政府和市场一般是调节和控制社会发展的两大力量。但是，政府和市场失灵使传统上的政府、市场模式不能满足公共事务管理需要，传统的治理主要指政府通过直接规定或禁止某些行为由上而下地解决市场失灵问题。这些规则和限制通常依赖政府的垄断行政权力实施，具有权威性、强制性的特点，管理手段上以许可、审批、标准控制等命令控制为主。治理则包括更为多元的组织、制度和行动者，是各种政府、私人或志愿者或由其组成的企业或社会团体形成的跨组织合作网络，通过信息、知识和资金

---

[1] 许耀桐：《政治学》，对外经济贸易大学出版社2010年版，第13页。

[2] Ostron, Elinor, "Governing the Commons: The Evolution of Institutions for Collective Action", England: Cambridge University Press, 1990, p. 3. 埃莉诺·奥斯特罗姆：《公共事物的治理之道》，上海三联书店2000年版，第51页。

[3] Gerry Stoker, "The Politics of Local Government", London: Macmillan Publish, 1988, pp. 230 – 257.

等资源的交流与共享实现对成果和其他参与者的最大影响。

多元治理理论的基本观点为：一是强调治理主体由单一向多元的转变，强调政府与社会关系的调整，政府这个过去唯一的权力中心被改造成多种权力中心，将权力下放给社会。根据治理理论，在多元社会中，公众对公共服务的需求是多元化的，单一的权力中心无法满足这种多元化的需求。因此，在解决公共问题的过程中，政府不能再是唯一的权力中心，而要把治理的权利和承担的责任转移给公民社会。除政府外，治理主体呈现多元化趋势，非政府组织、私营企业、公民个人等各种社会组织都可以成为治理主体。他们可以成为政府的合作者，参与公共事务的设计、提供、监督和管理。只要得到公众的认可，政府、市场非营利组织、社区和公民个人都可以成为公共治理的有效主体。此外，治理主体的多元化意味着治理目标的多元化，不同的治理主体有不同的利益诉求和治理目标。政府治理的主要目标是将公共利益作为自己的出发点与最终落脚点，市场是以实现利润最大化为治理目标，同时承担一定的社会责任；而类别较多的社会组织代表的利益不同，故而治理目标也有所不同。

二是认为，多个主体之间的关系可以发展成由多个主体组成的网络结构，这是多元治理的基础。这一结构的形成和发展，对于解决多主体之间的冲突，促进互动合作的长远发展具有重要意义。在这种网络结构中，主体相互依存、相互制约，利益协调成为他们共同完成治理任务的主要途径。此外，各个治理主体的责任界限模糊，这主要是由于多个治理主体之间的相互依存和合作事务关系的发展。社会公共治理问题复杂多变，治理问题千差万别，权利的边界也在不断演变，不同条件下权利的边界也不同。[①]

三是多元治理理论强调，所有主体都是平等的关系。行政权威和强制手段不再是政府用来实现治理目标的手段，与其他治理主体一样，政府与它们之间的关系是平等、沟通、协调和协商。[②] 此种关系中的政府职能着重点不在于控制而在于引导。政府利用其权力，积极引导多主体参与、管

---

① 孙柏亮：《治理模式的内在缺陷与政府主导的多元治理模式的构建》，《武汉理工大学学报》2010 年第 1 期。

② 夏建中：《治理理论的特点与社区治理研究》，《黑龙江社会科学》2012 年第 2 期。

理和协调各种治理活动。① 多元治理理论的跨时代意义体现在，虽然它是在"政府失灵"的背景下形成的，但在其理论和实践中，对"走向政府"的意识形态倾向防范具有实际意义。因为多元治理理论强调，必须承认和突出多元社会主体的共同参与，同时也要更加重视政府在多元治理中的职责和作用。② 多元治理体现在对多元关系的管理，政府是其中的一员，当其他子系统或主体（如市场）出现故障时，政府可以作为"最后一股力量"进行补救，维持多元治理的有效持续推进。③ 换句话说，其他治理主体实际上是在政府"层级制"的背景下运行的，④ 由此可见，多元治理主要强调实现城市政府的转型是完善城市治理的核心。

治理理论在研究中的使用主要在于：流动人口城市化问题的治理需要多主体间的协同，因此在对流动人口群体分异这一问题进行治理的城市化变革进程中，需要政府逐步向市场和社会放权，构建"小政府、大社会"的综合治理体系。多元协同治理，不仅可以弥补单一主体治理的弊端，还有利于转变政府职能和角色，促进社会组织发展，提高城市化问题治理效率。

第三节　流动人口的群体分异包容性治理研究框架

从学术文章写作的角度来看，研究框架作为学术文章贯穿始终的主线，对研究主题的系统性研究展开与深入探讨具有重要的指导作用。而本书研究的主要目的在于流动人口城市化问题的探索。因此，为了实现这一研究目的，本书引入"分异"这一地理学概念范畴，建立一个以流动人口城市化内容为基础的、适用于中国流动人口城市化问题现实反映与治理的情景的研究框架。

---

① 俞可平：《治理和善治引论》，《马克思主义与现实》1999 年第 5 期。

② 鲍勃·杰索：《治理的兴起及其失败的风险：以经济发展为例的论述》，社会科学出版社 2000 年版，第 74 页。

③ 鲍勃·杰索：《治理的兴起及其失败的风险：以经济发展为例的论述》，社会科学出版社 2000 年版，第 80—81 页。

④ Peter, B. G., "Is Governance for Everybody?", *Policy and Society*, Vol. 33, No. 4, 2014, pp. 92 – 97.

一　研究框架维度要素

分析框架的展开避免不了必要元素的加入。因此在本书分析研究框架建构之前，应当对分析框架的主要构成元素进行相应说明。研究中流动人口的群体分异包容性治理问题这一分析框架的建构是建立在"流动人口城市化"与"群体分异"的核心要素之上，因此，在框架建构前先对这部分内容加以论述，然后在此基础之上构建适用于我国流动人口城市化问题探究的研究逻辑框架。

（一）方向维度要素

"分异"一词最早源自古希腊的埃拉托色尼（Eratosthenes）对地球表面温度的纬度差异的气候分异规律的认知，发展至 19 世纪 A. von 洪堡（Alexander von Humboldt）近代自然地理学后，概念范畴演变为地域分异（rule of differentiation）的相关研究。[1] "分异"在意涵上主要是指：发展事物整体及其组成要素在某一方向上保持特征的相对一致性，而在另一方向上表现出差异性，继而不断更替的过程与特征。其中，发生更替规律特征一般称为"分异规律"；引起分异的原因与因子则称为分异因素；[2] 研究中将"群体分异"（这里"群体"一词的使用始于统计学研究的需要，在相关概念界定中已有说明，此处不再赘述）这一概念框架应用于中国流动人口城市化问题的研究之中，辅之以时间维度，试图借助地理学中这一概念的管理学问题情景转换，为中国流动人口城市化问题的研究探讨提供新的尝试。具体而言：

1. 流动人口群体分异问题研究的两大方向维度

"分异"概念内涵上强调的第一大要素就是"某一方向与另一方向"，足以见"立足方向"抑或是"立足点"对于"分异"研究的重要性。由

---

① 普雷斯顿·詹姆斯：《地理学思想史》，商务印书馆 1989 年版，第 40 期。

② 吴殿廷、丛东来、杜霞：《区域地理学原理》，东南大学出版社 2016 年版，第 296 页。闫庆武：《地理学基础教程》，中国矿业大学出版社 2017 年版，第 198 页。伍光和、王乃昂、胡双熙、田连恕等：《自然地理学》，北京高等教育出版社 2007 年版，第 464—477 页。范中桥：《地域分异规律初探》，《哈尔滨师范大学自然科学学报》2004 年第 5 期。

世界人口城市化发展的经验来看，流动人口城市化的发展进程以及进程中人口城市化问题的出现与"时间"维度密切相关。因此，本书以"时间"维度为承载来观测中国流动人口城市化发展进程中的群体分异问题。一方面，有研究表明，在纵向时间序列的演进过程中，中国流动人口城市化发展进程大致经历改革开放前、改革开放后两个重大时期，具体历经了城市化积累阶段、城市化启动阶段、城市化发展阶段、城市化趋于稳定阶段（阶段划分依据为中国人口城市化率与发展实际）；而从另一个阶段化发展节点来看，中国人口城市化发展当前正处于快速发展并渐趋稳定的阶段，具体细分而言，又有当前流动人口城市化发展阶段的细致展开。由于流动人口群体分异问题的出现是伴随该群体人口城市化发展进程的演进而产生的，因而，对于流动人口群体分异这一问题的研究也将依照这两个确定方向展开，这样不仅有利于流动人口城市化群体分异这一问题生成关联性的连接，也有利于为流动人口群体分异这一人口城市化问题提供时间维度的全方位展示。

2. 流动人口群体分异问题方向维度要素

第一，某一方向的一致性与另一方向的差异性特点。尽管世界各国的人口城市化发展起步时间、发展环境、发展速度以及城市化发展质量有所差异，但是伴随传统产业结构逐步向现代产业结构转变，各国的人口城市化普遍具有较为一致性的发展规律：在人口城市化的初始阶段，第一产业生活资料供给的滞后性与第二产业发展所需要的社会资本短缺引致大量流动人口向城市集聚，人口城市化率开始提升。这一时期，人口的城乡分布开始发生本质性的变化，从"传统乡村社会"进入"现代的城市社会"。人口城市化快速发展阶段转向稳定阶段过程中，由于农村地区可转移剩余劳动力已基本被城市二、三产业吸收，所以非农业人口也进一步增加，人口向城市聚集的速度渐趋缓慢并开始步入平稳甚至回落阶段。这一理论揭示了人口城市化的阶段发展一致性规律，是西方经典的人口城市化理论。但是，人口城市化过程是人类社会经济发展现代化的过程，不同类型人口群体和人口群体内部（如流动人口群体、城—城流动人口群体及其内部）由于社会、经济、人力资本等因素的差异，人口城市化发展的进程、特征、方式和社会后果必然呈现较大的差异性，这是人口城市化发展的差异性特征规律。

伴随人口城市化发展一致性与差异性规律特征的演进与发展，流动人口的群体分异"现象"开始普遍表现出一致性与差异性特点的演进与发展规律特征：在由人口城市化初始发展阶段至快速乃至城市稳定阶段的历史发展演进中，由乡村开始，大规模至渐趋稳定流入城市的人口群体于城市空间存在中呈现出的"异质性"开始逐渐显现、突出与扩大化的一致性演变特征，与此同时，伴随人口城市化发展的纵向深入，流动人口群体与城—城流动人口群体以及城市居民群体间的城市化发展差异性也不断显现。因而从纵向时序演进中的一致性即共性与横向发展的差异性变化这两大"分异"概念要素入手，对中国流动人口城市化发展中的群体分异这一人口城市化问题进行研究，着重探讨中国流动人口城市化发展中的群体分异问题的纵向一致性与横向差异性的演变规律，有助于深入剖析"流动人口群体分异问题"的表征与实质规律，为切实理解与这一问题的下一步解决提供指导。

第二，分异因素。既有学术研究表明，工业革命与城市化的快速发展是引起人口城市化浪潮的动力机制；同时，世界人口城市化发展实践表明，国家经济发展水平、制度与政策供给、国家与城市政府能力以及城市承载力、城市社会包容程度等因素都对人口城市化发展的速度与质量有着至关重要的影响。中国人口城市化发展的历史经验也证明了，长期的城乡分治与城市内部"二元"结构的存在是引致我国人口城市化发展进程滞后的重要因素。这说明，人口城市化问题的产生受制于多种因素的影响，换句话而言，人口城市化发展的相关影响因素对于人口城市化发展过程中的问题生成具有一定的原理意义。因此，研究中对于我国流动人口城市化发展中的群体分异这一人口城市化问题的相关研究需要着眼于影响因素即分异因素的探讨，这样不仅有利于为流动人口群体城市化问题分异框架下的问题展示提供完整性概念体系，还有助于从问题生成机理的学术层面为我国流动人口城市化发展中的群体分异这一人口城市化问题的现实研究提供原理性的成因展示，也为群体分异这一流动人口城市化问题的对应解决路径探索提供研究靶向与实践努力方向。

（二）内容维度要素

如前文所述，鉴于流动人口群体分异问题研究与流动人口城市化内容的关联性，故书中流动人口群体分异内容的展开主要围绕居住、就业与社会融入三个方面。"居住城市化"是流动人口城市化最基础性的内容，所以，流动人口居住分异意味着是流动人口城市化问题最基础性也是最为重要的表现之一；而就业城市化即流动人口谋生是城市中流动人口的最主要动因与内容，因而也是流动人口群体分异问题的重要表现内容之一；社会融入作为流动人口城市化更高一层次的内容，融入了更多的精神、文化以及价值观等方面的内容，所以，流动人口群体社会融入分异则成为流动人口群体分异问题的更高层次的表现内容。当然，值得注意的是，流动人口群体居住、就业与社会融入分异并非是流动人口群体分异问题的所有表现内容，还可以表现为政治参与、生态环境建设等多层次、多领域范围与内容的分异现象，本书限于篇幅与时间并未全部展示，仅仅以此三项重要内容为切入口与重点研究内容对流动人口群体分异这一问题作一研究与说明，以突出"流动人口群体分异"这一问题实质。（此中内容上文已有展开论述，此处便不再赘述）

（三）矛盾维度要素

如果说流动人口城市化就是流动人口群体连续市民化的客观过程，那么在这一过程中，也必然会贯穿着一对基本矛盾：分异与包容。

分异是流动人口城市化过程的基础。事实上，自改革开放以来，社会结构的巨大变迁已然发生，研究证明，转型期城市地区的巨大社会变化推动着不同人口群体的重新分化与群体分异。① 城市化发展过程中，流动人口群体与城市居民群体间的差距愈益加大，居住分化、职业排斥与群体隔离等群体分异现象显见，因而"分异"已然成为流动人口城市化过程中的基础内容；但"分异"尽管是流动人口城市化过程中的基础，流动人口城市化过程中，城市社会包容性所发挥的作用也并不能排除。换言之，流动人口城市化过程也始终贯穿和体现着城市包容，这种包容体现为城市原住

---

① 顾朝林：《城市与区域规划研究》，商务印书馆 2018 年版，第 169 页。

人群以及相关利益主体在文化背景、语言习俗、生活习惯、意识形态以及审美情趣等领域内容方面中能够与流动人群实现共存的现实状态。"群体分异"意味着个性与差异化，包容却意味着流动人口群体被吸纳进入一个新的既定人群中，当流动人口群体把自身的社会实践活动浇筑到这一过程中，他们与城市原住民及相关利益主体的关系相处也就成为城市化实践活动的一部分。因此，"包容"就是城市化发展过程中，城市及其内部人群及相关利益主体与乡城这一流动人口群体之间一种相互认知、适应和选择的过程。这种过程就是包括流动人口群体与城市各类利益主体能动改变行为、适应客观存在或变化的过程。没有包容就没有一般化，没有人群间的包容，沟通与交流也就无法在不同群体间存在，人群就会处于封闭状态。故，"分异"与"包容"作为一对矛盾关系一起构成了流动人口城市化的特征之一。正是这对突出的矛盾关系引起城市中的不同类型人口群体及相关利益主体在不间断的城市化变革发展中获得进展。一方面，流动人口自身所具备的异质性能力与技巧是该群体在城市社会进入与融入中个性表达与自身价值实现的基础；另一方面，城市社会只有满足流动人群不同需要，认同与包容这类人口群体的社会存在，才能够实现流动人口群体城市生存与发展的充分性。当前我国诸多的流动人口城市化问题本质皆体现出"异质性"的特征，因而，包容性治理中追求共同富裕与多元共存的发展目标成分使得此种治理选择得到前所未有的重视。

研究中基于上述思维导向，以包容性治理之模式、理念见之于中国流动人口群体分异这一现实城市化问题之中，遵循以"包容"存"异质"，在异质中求共同发展的研究思维，建立起"分异""包容"这一矛盾分析维度，以探究流动人口群体分异问题及其治理。

二　研究框架构建

如上所述，在借助地理学中"分异"这一概念框架的立足方向维度与内容维度要素之后，本书就此以时间维度为载体，以"流动人口群体"为研究主体，以"人口城市化"为内容导向，以"群体分异"与"包容性治理"矛盾关系维度为研究路径，构建起适用于中国流动人口城市化群体分异问题治理的研究框架，框架中以群体分异的纵向时序演进和阶段化发展节点发展变化为方向维度与流动人口城市化三大主要内容维度进行交互分析，形成中国流动人口城市化群体分异这一问题的二维研究线索。首先，研究与归纳群体分异这一流动人口问题的纵向时序群体分异表现与群体分异演进的共性特点，以及研究与归纳当前人口城市化发展阶段，流动人口群体分异问题的表现与群体分异发展的差异化特点，并在此基础之上，基于"群体分异"与"包容性治理"矛盾关系研究路径对流动人口群体分异这一问题的影响因素、包容性治理适用性进行剖析与深入探讨；其次，针对流动人口群体分异因素的解决即流动人口群体分异问题的治理，尝试利用包容性这一治理工具，做出对群体分异这一问题治理路径的管理学探讨。

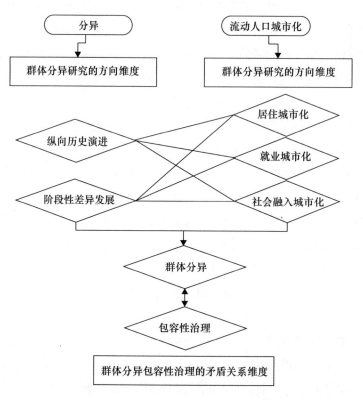

图 2.3　流动人口城市化群体分异包容性治理研究框架图

第三章

中国流动人口群体分异的
纵向时序演进

美国《世界城市》曾指出：都市化是一个过程，包括人口向城市运动与人口生活方式（价值观、态度和行为等）向城市生活方式的转变两个方面的变化。中华人民共和国国家标准《城市规划基本术语标准》也把城市化表述为"人类生产和生活方式由乡村型向城市型转化的历史过程"。因此可以说，城市化的本质即"人的城市化"而非"物"的城市化。[1] "人的城市化"也称"人口城市化"，顾名思义就是承认与强调"人"在城市化过程中需求的满足与成长、发展。人口城市化最根本的目的就是在城市文明下实现"人"的生活方式、就业转换以及社会价值观的城市化。[2] 流动人口群体作为我国人口城市化的主体力量，长期面临的包括居住、就业与社会融入三个重要方面在内的群体分异，这一人口城市化问题与困境是在我国长期的人口城市化实践中所产生的，因此，回顾新中国成立以来中国流动人口城市化发展历程（先城市化阶段〈新中国成立后至改革开放前〉、发生阶段〈改革开放初至 20 世纪 80 年代〉、发展阶段〈20 世纪 80 年代至 21 世纪初〉、发展趋稳定阶段〈21 世纪初至今〉）对把握新时代人口城市化发展的趋势与方向，探究中国流动人口城市化发展规律与群体分异问题及成因具有重要的研究意义。

---

[1] 周家明：《包容性发展：从"半城市化"走向"城市化"》，《淮阴工学院学报》2012 年第 4 期。

[2] 赵伟：《城市经济理论与中国城市发展》，武汉大学出版社 2005 年版，第 4—55 页。

第一节 流动人口城市化历史演进

一 先人口城市化阶段

1949—1957 年间，我国户籍制度尚未确立，所以这一时期的农村人口自由流动与迁徙成为主流。这一时期人口流动十分活跃，人口城市化的方式有农村人口进入城市、农村人口就地城市化等形式，其中以农村人口进入城市为主，[①] 总流动迁移率为 80%—100%，这一水平直到 20 世纪 90 年代才被超过。[②] 后来伴随着经济恢复与有组织计划迁移的发展，中华人民共和国成立以来第一个比较稳定的人口流动迁移活跃期形成。这一时期，国家对城市人口流动的控制相对宽松，尚未制度化，政策环境是农村流动人口得以进入城市的推动因素。1958 年《中华人民共和国户口登记条例》的颁布标志着我国的户籍制度正式建立，对人口自由流动开始实行严格限制和管制。1958 年 6 月中央决定各地的招工计划不需要经中央批准，同时各地大力开展水利建设也导致大的人口流动。1962—1972 年的 11 年间是我国严格落实户口政策的一段时间。限制人口在城市地区之间流动的文件不断出台，这基本断绝了户口从低一级行政区域迁往高一级行政区域的途径，也就切断了农村人口转入城市户口的路径。1963 年后"农业户口"和"非农业户口"分立，二元户籍管理形成，为农业人口转为非农业人口设置了身份阻碍，也设置了跨地域限制。1964 年国务院批准的《关于户口迁移政策规定（草案）》基本沿袭并肯定了一直以来的人口迁移政策，"对从农村迁往城市、集镇的要严加限制；对从集镇迁往城市的要严加限制。"在明确户口迁移政策的控制界限的同时在农村迁移城市问题上的严加限制，构筑起了一条人们难以逾越的鸿沟。但这一时期仍有少量农村人口通过升学、劳动、参军、随迁、婚姻等方式流动到城市。1977 年国务院在《国务院批转的〈公安部关于处理户口迁移的规定〉的通知》中对农业人

---

① 张弥：《中国人口史论纲》，中国财富出版社 2020 年版，第 35—37 页。
② 国家统计局人口统计司、公安部三局：《中华人民共和国人口统计资料汇编（1949—1985）》，中国财政经济出版社 1988 年版，第 19 页。

口转为非农业人口的严格控制标志着以指标控制割断城市间、城乡间人口自由流迁的户籍管理制度完全形成。[1] 户籍管理制度的越发严格使得这些进入城市的大量农村流动人口中只有少部分转成城市居民。大部分城市地方政府对自流人口采取了安置与遣返相结合的方针，重点落在遣返。但从城市化长远规划来看，控制农村人口流入城市不仅限制城市人口增加，也不利于人口流动，阻碍城市化起步。

二　人口城市化发生阶段

　　虽然中华人民共和国成立后至改革开放前的一段时期内（1949—1978）有几次大规模的人口流迁，但当前学术界概念定义上的流动人口[2]的出现和大规模扩张却是在改革开放以后。具体来看，1978年改革开放首先从农村地区开始，家庭联产承包责任制的推行释放出规模巨大的农村剩余劳动力资源。流动人口经历了剧烈的规模与结构的历史演变过程，规模从最初的几百万迅速持续增加到2.4亿人。在居住形态上，中国人口从最初城乡分割下的两大类别（市民与农民）演化成了三大类别：居住在城市的市民、居住在农村的农民以及暂住城市但户籍在农村的流动人口。[3] 这一时期人口流动速度也由于改革开放而大幅度提升，改革开放政策推动了我国经济的增长，同时也启动了人口流动的浪潮。1978年后，我国的经济发展效率大大提高，城市中农村剩余劳动力的大量流入加快了我国的城市化进程。这一时期，大批的农村人口选择向城市流动，主要包括进城务工、升学、当兵等方式。城市化的发展以及城市的基础设施建设等都需要大量的劳动力，而这些工作对于农民工而言都获利更多。于是城市中来自农村的大量流动人口从事了建设和拆迁工作，这一类工作需要大量的体力劳动，来自农村的大量流动人口由于长期从事体力劳动他们体力充沛、吃苦耐劳能力强，因此能够胜任此类工作。相关文献数据显示，1982年，在城市居住一年以上的流动人口为636.5万人，全国流动人口总数至少为

① 班茂盛、祝成生：《户籍改革的研究状况及实际进展》，《人口与经济》2000年第1期。
② 翟振武、王宇、石琦：《中国城市流动人口走向何方?》，《人口研究》2019年第2期。
③ 翟振武、王宇、石琦：《中国城市流动人口走向何方?》，《人口研究》2019年第2期。

2218 万人。以当时人口超过 5000 万的国家就算人口大国的标准而言，我国在 20 世纪 90 年代前后，流动人口规模就相当于一个人口大国的总人口。[①] 这一时期的人口流动的浪潮虽然让一大批来自农村的流动人口在城务工，但他们却并没有取得城市户籍，并未明显改善中国流动人口城市化发展的滞后态势。由于户籍管制使其虽能够在城市工作但是无法在城市落户，自然难以成为城市居民。此外，由于受文化水平的限制，他们从事的工作多是体力劳动，相对于多数城市居民和城市的高消费水平而言工资较低，这就导致了改革开放后，虽然大量流动人口涌入城市，但是，他们却没有实现真正的城市化，绝大多数仍被作为城市"外来人口"。[②]

三　人口城市化发展阶段

20 世纪 80 年代，在社会主义市场经济体制改革的大背景下，我国的流动人口城市化进入了快速发展阶段。一方面，市场经济改革的活力推动工业化进程加快，产业间和城乡间收入差距的拉大成为驱动人口流动和城市化的主要经济动力；另一方面，为了适应市场经济的发展规律，决策层放开了对人口流动的限制，转向有序控制，我国的城市化水平取得了快速进展。20 世纪 80 年代开始的民工潮在流动方向上不断朝向大中城市，在流动方式上，虽然也是农民自发的流动，但却具有新的特征：组织性较强，"一江春水向东流"。90 年代之后，国家虽然允许农民工进城，但是依然受到了严格的控制和管理。

在 1992 年确定社会主义市场经济体制改革目标后，我国提出了一系列与市场经济体制的内在规律相适应的人口流动政策，对于人口流动的态度也从"控制盲目流动"转变为"宏观调控下规范流动"，同时也形成了一系列务工和临时居住制度。1992 年底国务院宣布停止粮票流通，户口与粮油挂钩的历史至此终结。对于流动人口而言，这不仅意味着长期以来作为城市居民公共服务一部分的粮油等商品供应终于画上句号，而且意味着流动人口自由

---

① 张弥：《中国人口史论纲》，中国财富出版社 2020 年版，第 116—117 页。

② 王桂新：《中日两国人口分布、迁移与城市化之比较》，《华东师范大学学报》（哲学社会科学版）2002 年第 2 期。

流动的一部分障碍被清除了。1990 年民工潮相对缓和，1991 年随着经济发展速度的加快，民工潮也随之有所高涨。然而，流动人口作为游离于城市之外的边缘群体，在很多方面依然明显地被城市排斥。① 面对流动人口的大量涌入，城市首当其冲受到影响的是社会治安管理，其次是流动人口得需要解决衣食住行等基本生活问题。由于就业不稳定、收入较低等因素，流动人口往往选择在城郊结合部租住城市居民的房屋，城市一些地方出现了"城中村"。城中村大多位于城郊结合部，建筑群结构复杂，居住者来自不同的地方，生活习惯与文化素质差异性较大，流动频繁。这里大都设备不配套、设施不齐全，同时进城打工的农民虽然学到了技术，但是，他们仍然没有感觉到自己已经成为城市的工人阶级，因为城乡分割的管理体制使流动的农民难以融入到城市职工阶层中去。除此之外，居住在城里的流动人口为了打工还不得不自己掏钱办理各种证件，并忍受检查"身份证、暂住证""务工证"三证。当然最让他们担惊受怕的是被当作"盲流"收容遣返。

　　1995 年，对于我国的人口流动而言是一个重要的转折点，当年在厦门召开的全国流动人口管理工作会议确定了"因势利导、宏观控制、加强管理、兴利除弊"的流动人口管理指导思想。② 同年 9 月，中央社会治安综合治理委员会明确将是否具有暂住证和就业证作为收容遣送的重要依据，我国的流动人口管制开始走向规范化和制度化。③ 同年颁布的配套文件还有《暂住证申领办法》、劳动部办公厅发布《关于"外出人员就业登记卡"发放和管理有关问题的通知》等。这些配套文件的出台标志着我国建立了一整套专门针对流动人口就业的证卡管理制度。

　　进入 21 世纪，由于排斥性政策和劳动力供给不足，"用工荒"现象出现，中央对于流动人口的工作方针又发生了重大转变，连续出台了一系列政策，逐步取消了各种限制性政策法规，降低了流动人口的就业门槛。2002 年中共中央、国务院下发的《关于做好 2002 年农业和农村工作的意见》中提

---

　　①　刘传江、程建林：《双重户籍墙对农民市民化的影响》，《经济学家》2009 年第 10 期。
　　②　王霖霖：《全国流动人口管理工作会议》，《中国法律年鉴》1996 年第 1 期。
　　③　尹德挺、苏杨：《建国六十年流动人口演进轨迹与若干政策建议》，《改革》2009 年第 9 期。

出，对农民进城务工人员要实行"公平对待，合理引导，完善管理，搞好服务"的新十六字方针。至此，农民工务工和临时居住制度初步形成，以民工为主要对象的流动人口管理具有了保护和服务的特性。此后，几乎每年国家都会出台相关政策，同时，关于流动人口的普查性工作也取得一定进展。2000年全国第五次人口普查中关于流动的调查项目在户籍信息和个人信息中都得以体现，丰富了流动人口信息，而且有关流动人口的专项调查也非常普及。21世纪以后，城市中的流动人口比例已高达20%甚至30%以上。[①]另外，相关的数据表明1997年是一个相当重要的拐点，流动人口的变动趋势由省内流动占主导转变为跨省流动占主导。[②]总体而言，这一时期由于经济体制仍处于转轨和改革阶段，相关政策并不是很完善，包括户籍制度和社会保障的不健全等原因，一些不利于流动人口的政策，如"证卡合一"制度、外来人口暂住政策以及地方政府的排斥性规定等严重制约了城市当地农民工培训工作的顺利开展等。这使来自农村的流动人口无法真正从土地和农业中解放出来，进入城市后并未真正实现城市化，对我国城市化进程的推进也造成很大的阻碍，因此，这部分群体也被称为"错过城市化的人口"。[③]

四　人口城市化发展趋稳定阶段

2009年以来，流动人口数量的增长进入相对缓和期。2010—2015年的流动人口增长率约为2%，90%以上流动人口关心流入地的发展和变化，融入当地社会愿望强烈，十分期待获得城市人的待遇和福利。其中，占据主体的新生代农村户籍流动人口与上一代流动人口相比，他们的思想观念、行为方式与城市居民更为接近，利益诉求更加明确、维权意识更强，对于体面就业和发展机会的追求也更为迫切。

2015年开始，流动人口规模发展出现新的变化，全国流动人口规模从

---

① 张茂林：《改革开放以来的人口流动研究》，《西北人口》1995年第4期。国家人口和计划生育委员会流动人口服务管理司：《流动人口理论与政策综述报告》，中国人口出版社2010年版，第113页。

② 段成荣：《改革开放以来我国人口变动的九大趋势》，《人口研究》2008年第6期。

③ 周天勇：《迁移受阻对国民经济影响的定量分析》，《中国人口科学》2018年第1期。

此前的持续上升转为缓慢下降。一线流动人口控制政策收紧与热门二线城市的宽松政策和较好资源则促使了人口的流入。尽管人口流动放缓，但大型城市无论常住人口增长，还是外来人口占比，都远高于三四线城市。2017年流动人口数量比2015年减少了82万人，2017年年末，全国农民工总量达2.9亿人，其中在城市从事第二和第三产业的外出农民工约1.7亿人。[①]2019年大城市人口流动量较大。其中常住流动人口中北上广深依旧是位居前排，其中以上海最为突出，为972.69万人（如图3.1）。[②]2020年我国流向城镇的人口为3.31亿人，其中，从乡村流向城镇的人口为2.49亿人，较2010年增加1.06亿人，乡—城流动人口依然是人口流动的主要驱动力。中国人口迁移流动的形式正变得更加多样化，而城市日益高涨的房价、就业的不稳定、高考政策限制、"落得下""融得进"门槛的抬升等隐性限制让流

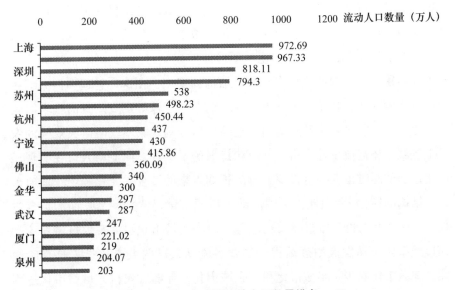

图 3.1　2019 年中国流动人口数量排名 top20

数据来源：流动人口动态监测网站公开资料。

---

① 国家卫生健康发展委员会：《2018 中国流动人口发展报告》，新华网，2018 年 12 月，https://baijiahao. baidu. com/s? id = 1620811896604369963&wfr = spider&for = pc，2021 年 7 月 30 日。

② 数据来源：公开资料整理。

动人口城市化变得更加困难，这一问题随着流动人口群体代际更替变得更为突出。近年来发生的诸多外来流动人口与本地人的群体性冲突，以及城市个体流动商贩与城管的暴力冲突就是典型。因此，让流动人口加快脱离"边缘人"状态，进入城市、融入城市已经是当务之急。

由上可知，流动人口群体的城市化发展经历了漫长的岁月，其过程艰难曲折，通过对其人口城市化发展进程的梳理发现，流动人口的城市化发展具有以下特征：

第一，人口城市化是"多化合一"的复杂阶段过程。流动人口城市化既是城市现代化的过程，也是传统的农业社会向工业社会、信息社会转变的过程。在这一过程中，城市作为区域社会经济文化发展的中心将会迅速发展，大量的农村劳动力将流入城市，从事非农产业，转变为城市人口。进城的流动人群居住形态也经历了从封闭、分散的传统村落聚居向信息发达的城市聚居形态的转变，而这种转化是城市现代化的必然要求。没有这种人口职业转变的前提，城市化是不可能实现的。[①] 与此同时，流动人口的不断增加还会引起产业结构与城乡结构的变化，在这一过程中，流动人口部分告别农业，在城市中从事工业、商业、运输等产业。目前城乡间收入差距巨大、制度差距及户籍制度上的人口分割现象不仅阻碍大规模的农民工进城，还造成一种人格、身份和待遇的不平等。而流动人口在实现城市化过程的同时也在一定程度上解决长期以来的城乡二元化隔绝，加速了城乡结构的转化，[②] 因此，中国流动人口城市化仍然是一个长期的综合过程。这个过程有助于推进城市化进程，而中国城市化滞后现象也将在流动人口城市化长期发展中逐渐得到缓解。流动人口的城市化过程具有阶段性，即城市化起步、半城市化和完全城市化。伴随着农村人口城市化过程的晋阶，城市的就业功能、住房功能和保障功能等递次向其开放。[③]

---

① 郭虹：《从"外来人口"到"流动人口"——城市化中一个亟待转变的观念》，《经济体制改革》2000 年第 5 期。刘光宇：《论中国快速人口城市化进程中的公共住宅问题》，《社会科学家》2004 年第 4 期。

② 付晓东：《中国流动人口对城市化进程的影响》，《中州学刊》2007 年第 6 期。

③ 王春光：《农村流动人口的半城市化问题研究》，《社会学研究》2006 年第 5 期。

第二，人口城市化是进城与返乡的综合过程。我国的流动人口数字和城镇化水平较高并不能反映我国人口迁移和地区之间流动的完成，而我国现存的大量农村居民城市化也不能简单认为是农村居民在地理空间上进入城市的过程。流动人口大规模的流入城市，在城市艰难挣扎、成长。同时又有大批量的农村居民由于在城市紧张的竞争和狭小的生存空间中无法沉淀和融入而被迫返回农村。在世俗的角度上，那些在城市站稳脚跟的人被人们认为是"成功者"，而那些最终无法在城市生存下来，无奈回到乡村社会的群体则被定义为"失败者"。人口流动过程中发生的进城和返乡现实告诉我们：对中国流动人口城市化进程的认知不能仅仅依据城市里的流动人口数量，而是要依据和结合人口进城与返乡的数量与对比，形成新的流动人口城市化进程研判，意识到中国目前的城市化存在的突出问题是：流动人口不能完全融入城市社会，流动人口和城市体系无法有效地结合。城市就像一个容器一样，流动人口在城市里飘泊、回流、沉淀，游离在城市和乡村之间，找不到一个生存的归属地。从消极角度而言，来自农村的流动人口进城和返乡的交替行为使城市的发展产生了不稳定因素，流动人口无法变成稳定的城市居民。① 这样的人口城市化模式使城市不断有新流动人口涌入也不断有流动人口离开城市返回农村。②

第三，人口城市化是建设性与挑战性共进的过程。大量的人口涌入城市使得城市的日常消费能力得到了较大提升，弥补了这些行业劳动力的不足，增强了城市的活力，刺激了产业的生产能力。衣食住行等一系列的消费环节、医疗、环卫、教育等的需求都刺激了城市自身的生产运行，因此促进了商品的生产与消费，带动了第三产业的发展，城市化经济水平快速提高。经测算，"五普"与"六普"期间的人口流动对城镇人口增长的贡献率为65.4%。③ 人口流动"把流动人口从偏僻的、落后的穷乡僻壤中拉出来，卷

---

① 侯文克：《非定性移民视角下的流动人口城市化进程》，《齐齐哈尔大学学报》（哲学社会科学版）2015 年第 6 期。

② 谢建社：《新生代农民工融入城镇问题研究》，人民出版社 2011 年版，第 133 页。

③ 邹湘江：《基于"六普"数据的我国人口流动与分布分析》，《人口与经济》2011 年第 6 期。

入现代社会生活的漩涡中"①，提高了他们的文化程度及觉悟，养成了文明的习惯和需要。因此，流动人口城市化已成为我国城市化进程最重要的推动因素。但从另一角度来讲，流动人口在带来正向效益的同时也不可避免地带来各种挑战。社会的不公正、生存环境的脆弱和不稳定的生存危机、"经济性接纳，社会性排斥"和"劳动者排斥"带来的"融城难"问题、城乡结合部是矛盾集中区，刑事案件多发、未成年人及流动人口犯罪问题突出、社会丑恶现象泛滥、"地下经济"等皆为城市政府的管理提出挑战。

第四，流动人口城市化进程环状迂回。虽然中国的流动人口城市化过程也曾历经辉煌，但其间多种体制与制度的阻隔致使中国的流动人口城市化过程发展曲折，速度缓慢，并表现出明显的滞后性。尽管改革开放以来人口迁移和流动数量、流向及时空范围都是前所未有，但这并未明显改善中国流动人口城市化发展的滞后态势。中国户籍制度的"铁闸"严厉地控制了农村人口转变为城市人口的城市化发展。中国流动人口城市化的历史实践进程表明：中国的流动人口规模和强度并未下降，人口流动规模仍维持在较高水平，未来一段时期，我国人口流动仍将持续活跃，为促进中国人口均衡发展与城市化进程，促进流动人口的城市化需要国家从全局出发制定策略给予解决。

第二节　流动人口群体分异的历史演进

由上文的研究可知，流动人口群体的城市化过程主要涉及居住城市化、就业城市化与社会融入城市化这三个主要方面内容，因此，对于流动人口城市化进程中群体分异这一问题的研究与探讨也将围绕这三个主要方面内容展开。

一　群体居住分异的历史演进

居住是人最基本的生活行为方式，也是城市功能空间的重要组成部

---

① 《列宁全集》第3卷，人民出版社1959年版，第527页。

分。现代城市化发展历程中，不同特性的居民群体逐渐居住在城市的不同空间或者同一空间的不同功能区，同质人群聚集居住、异质人群被隔离，城市空间分异基本格局逐渐形成。[1] 在城市空间分异的区域内，城市居住群体间渐渐形成差异甚至开始出现隔离、排斥的情况，流动人口群体居住分异现象显著。

（一）居住形式群体分异

从历史发展来看，流动人口先城市化积累阶段，中国城市地域是由众多单位地域构成的，包括流动人口群体在内的城市居民被严格限制在单位制里。[2] 尽管在"单位制"居住空间内存在一定的等级分化，但整个城市空间尺度上"单位制"居住组团相对均一。这种居住模式下人们没有选择住房的权利，城市内部也没有因经济收入或地位而产生的居住地域分异现象，因此不存在群体居住分异的现象。改革开放后至20世纪八九十年代中期（即人口城市化启动阶段），伴随着城市单位制的逐渐消减与大规模的城市建设，加之外来流动人口群体的不断涌入，不同社会群体在市场经济体系下的收入差距逐渐拉开，中国社会原有的均质性逐渐被打破。伴随各大中城市的景观发生翻天覆地的变化的同时，以个人财富和收入状况为标尺的新的社会群体分异现象开始显现。在市场经济的大背景下，多元化的住宅开发模式和商品化经营方式使得当时的流动人口群体开始对城市居住条件有不同的需求，城市居住分异现象越发凸显。

城市流动群体在人口城市化初期发生阶段，城市外来流动人口以进城务工的农村人口，由于城乡边缘带的自建区、群租或单人租住形式的私人住房房租低廉且通往城区的交通联系较为便捷，加之行政管理空间的宽松使流动人口能较快适应郊区的生活，所以许多外来流动人口群体倾向于居住在这种类型的租住区。这与大城市当地户籍人口主要居住形式与类型的

① 余佳、丁金宏：《大都市居住空间分异及其应对策略》，《华东师范大学学报》（哲学社会科学版）2007 年第 1 期。

② 吴启焰、崔功豪：《南京市居住空间分异特征及其形成机制》，《城市规划》1999 年第 12 期。

状况不一致。

20世纪90年代以来，人口城市化迅速发展，由城市化快速扩张所形成的"城中村""城郊结合部非法住宅区"等城市住宅形式成为流动人口群体居住的主要形式，这类租住形式的非正规性突出。后来，户籍制度改革大大释放了流动人口群体的流迁势能，但由于大部分外来流动人口微薄的经济收入难以负担城市高昂的房价，没有城市户籍又被长期排斥在保障性住房体系之外，于是城郊结合处的城边村、非法租住区成为流动人口群体居住的优先选择，这些租住区多由无资质的小建筑队违法抢建、偷建而成，其中既包括当地人沿街私搭乱建的简易用房，也包括不少质量较好外观尚可的房屋，但大都是依个人意愿和想法而建，沿着道路或者广场随意排列，建筑布局随意无序、空间组织零散混乱。[①] 由于房租和生活费用低，管理宽松，交通较便利，生活环境有城乡结合特征，为中低收入流动人口解决了居住难题，成为了各大城市中低收入流动人口的重要的居住模式之一。但是，由于此类非法居住区于城市居住区位上属于与主流社会空间分异的边缘空间，管理薄弱，治安较差，形成城市社会空间底层的一级，从而造成居住的分异化。加之随着城市的扩张，城郊结合处的加速拆改一方面压缩了流动人口群体的生存空间，另一方面加剧了该群体的异质化程度。该区域越来越难以承载解决中低收入流动人口居住问题的重任，[②] 由此，"屋"以类聚，人以群分的居住格局使得本地居民和外来流动人口的居住形式差别很大。流动人口群体居住空间不断被挤占，从而导致其群体分异现象日益明显。[③]

从21世纪头十年开始，人口城市化发展趋于稳定阶段，日渐加速的住宅商品化趋势，不但推动了物业租金的持续高涨，而且极大地扩张了城市的地理范围，大大拉长了流动人口群体的职住通勤距离，因此，最

---

① 吴晓等:《我国大流动人口居住空间解析——面向农民工的实证研究》，东南大学出版社2010年版，第151页。

② 杨上广:《中国大城市社会空间的演化》，华东理工大学出版社2006年版，第157页。

③ 周大明:《外来工与"二元社区"——珠江三角洲的考察》，《中山大学学报》2000年第2期。

近几十年里流动人口群体居住形式分异出现新的变化：常规居住形式的居住标准日益恶化，以群体租住现象（或鼠族现象）与地下室租住最为典型，即把现代都市的地下防空设施改造成为"地下室居住空间"。越来越多新涌入城市的流动人口由于微薄的收入被迫转入地下，只能靠租住生活环境极其恶劣的地下室来生活。群租房、地下室这类非正规居住区虽然具有优越的地理位置，但却在居住面积和居住条件上处于劣势。加之这类房屋大多是由房屋中介机构和不法中介组织在未合法备案的情况下将原规划设计的整套房屋隔断分租，致使流动人口群体居住空间被迫受到挤压的同时成为城市治理中的"针对"群体。此外，进入城市多年后的流动人口群体经过几年的发展，以居住形式分异的表象相互交织，流动人口群体中的雇工一般居住在雇主所提供的简易工棚中，从事简易体力劳动的流动人口大多居住在城郊结合部的排房与非法租住区，流动人口内部群体的居住形式分异现象随之凸显。

（二）居住条件群体分异

改革开放后一段时间内，即人口城市化启动初期，尽管走出了单位制的束缚，城市居住走向自由化，但由于受社会制度、教育程度、职业、收入等因素的影响，在居住条件层面的分异现象依然突出。被排斥在政府保障性住房体系之外的流动人口群体在城区边缘地带形成族群聚居区的特殊居住区。这类居住区就居住条件与住房类型而言，多以低矮的连排平房为主，有些是简易棚搭建而成，住房质量较差，无必要的环卫设施，人口密度高，与城市户籍人口群体形成鲜明对比。以1988年有关学者对上海市城郊结合部流动人口居住区的相关调查为例，从居住条件来看，流动人口群体人均居住室的面积仅为4.4平方米，与当地城市户籍人口人均居室面积（25.6平方米）差异较为悬殊。其中流动人口有60.5%为集体搭伙，饮用水多为河水和池塘水，缺乏必要的卫生设备。① 20世纪八九十年代以来，在城市化快速扩张所形成的"城中村""城郊结合部非法住宅"等居住区

---

① 蔡文玮、俞顺章、盛叶舟等：《大城市周围农村初级卫生保健工作面临的新挑战——城乡交接地区流动人口卫生保健状况分析及对策》，《中国初级卫生保健》1989年第11期。

的流动人口群体居住条件分异突出。就住房类型而言,与城市户籍人口相比,流动人口群体获得住房的途径比较单一、选择不多。集体户的流动人口主要由雇佣单位解决住房,而非集体户则多以租赁的形式解决(主要是城中村与城郊结合部的非法住宅)。

从居住面积与居住环境来看,根据 2010 年全国流动人口分层抽样的动态监测数据表明:2010 年我国流动人口人均住房面积 13.4 平方米,是全国平均水平(27.8 平方米)的一半,流动人口中有 50% 的人群住房缺乏独立厨房、卫生间和洗澡设施,一部分流动人口长期生活在极为恶劣的居住环境当中。① 从居住周边设施来看,流动人群居住区周围基础设施配套相对匮乏或者配建水平较低,教育、医疗等公共服务质量相对不高。一些城中村由于公共卫生设施不足或者管理不善甚至出现垃圾乱堆、污水横流的现象,卫生状况较差,还有一些城中村存在水、电、暖等管网无法到达各户或者铺设混乱等问题。此外,教育、医疗、文体娱乐等公共服务设施供给不足,商业服务非正规性突出,② 流动人口群体就居住面积、户型、住房类型与环境设施等方面与城市户籍人口群体呈现分异性。从居住社区的角度来看,学者关于流动人口社区居住的相关调查显示:样本范围内只有近三成的流动人口居住在正规社区,有高达七成的人口居住在非正规社区,这些非正规社区中老城区旧房社区占比约两成,城中村社区占比达五成。这表明:流动人口群体社区居住的位置与环境相对较差,多集中居住于城乡结合部或是城中村,与城市主流社会隔离,群体分异显著。③ 近十年人口城市化发展趋近稳定阶段以来,流动人口群体居住的群租房和地下室模式虽"高效"利用了商品房和地下设施资源,为流动人口就近提供了廉价住所,但是,安全隐患突出,居住环境恶劣,有碍居住者的身心健

① 国家人口和计划生育委员会流动人口服务管理司:《中国流动人口发展报告》,中国人口出版社 2010 年版,第 13 页。
② 杨卡:《城中村的空城市更新视角下城市"异质"流动人口聚居区"城中村"改造研究》,《重庆建筑》2020 年第 196 期。
③ 邹静、邓晓军:《居住社区选择、主观认知和流动人口的城市身份认同》,《人口与发展》2021 年第 3 期。郑思齐、廖俊平、任荣荣、曹洋:《农民工住房政策与经济增长》,《经济研究》2011 年第 2 期。

康，损害了广大流动人口及临近居民的利益。虽然近年来，城市对群租房现象和地下空间等一系列违法的群租现象有所控制，但在需求和利益双向驱动下，变相群租的趋势明显，违法群租房的隐蔽性、变异性和对抗性不断加大。①

二　群体就业分异的历史演进

就业不仅关系到流动人口群体的消费水平、住房质量、工作安全等工作和实际生活，更关系到城市融入意愿与城市定居意愿。② 但是制度性约束现实阻碍因素的存在使得流动人口群体凭借职业身份难以进入城市社会分层体系，在就业准入、就业质量等方面呈现群体性分异的现实问题，甚至在流动人口群体内部面临就业结构的群体分异困境。

（一）就业准入群体分异

流动人口群体就业准入分异的起点是城乡分割的就业格局。中华人民共和国成立后的人口城市化积累阶段，流动人口群体的城市就业历经了禁止进城就业、允许控制进城就业阶段及引导进城就业三段历史时期：第一阶段为中华人民共和国成立后至 1977 年，在 28 年的计划经济时期内，禁止农村流动人口进城就业是主要特点，群体性就业市场进入限制是这一时期流动人口群体就业分异的主要表现；第二阶段为 1978—1999年（即人口城市化启动阶段），其间相对于第一阶段的严苛，这一阶段对农村流动人口进城管理逐步放松。改革开放后，户籍管理与劳动用工制度有所松动，部分流动人口可以进城务工，但用工制度并未完全放开，很多岗位与工种都限制录用进城的流动人口，因此，进城人口只能选择流动就业。③ 这一时期，就业市场的体制性、功能性分割与政策性排斥成为流动人口群体城市就业分异的突出表现。第三阶段为 20 世纪末至21 世纪初（即人口城市快速发展及趋于稳定阶段），尽管对流动人口进

---

① 马晓燕：《特大型城市群租房现象及治理思路》，《甘肃理论学刊》2021 年第 1 期。

② 胡斌红、杨俊青：《乐业才能安居——就业质量对农民工城市定居意愿的影响》，《北京理工大学学报》（社会科学版）2020 年第 5 期。

③ 杨宜勇、刑伟：《农民工流动就业趋势探索》，《中国劳动保障》2007 年第 7 期。

城就业的各项服务力度明显增大，国家逐步取消了原来对于流动人口的一系列相关限制，转而采取以疏为主的引导措施。但是，历史产生的制度性障碍遗留与流动人口群体就业知识技能的欠缺导致这一时期流动人口群体在城市就业市场的入口处面临群体性阻碍，群体失业率长期偏高。

具体来看，伴随国民经济的恢复与大力发展，流动人口群体步入城市化发展积累阶段，这段时期，农村流动人口大潮的袭来为城市发展带来挑战，于是在就业方面，流动人口城市就业空间进入限制成为群体分异的首要表现。为了阻止和扭转农村人口流动的大潮，1957年底国务院明确规定：城镇中的企事业单位和机关团体的临时用工"应首先从本单位多余人员中调剂解决，调剂不够时才可以由劳动部门从农村流动人口中招用"①。该规定的出台标志着农村流动人口群体的城市就业开始与城市劳动群体出现分异。国家对于流动人口的管控，使农村流动人口进城就业几乎没有可能。

20世纪五六十年代，严重的自然灾害和政策失误致使国家加强了对农村流动人口进城就业的控制，自发性的人口流动受户籍制度、人民公社制度、城市就业管理制度的严格制约；进入20世纪60年代中期以后，更是陷入停滞的状态，只有少数人通过非常有限的渠道实现了流动。② 这一段计划经济时期，城乡分割的流动人口就业安排不但降低了人口流动的动力，也隔断了流动人口群体进城就业的渠道和城市化的可能；换言之，这些政策的实施加大了流动人口城市生活的成本，流动人口城市化起步艰难。

进入20世纪80年代，借助经济体制改革的契机，流动人口群体的城市就业摆脱了前一时期的沉寂局面，进入一个人口城市化发展启动时期。这一时期流动人口的城市化发展在就业方面突出表现为大批农村流动人口开始在城镇中寻找到立足之地；与此同时，就业市场的体制性、功能性分

---

① 国务院：《关于各单位农村中招用临时工的暂行规定》，《人民日报》1957年第12期。

② 田松青：《农民进城就业政策变迁——兼论农民工劳动力市场地位》，首都经济贸易大学出版社2010年版，第70页。

割与政策性排斥成为自此后很长一段时间流动人口就业群体分异的突出表现。后来经济体制改革的启动和城市私营外企对劳动力需求的增加为农村的流动人口进入城市就业创造了契机。由此 20 世纪 80 年代民工潮出现，但由此引发的城市就业交通等压力骤升，国家又开始收紧了对流动人口的控制。1995 年开始，各地公布了针对来自农村的流动人口群体的排斥性政策，内容主要包括先照顾城市就业群体后考虑来自农村的流动人口群体，通过征收管理费用、行业工种和就业比例等限制加强城市就业市场对流动人口群体的分割与排斥。

综上我们可以看出，这一时期，来自农村的流动人口群体虽然进入城市，但城市政府对流动人口群体进城就业实行的是以堵为主的政策，制定了各项控制和限制流动人口群体城市就业的政策措施。同时，由于长期的城乡就业分割体制在短期内很难根除，城市就业制度正处于根本性改革的过程之中，难以建立完全基于市场调节的劳动力就业机制，导致流动人口群体只能在不太成熟的市场层面与城市发生联系。加之流动人口就业市场与城市就业市场仍然处于体制分割和功能分割的状态，所以，流动人口群体也只能在城市的"次级劳动力市场"实现就业。从城市市民到行政部门普遍对流动人口群体存在一种排斥感与被"抢饭碗"的剥夺感。由此，流动人口就业问题也就没有被城市政府机关纳入社会经济发展规划的有机组成内容中。这些都导致流动人口群体难以与城市的社会、制度、文化系统实现有效的衔接，群体性分异凸显，难以真正融入城市社会，流动人口城市化发展缓慢。①

自 20 世纪末至 21 世纪初，国家对流动人口群体的政策发生积极变化。人口城市化进入快速发展并渐趋稳定阶段。2000 年下半年，"城乡统筹，逐步建立统一、开放、竞争、有序的城乡一体化劳动力市场"的城乡就业原则的发布开启了新时期流动人口城市就业的帷幕。这一时期"公平对待，合理引导"等政策的出台使城市中的流动人口数量再一次猛增，流动人口规模创历史新高，增速趋于平稳。而且这一时期的新生代流动人口的

---

① 李强：《实现科学有序的社会流动》，《学会》2005 年第 4 期。

群体已经成为流动人口的主体，群体特征显现出来。① 但是，历史性的制度性障碍导致新生代流动人口群体在进入城市就业市场时就被打上了不平等的烙印。加之地方政府组织的培训难以形成合力，针对性较弱，培训主观性强，甚至带有一次性特征，对系统提高流动人口文化、劳动技能等综合素质效果较差，导致了这一群体在进入就业市场面临群体性障碍，群体就业机会的获得分异显著，失业率长期居高不下。从近年的监测数据来看，失业流动人口样本占流动人口总样本量的比例虽然在总体上趋于平稳但也呈现逐年升高的态势。2010 年为 2.02%，2011 年为 3.79%，2012 年为 4.74%，2013 年达到 4.92%。在未就业的流动人口当中，大部分群体是年轻人即新生代流动人口。比如在 2013 年数据中，未就业的流动人口中有 71.78% 的年龄低于 40 岁。②

(二) 就业质量群体分异

"充分就业、体面劳动"一直被视为我国政府部门就业工作的主要目标。流动人口群体就业质量的提高不仅是提高城市社会生活质量的前提，更是我国新时期实现流动人口城市化的必然要求。人口城市化积累与启动阶段，流动人口群体的城市工种工作时间普遍较长，在职业类型的表现中，该群体从事的多为体力劳动为主的低层次职业，工作环境恶劣，劳动强度大，休息时间较难得到保证，职业稳定性欠佳，职业经历累计缺乏、晋升机制保证也相对匮乏，就业质量明显不高。因此，该群体在工作时长、职业类型以及职业稳定性等方面难以获得与城市当地居民群体相同的待遇，群体分异性日渐突出，矛盾也正在从数量型向质量型转变，在一定程度上阻碍了流动人口群体城市化的发展。

具体来讲，改革开放前，城镇劳动力就业由国家统包，在具体操作中，安排工作需要与所在公社商办，城市就业的流动人口吸收也主要是

---

① 王靖：《流动人口就业代际差异及其影响因素研究》，首都经济贸易大学出版社 2015 年版，第 7 页。
② 赵小平：《中国流动人口的就业现状分析与政策建议（2006—2015）——中国社会体制改革报告 No.3》，社会科学文献出版社 2015 年版，第 31 页。

通过行政调拨的方式来实现，而非通过劳动力市场进行操作，^① 所以这一时期进城就业的流动人口城市就业分异的群体性特征还未显现。20世纪80年代开始，随着城乡管理体制改革的推进，流动人口进城务工就业渐渐得到社会认可，流动人口规模开始不断加大，人口城市化发展步入快速发展阶段。但该群体在就业收入与就业权益方面处于边缘地位、群体职业分布层次较低、就业途径单一以及群体就业非正规化突出、稳定性较差等群体分异特征在这一时期开始逐渐显现。流动人口进城初期，在工资和待遇方面被限定在一定的范围之内，就业类型也局限于一些工作条件较差、体力重的建筑和环卫等领域。这些岗位工资收入通常较低，劳动收入与付出不成正比，且相较于当地市民群体而言，"同工不同酬"的现象普遍存在。^② 同时，就所从事职业层次而言，流动人口群体所从事的绝大部分是"苦、脏、累、粗"活儿，职业层次相对较低。

就外出农村劳动力的就业途径看，主要是单纯依靠亲朋介绍，极少部分由村集体组织或政府劳动等有关部门组织和介绍，就业途径较单一。加之这一时期城镇户籍制度和就业制度对流动人口群体进城落户定居和就业的制约，大多数流动人口只能从事临时性、保障程度低的职业，导致该群体在某一企业中打工的时间也比较短，在城市就业和停留时间不长，工作的稳定性也较差，在城市劳动力市场中和城市当地就业群体存在鲜明的分异。21世纪头十年，随着国家对流动人口进城务工政策的全面放开，人口城市化发展渐趋稳定。城市劳动力市场的户口门槛逐渐被市场门槛替代，按户口等制度性因素分层的就业市场正在转变成为按市场机会、人力资本因素分层的新就业市场。但这些变化还难以从深层消除基于户口的一系列（包括就业等方面的地域或行业）差别待遇政策，因此，城市市场的分层状况并不会在短期内消除，这就导致流动人口城市就业群体分异这一问题随着新一轮的流动高潮的到来在未消解的前提

① 贾德裕：《现代化进程中的中国农民》，南京大学出版社1998年版，第205页。
② 张肖敏：《农村流动人口就业问题初探》，《学海》2006年第2期。

下表现得越发显著。

国家统计局 2004 年所做的调查表明：就工作时间来说，城市中农民工日工作时间大于 11 小时，月工作时间大于 26 天，其中 76% 的农民工在节假日加班未享受过加班待遇工资。有些企业甚至通过扣留部分工资做押金的方式强迫农民工加班加点，且该部分群体就业工资水平长期偏低且增长缓慢。① 与此同时，城市中的流动人口群体成为中国城市社会中最大的非正规就业群体，非正规就业将这部分流动人口群体锁定在单纯的劳动力上，得不到同等的就业机会与权益保障，严重阻碍了流动人口群体在城市的发展。根据五普数据观察分析可知，当地市民群体和外来乡村劳动力群体在城市劳动力市场中占据着不同的位置，本地劳动力主要集中于制造业，工作经验和技能专业化较强、流动性较低。比较而言，城市外来流动人口劳动力群体近年来主要进入第三产业，主要涉及的职业有商业、服务业和生产、运输设备操作及相关产业。总体而言，流动人口劳动力群体的职业分布与本地劳动力人口在行业分布和职业分布方面的群体分异现象仍然明显。②

近十年来，流动人口群体城市就业分异在延续前一时期表现的同时也出现了一些新的变化。劳动收入群体分层显著，过劳现象普遍，就业劳动合同比例与长期合约比例比重偏低，社会保险的参与水平明显偏低，就业层次较低、稳定性不足等流动人口城市就业群体分异的问题依然没有得到实质性与优化型的缓解；同时，新生代流动人口群体有职业工作时间严重超时引起的群体性健康问题，社会就业权益保障获得的非均衡现实等流动人口城市就业群体分异的新表现开始凸显。③

2013 年流动人口动态监测数据统计发现，流动人口群体中仅有14.70% 的人工作时间在标准劳动时间范围之内，流动人口中有 36.94% 的人周工时长在 60—84 小时，这一工作时长属于过度劳动，许多调查与研究

① 杜丽红：《我国流动人口就业问题及其管理》，《四川行政学院学报》2008 年第 1 期。

② 段成荣、杨舸：《中国流动人口状况——基于 2005 年全国 1% 人口抽样调查数据的分析》，《南京人口管理干部学院学报》2009 年第 4 期。

③ 周芳名：《新生代农村流动人口城市融合影响因素分析》，《农业经济》2020 年第 11 期。

表明，流动人口群体各种社会保险整体参与水平依旧较低。2015—2017年三年间，从事批发零售业、住宿餐饮业和居民服务业的流动人口群体占比尽管下降了两个百分点，但仍然是就业比重最高的行业，其他行业如单位负责人对于流动人口群体而言进入门槛较高，因而分布较少、占比不大。[①]由此可见，尽管这一时期流动人口城市就业已经呈现出一定的稳定性，[②]但是，进城的流动人口的就业状况依旧不是很理想。"城乡分别"和"内外之别"使得由农村地区向城市转移的流动人口的城市就业保障处于双重弱势，[③] 有明显的分层聚类性，[④] 群体分异的问题依旧突出。例如，新生代流动人口群体在工作中存在严重的超时问题，人口群体健康受到潜在威胁。2016年流动人口动态监测调查数据显示：新生代流动人口的周平均工作时间在50—74个小时的占43.72%，较城镇户籍居民群体的周平均工作时间48小时高出12.22个百分点，属于严重超时范围。[⑤] 同时，由于各种制度限制，针对流动人口的社会保障体系与城镇社会保障在就业等方面差别明显，就业相关培训服务的流动人群遍及性不高，流动人群通过就业向上流动的意愿与实际水平差距较大。

（三）就业群体内部分异

从流动人口群体城市化发展过程的梳理来看，在城市就业层面的群体内部分异的主要表现有基于城市化发展纵向时间的代际流动人口城市就业群体内部分异和基于性别、年龄、受教育程度等人群特质而产生的阶段化群体内部分异两种。具体来看，代际流动人口城市就业群体内部分异伴随新生代流动人口进入城市就业劳动大军逐渐显现。[⑥] 1997年新

① 邱红、张凌云：《我国流动人口就业特征及分性别异质性研究》，《经济纵横》2020年第7期。

② 梁海艳：《中国流动人口稳定性及其影响因素研究》，《云南地理环境研究》2017年第5期。

③ 杨菊华：《城乡差分与内外之别：流动人口社会保障研究》，《人口研究》2011年第5期。

④ 莫旋、周镕基、阳玉香：《分层异质视角下流动人口就业稳定性研究——基于分层非线性模型的实证分析》，《南方人口》2018年第6期。

⑤ 数据来源：2017年中国劳动统计年鉴与第6次全国人口普查数据。

⑥ 新生代流动人口：即第二代乡城（又称农村）流动人口，主要是指90年代外出务工经商的流动人口群体。

生代流动人口开始进入劳动大军，这一时期，亚洲金融危机影响国内经济发展，在城市就业的流动人口群体就业环境差，就业权益也难以得到保障，这时的新生代流动人口刚刚加入流动人口大军，还没有成为主体力量。随着 2003 年我国经济发展结束通货紧缩状态进入新经济增长期，流动人口政策也发生了一些积极变化，流动人口数量迅猛增涨，流动人口内部也出现了分异，新生代流动人口所占比例逐步增加并逐渐成为流动人口就业的主体。较老一代的流动人口群体相比而言，新生代流动人口群体的流动性更高，平均受教育程度更高，就业中可以选择的空间和幅度较上一代流动人口要大。2005 年全国 1% 人口抽样调查数据显示新生代平均受教育年限比老生代流动人口群体高 1.6 年。2009—2012 年间，新生代流动人口的失业人口比重明显高于老一代流动人口。劳动力市场的退出人口中新生代人口群体的比例增加。就人口失业比例而言，2011 年新生代流动人口群体失业的比例为 2.8%，要比老一代流动人口群体高出 0.8 个百分点。2012 年，新一代流动人口群体要比老一代流动人口群体的失业率高出 0.6 个百分点。[1]

从就业的类型来看，两代流动人口群体虽然主要都集中在私营企业、个体工商户，但新生代流动人口群体从事个体经营的比例比老一代流动人口群体要低，但在私营企业打工的新生代流动人口要比老一代群体比例高。从就业行业来看，2012 年新生代流动人口制造业从业比重比老一代流动人口高 9.5 个百分点，从事建筑业的人口群体比例要比老一代流动人口低 5.4 个百分点，近年来，新生代流动人口从事金融、保险、房地产、技术、教育等新兴的第三行业的比重比老一代流动人口群体高将近三个百分点；就工作时间而言，新生代流动人口每周工作 7 天时间的比例要比老一代群体低约 18 个百分点；就保险参与率而言，无论是何种保险，新生代流动人口群体的参与率都明显高于老一代。[2]

由此可见，伴随流动人口群体城市化水平的不断提高，群体内部也开始

---

① 数据来源：2012 年国家人口和计生委流动人口监测统计数据。
② 杨胜利、姚健：《流动人口群体特征变动与失业风险差异》，《南方人口》2021 年第 1 期。

出现分异,新旧两代流动人口群体不论是在职业素质、结构、类型还是就业权益保障层面都呈现出不同的群体人口特征,流动人口城市就业的群体内部分异凸显。改革开放后,产业结构的变动与升级促使城市劳动力资源在城市不同产业和行业间进行流动,流动人口城市就业的横向群体分异也由此出现,具体表现为在流动人口就业比例较大的职业中,呈现为性别流动人口群体就业不平衡的状态,即存在职业性别群体隔离现象与受教育程度差异引起的就业质量的群体性分异等。根据2015—2017年我国流动人口动态监测数据显示:三年间,我国流动人口群体职业性别隔离邓肯指数①依次为19.86、20.96及20.01,三年平均水平为20.28,具体到不同的行业和职业,其性别群体分布差距较大。流动人口动态监测数据在行业分类上划分为19种,分性别就业情况的行业性别群体隔离现象有很大的差异,具体看,流动人口中男性群体于采矿、交通运输仓储和邮政、电煤水热的生产与供应这3个行业比例远高于女性群体:2017年这三个行业的男性占比依旧高达86.21%、84.83%、77.37%;教育、卫生和社会工作这两个行业是女性流动人口群体占优势的行业,2017年这两个行业的女性比例分别约为73.1%和63.2%。此中缘由大致是因为有些行业和职业本身倾向于某一性别的人群,加之传统文化过于强调男女社会分工,最终形成某些行业或职业的男女比例分布不均衡现象。②受教育年限实际上对流动人口群体就业质量产生了更加全面且基础性的影响,受教育程度更高的流动人口群体不仅因为教育带来的直接能力提升和更高层次、更正规职业而有着明显较高的就业质量,还因为更优质的职业与更高的工作经验回报率而在后续的就业质量提升中更加迅速。相反,受教育程度较低的流动人口群体由于职业层次的跃升和正规就业机会的获得难以通过工作经验的长期积累而实现,他们更可能受困于较低层次、非正规的就业,进一步限制了他们的就业质量提升,因此,两类人群的就业质量差

---

① "邓肯指数"简称D指数或者职业性别隔离指数,该指标专门用于衡量职业性别隔离的程度,也就是测量男女这两个群体在不同职业类别中的分布不均衡程度。
② 邱红、张凌云:《我国流动人口就业特征及分性别异质性研究》,《经济纵横》2020年第7期。

距非但不会逐步收敛，而是愈发扩大。① 这也是新时期影响流动人口群体整体城市化水平发展的重要因素。

三 社会融入群体分异的历史演进

流动人口的城市社会生活融入是一个通过减少各种排斥与分异、逐步实现融入城市社会的历史过程。我国流动人口的城市社会生活融入集中可以表现为社会层面上的与人交往、文化层面上的城市文明融入与心理层面的城市认同，② 但流动人口城市化进程中，城市社会生活融入度一直不高，群体分异性突出，具体表现为社会排斥、社会参与后移与流动人口城市融入状态的群体内部分异等内容。

（一）社会排斥

城市对流动人口群体的社会排斥主要有两种类型：政策性排斥和来自市民群体的排斥，这些城市社会排斥在很大程度上加深了流动人口群体分异的程度，削弱了其对城市的认同，加深了流动人口群体与城市和市民群体之间的"鸿沟"，阻碍了该群体的城市化进程。城市社会对流动人口群体的政策性排斥历经了计划经济体制下政策延续带来的社会排斥与该体制下政策与社会因素引起的市民群体排斥以及市场经济体制下政策执行带来政策排斥与该体制下政策与社会因素引起的市民群体排斥两大重要阶段。流动人口群体的社会排斥是在城市社会之外的流动人口群体进入城市社会时的进入与反进入、排斥与反排斥的互动过程。我国流动人口群体的社会排斥问题既是政府政策作用的结果，也是农民与市民两个群体间的不和谐关系引起的。虽然自 1984 年以来总体趋势是国家逐步放开农民进城的限制，但应该看到的是，流动人口群体在城市中的受排斥状况是很难马上改变的：一方面，这些政策的落实还需要时间；另一方面，很多政策性的社会排斥仍然存在，加之宏观城乡分割及地区分治的管理体制结合在一起，

---

① 刘涛、王德政：《教育水平、工作经验与流动人口就业质量》，《人口研究》2021 年第 4 期。

② 徐志旻：《进城农民工家庭的城市适应性——对福州市五区 132 户进城农民工家庭的调查分析与思考》，《福州大学学报》（哲学社会科学版）2004 年第 1 期。.

导致对流动人口群体的社会保障、社会服务还处于较低水平甚至是缺失状态。

计划经济体制下，城市的基础设施、公共服务、管理体制、劳动力市场等都是针对现有的城市居民而设，所以流动人口群体的大量进城势必给相关的管理、服务与设施带来压力，城市的管理者自然就会采取一系列的措施进行控制与限制，这一部分的社会排斥主要包括进城限制、就业限制、社会福利缺失等等。例如20世纪90年代，在政策上以控制、劝退、清退整顿为思想相继颁布《关于严格控制民工外出的紧急通知》《关于劝阻民工盲目去广东的通知》等中央文件，1988年的上海收容遣送的流动人口约1万人，到1997年增至10万人。尽管这样的制度没有达到限制的目的，但却在心理上与社会生活上对这部分流动人口群体造成巨大影响。①就业方面的群体政策性排斥与限制主要表现为就业时间、就业程序与就业市场的准入与工种限制以及劳动权益的侵害，这一方面内容上文已有具体进行详细论述，此处不再赘述。

城市中的社会福利与公共服务是与户籍制度捆绑与挂钩的，进城的流动人口由于户籍性质的差异显然享受不到相关的福利与服务。在社会福利保障方面，有两个点值得重视：一是城市不给或难给农民工子女提供适当的教育服务，二是针对这部分群体的文化娱乐设施提供不足。这种城市生活现实导致部分流动人群的学习交往与闲暇时间娱乐活动匮乏，部分人群开始将时间与金钱花在那些不健康的文化、娱乐消费上，群体精神生活匮乏，故而越轨行为开始逐渐产生。同时，这一经济时期，由社会因素导致的城市市民群体对流动人口群体的社会排斥与隔离很大程度上加深了流动人口与市民的分异程度。

从20世纪60年代初改革开放前，我国城乡之间人口的流动基本处于停滞状态，农村居民试图进入城市并获得城市户籍只能通过参军、考学等渠道。在当时的政策框架下，城市居民群体享受国家提供的一系列社会保障与社会福利待遇，如就业、住房、医疗、教育、养老、粮油、社会救助

---

① 景晓芬：《社会排斥理论研究综述》，《甘肃理论学刊》2004年第3期。

等，他们的生活水平明显高于进城的流动人口群体，因此，城市的优势地位使部分城市人群很自然地产生优越感，进而认为来自农村的人口群体是贫穷落后的、下等的与愚昧的。这种群体间偏见在城乡分隔的情况下尚处于隐蔽状态；而伴随后来进城务工"民工潮"的爆发，这种已有的偏见与排斥就完全暴露出来。城市居民对进城农民经常有"农二""乡下人"之称，明显含有轻蔑的意思。

市场经济体制时期（即人口城市化启动与快速发展阶段），农村与城市经历了20世纪七八十年代的改革，流动人口的流动速度逐渐加快，乡城流动人口群体与城市居民群体之间在分享公共资源、求职等方面出现了竞争，这种竞争关系导致这部分流动人口群体在城市面临社会排斥，突出表现为群体偏见、群体冲突等。同时，城市政府所谓的城市地方居民保护政策的实施加剧了流动人口群体的社会边缘化程度，"助长"了城市居民群体对流动人口群体偏见与排斥，突出表现为交往语言、态度、行为上对流动人口的不尊重、不信任甚至是侮辱等。这种群体偏见及流动人口群体自身的边缘地位也导致了这两个群体间的冲突，具体表现为群体的高比例犯罪行为，而这些过激的行为又会强化群体之间的排斥与分异状况。

从2000年起（即人口城市化快速发展及趋稳阶段），国家的政策开始转向"公平流动"，某些方面的政策已经得到较大的改善和松动，但流动人口群体在城市公共服务和社会关系等多方面的权益依然得不到城市社会保障。[①] 人际互动区域的局限、与群体以外人群沟通和交流的缺乏使流动人口群体的城市社会融入进程缓慢，城市居民权益得不到保障，从城市社会关系中获得的支持也有所局限，疏离感渐趋强烈。2019年，国家卫生健康委流动人口服务中心指出，2017年我国流动人口在流入地的城市融合水平偏低仍是当前一种普遍现象（如图3.2）。

---

① 张春生、杨菊华：《推进我国流动人口社会融合是一个大政策》，《红旗文稿》2012年第20期。

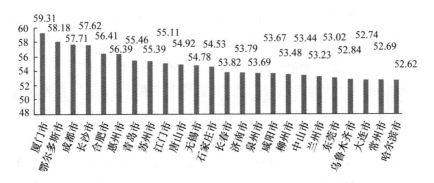

图 3.2　2017 年度流动人口社会融入综合分数城市排名

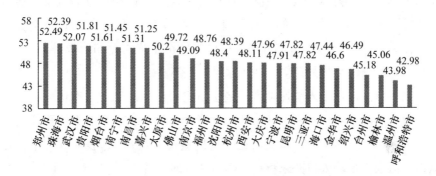

图 3.3　2017 年度流动人口社会融入综合分数城市排名

（二）社会参与后移

　　与"代沟"概念相类似，可以将社会群体之间由于文化差异而引起的互相不理解不沟通的隔离状况称为"群沟"，这是城市化发展过程中出现的客观现象，在当代中国城市，"群沟"主要表现为文化认同、融入与行为规则以及生活方式转变障碍，也主要存在于城市居民群体和外来农村人口之间。农民在长期从事的农业生产中所形成的礼俗、观念和行为模式是产生于农业社会的乡土文明，政治上远离城市、安土重迁与熟人社会是乡土文明的重要表现。而城市文明诞生于工业社会，社会生产规模化、精细化，社会分工明确、持续创新、快速变革与快速流动的陌生人社会是城市文明的本质体现。这种城市与乡村在生产生活上的差异不仅导致城乡收入与生活方式的差异也导致了文化和观念差异的固化。① 伴随乡村人口向城市的大量流动，流动人口群体步入人口城市化启动阶段，农业文明被带入城市，乡村与城市这两种文明在城市中心主义的结构语境下进行着非平等语境下的对撞与冲突。

中华人民共和国成立以来，城市化进程中形成的以城市为主体的制度安排与资源分配天然塑造了城市优越论与城市中心主义的思想，这也就造就了实践中城市文明对乡村文明的排斥。首先是城市当地群体对于"外来文明"群体的排斥，排斥与隔离不断阻隔群体间沟通与联系；其次是文化差异所引起的文化排斥和基于文化冲突的非制度性抗争使流动人口群体主动的进行"自我排斥"与"后移"；再次是流动人口将自身的城市生活与交往局限于"熟人社会"的小交际圈，独立且游离于与城市居民社会交往的"主社会圈"之外，这使流动人口成为城市主流文化的"局外人"，导致该群体对城市文化的认同与融入水平一直不高。

在人口城市化步入快速发展并趋于稳定阶段，流动人口群体的社会融入呈现出新的特点。20 世纪 90 年代，朱素红关于北京流动人口群体的一项调查表明：55.8% 的人认为自己不适应城市生活，② 这表明尽管生活在城市，但很多流动人口并未将自己作为城市的一员，"进"不了城又"回"不了村的尴尬境地使得他们缺乏归属感。在这种情况下，构建一种同类人群亚文化生态环境成为流动人群的一种现实需求。例如"都市里的村庄"北京的"浙江村"以及南京的"河南村"等，就是这种结果需求下的产物，但这无疑宣告了流动人口群体城市化的失败。③

（三）社会融入的群体内部分异

随着我国社会结构的不断分化，流动人口不再是一类高度同质化的群体，而是逐渐演变成为一类异质分化的群体。城市发展水平、承载能力与流动人口自身多元化特点因素的影响使流动人口群体的城市融入呈现出内部分异性特点：第一类群体性内部分异是基于观念意识与融入意愿的不

---

① 张大伟：《城市文化与"身份认同"》，《甘肃社会科学》2006 年第 2 期。
② 程为敏：《社会流动中的边缘群体》，《农村经济与社会》1994 年第 3 期。
③ 蔡章伟：《城市化进程中的文化冲突与文化和谐》，《中共成都市委党校学报》2007 年第 3 期。

同，实际呈现出不同群体的融入状态，导致分异型的融入类型，例如，一部分收入较低、思想固封的流动人口，难以适应城市生活，出现隔离性的城市融入状态；而另一部分流动人口由于经济能力和思想意识能够适应流入地城市生活，展现出较高的城市融入度。第二类群体的内部分异是基于代际差异而呈现出的不同群体城市融入水平差异。新老两代流动人口由于其出生、成长的社会环境不同以及他们所处的城市化阶段的不同，导致新生代流动人口群体又具有一些与老一代明显不同的特征，也就决定了在城市社会生活融入能力上新旧流动人口群体的分异。当前关于流动人群城市融入程度的研究显示：新生代流动人群在文化、生活等方面的社会融入程度总指数明显低于老一代流动人群，① 就城市的归属感、自我认同以及和城市的心理距离等方面而言，新生代流动人口群体对城市的认同感更高，与城市的心理距离相对较小，② 由此，两代流动人口在城市融入层面上呈现明显群体分异。2014 年全国流动人口动态数据监测显示：老一代流动人口群体的城市生活满意度要高于新生代，可能的原因是人口群体成长环境不同。第一代流动人口群体进城务工不仅是为了赚钱谋生，更主要是希望融入城市，更加积极主动的追求自我价值的实现。反观新生代流动人口群体，对于城市生活的美好渴望与身上所具有的优势无法转化为现实的社会获得之间的矛盾导致他们的期望与现实形成巨大反差，这降低了新生代流动人口群体的城市身份认同度。

通过上述对于城市化进程中流动人口群体分异问题的研究与梳理可知：目前摆在人们面前的现实是：首先，流动人口群体分异是引起该群体城市化进程发展缓慢的一个重要因素。我国的人口城市化进程由于各治理主体间缺乏有效的沟通机制，难以进行有效配合，导致部分城市人口群体已经流动到城市，但只是成为城市的"边缘"流动人口群体，异质性突出，同时，由于空间分隔而产生的群体隔阂、就业限制导致的群体生活贫困以及缺乏沟通和理解形成的社交"群沟"等问题无疑强化了城市群体成

---

① 杨菊华：《90 后流动人口社会融合的困难》，《中国社会科学报》2015 年第 847 期。
② 卢海阳、梁海兵、钱文荣：《农民工的城市融入：现状与政策启示》，《农业经济问题》2015 年第 7 期。

员之间的社会差别，难以实现城市生活的顺利融入，导致这一群体的城市化之路面临着巨大的阻碍与挑战。其次，流动人口群体已经不再是匀质的统一整体，其内部群体已经发生分异，并通过系列异质性表现出来。其中，纵向上的群体内部分异主要以经济实力、资本占有、性别、代际等优势为主线展开，处于这些优势中等层次靠上的流动人口群体与金字塔中等层次靠下的流动人口群体相比较而言，在经济层面上有更大可能融入城市，在社会层面和心理层面更愿意融入城市，因为纵向上的群体内部分异主要以居住（区位、条件等）、就业（准入、质量等）、城市社会生活（融入、认同）等主线展开。其中，相较于城市中的其他人口群体（城—城流动人口群体、城市居、市群体）而言，流动人口群体在城市中的居住状况不同、交往圈子不同、价值观分异和城市认同感的不同等等表现成为该群体分异与其他群体的重要例证。最后，流动人口群体城市化过程中出现的群体分异这一问题尽管是历史社会经济发展的结果，也是需要及时解决的。在城市化变革过程中，特别是在当前社会主义市场经济体制改革过程中，部分社会群体利益的付出与社会全局的进步相比是值得的。但同时，像流动人口群体分异这样因为社会变革而产生的社会问题在后期发展中却是不能够忽视的，是也需要根据问题发生的规律与特征不断与时俱进，改变应对措施，及时解决，只有这样才能推进流动人口城市化发展进程。

第三节　流动人口群体分异历史演进的共性特点

如上所述，受制度、政策、结构性障碍等因素的影响，中国人口城市化进程中的流动人群一度出现了城市居住隔离、职业谋生阻碍、社会融入排斥等群体分异的问题，居住在城市的流动人口面临着居住边界、工作职业边界和社会交往网络边界的群体隔离，从而成为城市中一群独特的、边缘的、分异的群体存在。随着社会经济的发展，这一格局虽有所改变，但群体分异问题依然存在，致使在人口城市化历史演进中，流动人口的群体分异的发展呈现出中国本土特色。

一　群体分异演进阶段的纵深累积性

从流动人口群体的城市化过程来看，无论是中国还是其他国家，基本的共识从来都是难以一步到位的。流动群体的城市化需要经历两个转变：第一是从相对狭小的同质性农村社会进入异质性更加突出的城市社会；第二是进入城市后，从城市社会底层开始逐渐向上流动。基于城市化不同发展阶段流动人口群体经济基础和社会资源等参差不齐，导致该群体分异的表现、程度和速度也不尽相同，但总体呈现出特有的阶段性纵深分异规律。

第一阶段是流动人口群体城市化初期积累与初始发展阶段，也是群体分异引致因素的积累与显现时期。该阶段反映的是流动人口群体在进入城市居住空间、就业市场和社会生活等方面与已经凭借国家特惠政策进入城市乡村人口群体之间的情况差异，由于这一时期人口流动规模相对较小且处于国家管控，所以，这一时期流动人口群体分异的特性显现程度微乎其微。

第二个阶段是流动人口群体城市化迅速发展阶段，同时也是流动人口群体分异凸显的阶段。这一阶段流动人口群体分异的增长速度与范围和程度较前一段时期有了显著增长，且流动人口城市化目标在于追求经济收入和稳定就业。流动人口群体在进入城市的过程中，由于在这期间经历了由居住地、居住方式、就业层次与类型、社会交往圈的变化以及城市资源的变化，相对比城市中的其他群体（城城、市民群体）而言，流动人口群体的同质性不断减弱，而异质性不断凸显，流动人口群体内部成为差异性较大的异质性群体。

第三阶段是流动人口城市化进程进入稳定发展的阶段。这一阶段流动人口群体的城市化实践为最高层次的价值融入，具体表现是城市社会的群体身份认同感和归属感达到一定程度后心理上产生的身份确认与思考。这一时期流动人口群体分异演变进入更高阶段，就流动人口群体中个体资本而言，学历水平及文化素质能力较高的流动人口群体与相对处于人力资本弱势的内部群体而言，其行为方式、文化理念甚至是政治权利等深层次适应和融入城市的速度呈现明显差异：上、中上、中、中下、下层的流动人口内部群体分异以更加综合的表现呈现于城市社会中。同时，以城市居民群体为参照来讲，流动人口群体城市化发展的稳定阶段，该群体的城市融入更多地表现为一种进入者的融入，而非定居者的融入。在城市居住、就业、生活却无法成为真正的城市居民，注定了该群体只能成为城市社会中的异质性群体。流动人口城市化过程中的群体分异是一个渐进的过程，历史性与阶段性兼具，具有累积效应。从群体分异现象初始积累到群体分异问题的凸显再到群体分异问题展开层次的纵深，这三个阶段之间既有量的积累也构成了质的跨越，它既是一个十分漫长的过程也是一个不断调试的过程，是持续不断的问题流。流动人口城市化过程中的群体分异所具有的多阶段性不仅造成了群体分异的变化，也在不同的阶段反映出了应对流动人口群体分异的制度与政策差异。

二　群体分异主体的互斥隔离性

流动人口群体分异的过程也是各行动主体在城市结构化层面及社会中互动建构的过程，即流动人口群体内部以及该人群与城市居民人群在城市经济文化、政策管理等方面之间的互动与交会。城市化进程中流动人口群体的自我重构与适应，流入地居民的态度对流动人口群体的城市融入有较大影响。在流动人口群体城市化的早期阶段，流动人口群体分异这一问题在城市政府对非城市户籍的农村流动人口的严格控制、遣返等相关政策制度设置与流动人口群体主体大批入城务工的集体行动互动过程中不断显现，城市政府制度和政策上的限制和排斥加深了流动人口群体分异的程度。伴随流动人群城市化发展进程的推进，在前期城市政府与流动人口群体间就城市社会经济各领域互动基础之上的群体性政策排斥之外，流入地城市居民群体对于进城流动人口群体的文化排斥、社交隔离和空间隔离使流动人口群体感受到居民和政府管理部门的各种限制和排斥，这推动了人口的群体分异的深入演变，同时，流动人口群体在城市化的过程之中，群体内部基于经济收入、社会人力资本、文化能力素质等因素差异而不断引起内部群体间互动分化，这为流动人口群体分异增添了不同的异质性表现。

　　流动人口城市化过程中的群体分异问题的产生是多重要素间、多层次情景间的多元群体的多向互斥发展过程，包括流动人口与城市各群体、主体间以及诸要素之间的互动、互构、互斥，而并非固定的单向度概念。从城市化过程中流动人口群体分异过程来看，居住边缘、就业限制、社交隔离、文化认知"群沟"等内容是分异的基本内涵，它们之间互相依存、互为因果：居住空间隔离与边缘化是流动人口群体分异的基础表现，居住空间的隔离与边缘性为流动人口群体城市的就业与社会交往的分异埋下隐患；就业作为流动人口群体城市谋生的根本性依赖，在流入地城市的就业限制与排斥无疑在加深流动人口群体在城市经济市场竞争中异质性与劣势的同时也在强化着流动人口群体的分异程度。社会交往与文化融入层面的群体分异与上述内容也是相互影响、相互作用的，但并非是前三者逻辑延伸的必然结果，相对于前面两个层面的群体分异而言，社会生活融入的群体分异问题表现为更高层次的文化心理与城市公民权益的失公，这种失公使原本就经历残酷排斥境遇的流动人口群体陷入群体认同模糊、身份定位错乱的迷雾之中。当然，这三个层面的群体分异问题表现也会因个体差异存在着叠加、交融乃至渗透的现象。

三　群体双向分异的时序差异性

　　纵观上述城市化进程中流动人口群体分异的演进历程可以看出，流动人口群体分异的表现具有双向性特征：内向型分异与外向型分异。内向型群体分异顾名思义就是群体内部方向上呈现出的多角度领域分异表现，而外向型分异是指流动人口群体与其他群体（研究中主要指城市居民）之间呈现出的多角度领域分异表现。研究中对于流动人群的双向分异内容都有涉及，上下文皆有体现，此处不再赘述。

　　流动人口城市化发展的早期阶段即城市化积累与发展初期阶段，流动人口进城但主要是通过国家的经济计划与企事业单位集中用工，且定期返回农村。因此，此时的流动人口群体匀质性较强，因为这一时期的流动人口群体并没有改变农民作为农业劳动者的基本特征，也没有离开农村的范围，更没有脱离土地、改变劳动对象，所以，这一时期流动人口群体分异表现出的外向型特质（通过国家计划在城市定居的农村流动人口与城市户籍居民之间的分异）更加突出。

改革开放后，流动人口城市化进入快速发展阶段，流动人口在城市有了新的社会分工，职业身份也由农民转变为城市工人：如私营企业员工、集体商业的售货员、建筑工人等，城市住地的职业分化为流动人口群体的内部分异奠定了职业基础。由于职业分化所带来的经济收入、社会资源等因素的差异，流动人口群体内部开始出现分异，内向型特征明显。换言之，流动人口群体的内部分异的出现在时间序列上是滞后于流动人口群体外向型分异的，即表现出时差性特征，在内向特征出现后的城市化进程中，流动群体的内向型分异与外向型分异同步深入发展。进入 21 世纪，内向型的群体分异基于时间发展序列上的滞后性在流动人口的生活中更加凸显。流动人口群体中新生代与老一代群体的城市生活群体差异受到越来越多关注，学者们对新生代群体与第一代流动人口的群体差异进行了研究，结果显示，新生代流动人群与老一代流动人群在群体特征、流迁方式、就业与收入、消费及生活方式等方面有着明显的差异，代际差异特征显著性较强。值得注意的是，已有的研究开始关注到新生代群体内部的分异，而这种群体内部的二次分异随着时间的推移愈加明显。[①] 由此可见，内向型的群体分异时间序列上出现的滞后性为其群体的城市化发展带来更多的关注，这也表明，经济体制的改革和社会发展对外向型群体分异问题的应对已然取得一定成效，但这并不意味着我们可以放松对群体分异问题的关注，而是要以更加宽容的心态去分析和认知，从而尽快实现流动人口群体的城市化。

---

① 韩淑娟、柏婷：《新生代流动人口的内部差异比较》，《中共山西省直机关党校学报》2015年第 5 期。

第四章

中国流动人口群体分异的
阶段化差异发展

如前所述，研究通过历史沿革的回溯从理论与部分历史实践中论述了流动人口群体内外部在居住、就业与社会生活融入分异历史演进中的共性特点，然而，流动人口群体分异不仅表现在纵向时序演进中体现出的共性，还表现在同一人口城市化阶段内的差异。故本章在延续流动人口群体分异研究基础上对群体分异的另一方向维度表现即差异化发展进行研究。研究结合当下流动人口动态监测数据对群体分异的差异性现实进行实证分析，借助数据的形式刻画该群体在城市居住、就业、社会生活融入方面的群体分异表现，并通过相关数据分析流动人口群体分异因素以验证和回答以下问题：流动人口群体分异当下的差异性发展现状如何？是否存在新的差异性变化特点？分异因素有哪些？

流动人口群体分异这一问题的分析需要结合人口普查数据、统计年鉴和流动人口动态监测数据，其中，流动人口动态监测数据（该数据类型的统计抽样是采用 PPS 方法）包含区分户口登记类型的 31 个省（自治区、直辖市）和新疆生产建设兵团流动人口较为集中的城市流入地抽取样本点，可以在阶段化时间节点上为流动人口群体分异的分析提供范围与广度上的代表性支持。当前最新可获取的流动人口动态监测数据为 2021 年 10 月 9 日发布的 2017 年全国流动人口卫生计生动态监测，故本章主要以此为研究起点与依据。同时，为了更好地按照"分异"这一概念要求（即分异在概念内涵上不仅表现为阶段化时间点的差异发展，还体现为纵向时间段的共性特点）验证群体分异的纵向变化，研究将结合第七次人口普查的数据对流动人口群体分异的具体表现展开分析。人口普查数据涉及 31 个省、直辖市、自治区的城市（城市在范围上涵盖省会城市、计划单列市以及个别重点城市或地区、其他城市，共计 330 个城市，约占我国城市总量的 50%）辖区范围内流动人口相关统计指标，研究中主要为流动人口群体分异的研究提供阶段化时间节点上差异的代表性与广泛性，故本书研究结合第七次人口普查（普查标准时点是 2020 年 11 月 1 日 0 时）中已公开的相关流动人口的统计年鉴（2016—2020 年）数据结合分析（由于此处出现多种类型的流动人口群体，故以"乡城流动人口群体"即研究主体人群的具体称谓加以区分）。

第一节　当前流动人口城市化发展阶段的群体分异变化

乡城流动人口①占总流动人口的比重从 2000 年的 52.2% 增加到 2005 年的 61.4%，2010 年这一比重增加到 63.2%。第七次人口普查数据显示，2020 年全国省内与跨省流动人口数量分别为 2.5 亿、1.25 亿人次。过去十年间，乡城流动人口增长了 45.37%，乡城流动人口数量依然是人口流动的主要驱动力量。本部分的研究以我国 31 个省（自治区、直辖市）和新疆生产建设兵团"2017 年中国流动人口动态监测调查数据"（下同）为依据，采取分层、多阶段与规模成比例的 PPS 方法抽样 169989 份问卷，剔除数据源中非农村户籍（包括非农、非农转居、因户口改革以外的其他原因获得居民户口的）、因公和因学和其他（包括外出旅游、外出看病、外出出差、外出探亲、嫁娶、参军、临时照顾家人等原因）进入城市的数据样本，剔除不符合要求数据 29426 份，最终得到有效样本数据 140563 份。调查的目标样本为调查前一个月来本地居住的非本区（县、市）户口且年龄在 15 周岁及以上的流入人口。

---

　　① 由于本章涉及流动人口类型较多，为方便区分研究主题（流动人口即乡城流动人口群体），便使用具体称谓以避免相关概念混淆，但也仅在此章使用，后文不通用。此章行文中的"流动人口"这一称谓则代表广泛意义上的流动人口，既包括乡城流动人口，也包括城—城、城—乡与乡—乡流动人口，是总称。

表4.1　　　　　　　　　　　流动人口群体受教育程度

	频率	百分比（％）	有效百分比（％）	累计百分比（％）
未上过小学	4467	3.20	3.20	3.20
小学	23060	16.40	16.40	19.60
初中	67422	48.00	48.00	67.50
高中/中专	29223	20.80	20.80	88.30
大学专科	11293	8.00	8.00	96.40
大学本科	4856	3.50	3.50	99.80
研究生	242	0.20	0.20	100.00
合计	140563	100.00	100.00	

数据来源：依据CMDS 2017问卷数据分析所得。

从群体性别来看：我国乡城流动人口抽样统计数据中，受访人数共计140563人，其中男性72921人，占比样本容量的51.9％，女性受访人数67642人，占比样本容量的48.1％，性别比约为111，在一定程度上反映了性别因素在流动能力上的差异；从年龄结构来看：样本中0—16岁乡城流动人口占0.2％，16—25岁人口占14.7％，25—35岁人口占38％，35—46岁人口占29％，这表明在乡城流动人口群体中25—46岁群体的流动能力最强；46—60岁及60岁以上年龄占比分别为15.6％与2.5％，表明该年龄段流动能力相对较低。乡城流动人口群体的年龄结构总体呈现中间宽两头窄的趋菱形结构形态；从受教育程度来看：乡城流动人口以初高中学历群体为主，其次是小学与大专，最后是大学本科与研究生（见表4.1）。其中，初高中学历群体占总人口比例高达68.8％，大专、本科及以上的学历流动人口占总流动人口比例仅为11.5％，由此可见，乡城流动人口群体整体受教育水平不高，在城市的求职过程中受到一定的限制与影响。

一　群体居住差异

在关于乡城流动人口群体城市居住差异的实证分析中，研究数据主要基于CMDS 2017的调查数据分析所得，为了更明显地体现出群体差异，研究以城城流动人口群体作为乡城流动人口群体的参照系。乡城流动人口群体是筛查与过滤具有农业与农转居户籍的流动人口群体（共计140563人，约占流动人口总数的84.8%），而城城流动人口群体则是以非农户口与非农业转居户口为依据的流动人口（共计25138人，约占流动人口总数的15.2%）。

（一）居住形式的群体差异

1. 群体外部性居住差异

第七次人口普查数据表明，当前我国乡城流动人口增长约69.73%，人口规模已趋于3.76亿人，约占全国总人口的26.63%，流动人口的住房问题直接关系到乡城流动人口群体城市化的进程。学界从不同角度对乡城流动人口的住房水平以及住房问题展开了研究，其中，对乡城流动人口住房消费水平的研究多集中于居住质量、居住形式以及住房消费支出等方面。户籍限制以及长期流动产生的"过客效应"心理导致我国乡城流动人口总体居住面积较小、居住质量较差、住房消费支出低且多以租房形式为主要居住形式等问题突出，但基于流动人口户籍差异问题引起的乡城流动人口群体与城城流动人口在城市住房质量方面存在异质性，[1] 因此有必要区分两类流动人口的城市住房群体差异问题。从表4.2（流动人口城市居住形式）我们可以发现，乡城流动人口群体的住房形式中，租房占据核心，占比超过70%，购房仅仅占28%左右，租房形式的流动人口群体的占比超过70%；城城流动人口群体中租房占比为45.79%，购房占比达46.24%，比较而言，二者群体差异性表现突出。从具体租房形式统计数据来看，整租房与合租房目前是乡城流动人口租住的主要形式，相较于城—城流动人口群体而言，占比分别高出约13个和4个百分点，其他租房形式中单位或者是雇主提供的租住房屋占比位居第三，占比为9.53%，较其他两种形式的租房形式占比较高，政府提供的公租房形式中，乡城流动人口群体的占比仅为0.95%。这表明该群体受多种因素限制，在享受政府公租房中处于劣势，政府提供公租房的举措在解决流动人口群体城市化过程中

---

① 杨菊华：《制度要素与流动人口的住房保障》，《人口研究》2018年第1期。

的居住问题的实际效果不理想。因此，从乡城流动人口群体住房形式的差异来看，乡城流动人口相较于城—城流动人口而言，租房形式占比更高，高出将近29个百分点。从购房的所占比例而言，城城流动人口群体相较于乡城流动人口群体而言，整体占比高出21个百分点，自购商品房都是二者主要的购房形式，但城城流动人口群体购房占比更高；在其他的购房形式中，乡城流动人口群体自购的保障性住房与自购小产权住房的比重均低于城城流动人口群体，这表明，就乡城流动人口群体城市居住形式来看，乡城流动人口群体整体的城市居住状况要弱于城城流动人口群体，乡城群体与城城流动人口群体相比而言异质性突出。

表4.2　　　　　　　　流动人口城市居住形式　　　　　　　　单位：%

住房形式	流动人口总体	乡—城流动人口群体	城—城流动人口群体
	占比	占比	占比
租房形式	71.50	74.54	45.79
单位/雇主房	9.30	9.53	7.96
整租私房	46.10	48.14	34.37
合租租住	10.40	11.10	6.18
政府提供公租房	1.00	0.95	1.09
借住房	1.60	1.44	2.46
就业场所	2.60	2.83	1.38
其他非正规居所	0.50	0.54	0.31
购房形式	28.50	25.46	46.24
自购商品房	21.20	17.94	39.13
自购保障性住房	1.30	1.11	2.11
自购小产权住房	2.50	2.50	2.69
自建房	3.70	3.91	2.32
总计	100.00	100.00	100.00

数据来源：依据 CMDS 2017 问卷数据分析所得。

表4.3　　　　　　　　　　流动人口城市居住月支出　　　　　　单位：元

住房形式		流动人口均值	乡—城流动人口均值	城—城流动人口均值
	单位/雇主房	132.86	120.88	213.04
租房形式	整租私房	942.22	876.28	1458.73
	合租私房	634.51	605.07	930.41
	政府提供公租房	414.75	379.01	588.10
	借住房	456.53	454.64	462.71
	就业场所	673.19	663.73	781.42
	其他非正规居所	390.55	386.71	428.57
购房形式	自购商品房	1217.08	1173.01	1330.05
	自购保障性住房	452.98	465.65	415.72
	自购小产权住房	296.78	285.40	355.95
	自建房	107.81	102.65	156.46
总计		817.45	758.31	1148.11

数据来源：依据 CMDS 2017 问卷数据分析所得。

从流动人口群体住房月均消费支出数据来看（见表4.3），乡城流动人口群体的住房支出均低于城—城流动人口群体。租房形式中差别最大的是整租、合租私房，这一流动人口群体占比较高的形式，支出差异比例分别达6个百分点与5个百分点，政府公租房，支出差异达6个百分点；在购房形式的月均支出方面，自购房与自购小产权住房形式的群体差异最大，自建房次之，差异比例分别为13个百分点、25个百分点和52个百分点，值得注意的是，在自购保障性住房形式支出中，乡城流动人口群体支出相较于城城群体较高，这表明该部分群体是整体城市购房支出的主要成分，两类群体从整体上看，不论是在租房还是购房方面都存在较大差异。

相对于流动人口整体而言，乡城流动人口群体的月均住房（不论是租房还是自购房）支出都要低于平均水平。具体来看，在租房形式中，乡城流动人口群体与总体流动人口支出差异最大的是政府提供的公租房，这表明政府公租房在流动人口群体的惠及度依旧不高。差异较大的是整租私房形式与合租私房形式，可能的原因在于租住区位差异而引起的租房支出差异。在购房形式中，乡城流动人口群体与总体流动人口支出差异最大的自购住房，差异比例达3个百分点，这表明在购房形式的住房支出中，乡城流动人口群体支出水平较低，异质性较强，两群体间经济实力上的差异较大。以上统计表明：群体住房支出不平等程度都较高，其中购房支出的不平等程度更高，不平等的群体差异较为明显，而乡城流动人群相较则是差异化更为显著的人群。

2. 乡—城流动人口内部群体居住形式差异

考虑到不同雇用状态下（职业性质差异）的乡城流动人口在住房形式方面可能存在差异。表4.4展示了乡—城流动人口群体在不同职业状态下的住房形式群体差异情况，从整体上看，在乡城流动人口群体内部，五种职业形态下各群体的租房人数所占的比重都远远高于购房的比例，且有固定雇主的乡城流动人口群体不论是在租房还是在购房形式上都要比没有固定雇主或是自营劳动的乡城流动人群占比要高。具体来看，在租房形式中，有固定雇主、无固定雇主、雇主、自营就业身份的乡城流动人群差异最显著的住房形式为单位/雇主房形式，差异比例超过90%；其次差异突出的是政府提供的公租房形式差异，差异比例为67.3%；再者就是整租与合租私房，差异比例分别约为38%、52%；差异最小的租房形式为就业场所与其他非正规场所，差异比例约为23%左右。在购房形式表现中，这几类乡城流动人群差异分布最显著的形式是自购商品房与自购保障性住房，在自购商品房的流动人群差异中，有固定雇主比无固定雇主的乡城流动人群占比高出37.5%，比雇主高出33.6%。在自购保障性住房形式中，有固定雇主的乡城流动人群占比比无固定雇主与自营的乡城流动人群分别高出32.1%、19.9%。自购小产权住房形式中，有固定雇主比无固定雇主的乡城流动人群占比高出29.6%，比雇主高出38.5%，比自营的流动人群高出8.9%，整体而言，有固定雇主的乡城流动人群的住房形式要优于雇主、自营与无固定雇主的乡城流动人口。这表明，相对于无固定雇主、雇主与自营职业身份的乡城流动人群而言，有固定雇主的乡城流动人群的居住更加具有保障性，有固定雇主的流动人群与自雇、自营乡城流动人群就租住与购房形式而言人群的异质性明显，表明乡城流动人口群体内部匀质性的非完整性，换言之，异质性表现突出。

表4. 4　　　　　　不同职业性质的乡城流动人口群体住房形式差异　　　　单位：%

	住房形式	有固定雇主的雇员	无固定雇主的雇员（零工、散工等）	雇主	自营劳动者	其他	合计
租房形式	单位/雇主房	95.00	2.80	0.40	1.50	0.40	100.00
	整租私房	39.70	9.50	5.70	43.40	1.70	100.00
	合租私房	54.10	11.50	2.60	29.70	2.00	100.00
	政府提供公租房	69.30	10.30	2.00	15.20	3.10	100.00
	借住房	46.00	11.00	4.00	34.40	4.60	100.00
	就业场所	26.40	3.60	7.00	61.60	1.50	100.00
	其他非正规居所	34.40	11.60	4.00	45.60	4.30	100.00
购房形式	自购商品房	43.90	6.40	10.30	37.30	2.10	100.00
	自购保障性住房	47.20	15.10	6.00	27.30	4.40	100.00
	自购小产权住房	43.80	14.20	5.30	34.90	1.80	100.00
	自建房	30.00	20.30	2.90	43.80	3.10	100.00
合计		47.9	47.90	8.80	5.40	36.10	1.80

数据来源：依据 CMDS 2017 问卷数据分析所得。

考虑到工资收入可能会对乡城流动人口群体内部住房形式的差异产生影响，故研究以"您现在住房属于何种性质"作为考量乡城流动人口群体内部城市住房差异的因变量指标，以"个人上个月工资月收入"为因变量，其中月工资收入变量有 4 个水平（1：低于 2000 元，2：2000—2995 元，3：2995—7345 元，4：大于 7345 元）。因为因变量为多项无序分类，所以符合多项 Logistic 模型构建要求，定性分析对乡城流动人口内部群体城市住房形式的显著影响的因素，定量显示工资收入因素对乡城流动人口群体差异影响程度大小以及意向变化率。下表分别显示了分析数据中因变量个案数量、构成比例及分析模型拟合信息，其中似然比显著性水平 p = 0.000 < 0.05，说明模型构建有统计学意义。表4.6 显示的伪 R 方的值均比较小，且模型系数似然比检验结果（见表4.7）发现，自变量"工资月收入"对乡城流动人口群体内部住房形式有统计学意义：p = 0.000，由此得

出多项反应 Logistic 模型的参数回归模型的主要结果（见表 4.8）。结果显示，乡城流动人口群体月工资收入差异对乡城流动人口群体内部住房形式分布产生显著性影响，统计学意义明显。检验还可以显示出，月工资收入每升高一个等级，相对于那些选择"合租私房"的乡城流动人口群体而言，"单位雇主"提供的住房形式人群是合租人群的 1.100 倍，而在政府公租房领域，拥有公租房住房形式的人群占比是租房形式人群的 0.784 倍，在自购房住房形式的乡城流动人口群体中，月工资收入每升高一个级别的人群是选择合租私房流动人群的 1.239 倍。由此表明，在乡城流动人口群体内部，由月工资收入的级别变化引起的乡城流动人口群体内部的城市住房形式的拥有差异是显然存在的。具体来看，首先，乡城流动人口群体内部月工资收入变量对 10 种类别的流动人口住房形式皆产生了显著性影响；其次，月工资收入变量对自购商品房的住房形式的乡城流动人口群体影响最为显著；最后，自建住房的乡城流动人群住房形式在月工资收入级别变化的影响中是最小的，即工资收入的增加在乡城流动人口群体自建住房形式的占有上的显著性影响是其他住房形式人群中最小的。

表4.5 　　　　　乡城流动人口群体内部住房形式差异个案构成

		个案数（个）	占比（%）
您现住房属于下列何种性质	单位/雇主房（不包括就业场所）	12843	11.00
	政府提供公租房	1025	0.90
	自购商品房	19486	16.70
	自购保障性住房	1086	0.90
	自购小产权住房	2472	2.10
	借住房	1328	1.10
	就业场所	3808	3.30
	自建房	3562	3.10
	其他非正规居所	631	0.50
	租住私房—整租	57075	48.90
	租住私房—合租	13457	11.50
选中个案数		116773	100.00

		个案数（个）	占比（%）
排除个案数		23790	
总计		140563	

数据来源：依据 CMDS 2017 问卷数据分析所得。

表4.6　　　乡城流动人口群体内部住房形式差异个案模型伪 R^2

考克斯－斯奈尔	0.017
内戈尔科	0.017
麦克法登	0.005

数据来源：依据 CMDS 2017 问卷数据分析所得。

表4.7　　　乡城流动人口群体内部住房形式差异个案似然比

有效性	模型拟合程度	似然比检验		
	－2 对数似然	卡方值	自由度	显著性
截距	1.608E4	1.348E4	10	0.000
工资月收入	4.549E3	1.957E3	10	0.000

数据来源：依据 CMDS 2017 问卷数据分析所得。

表4.8　　　乡城流动人口群体内部住房形式差异模型检验结果

您现住房属于下列何种性质[a]		系数值	标准差	卡方值	自由度	显著性	优势比	95%的置信区间	
								下限	上限
单位/雇主房（不包括就业场所）	截距	－0.294	0.037	61.946	1	0.000			
	工资月收入分组	0.096	0.014	49.261	1	0.000	1.100	1.071	1.130
政府提供公租房	截距	－1.876	0.083	508.019	1	0.000			
	工资月收入分组	－0.290	0.033	75.546	1	0.000	0.748	0.701	0.799

续表

您现住房属于下列何种性质[a]		系数值	标准差	卡方值	自由度	显著性	优势比	95%的置信区间	
								下限	上限
自购商品房	截距	−0.192	0.035	30.334	1	0.000			
	工资月收入分组	0.214	0.013	288.716	1	0.000	1.239	1.208	1.270
自购保障性住房	截距	−2.101	0.085	604.508	1	0.000			
	工资月收入分组	−0.169	0.033	26.099	1	0.000	0.845	0.792	0.901
自购小产权住房	截距	−1.331	0.060	487.746	1	0.000			
	工资月收入分组	−0.147	0.023	40.381	1	0.000	0.864	0.825	0.904
借住房	截距	−1.740	0.076	527.393	1	0.000			
	工资月收入分组	−0.237	0.030	62.855	1	0.000	0.789	0.745	0.837
就业场所	截距	−0.916	0.051	323.095	1	0.000			
	工资月收入分组	−0.140	0.019	51.614	1	0.000	0.870	0.837	0.903
自建房	截距	−0.162	0.047	12.045	1	0.001			
	工资月收入分组	−0.506	0.019	675.009	1	0.000	0.603	0.581	0.627
其他非正规居所	截距	−2.438	0.106	532.203	1	0.000			
	工资月收入分组	−0.256	0.042	37.167	1	0.000	0.774	0.713	0.840
租住私房—整租	截距	1.356	0.028	2300.372	1	0.000			
	工资月收入分组	0.035	0.010	11.098	1	0.001	1.035	1.014	1.057

参考类别为：租住私房—合租。

数据来源：依据 CMDS 2017 问卷数据分析所得。

（二）居住条件的群体差异

居住条件作为一个人生活中最基本、最重要的内容之一，对全体人民都至关重要。农村人对盖房的执着和城里人对买房的执着都体现安居对中国人的重要性，这是中国传统观念对于居住的认同方式。乡城流动人口群体城市的居住条件如何既关系到自身及其家人的生活质量，也影响着其对于城市的认同程度。鉴于目前关于乡城流动人口群体这一口径的城市居住条件相关调查数据缺乏，便以进城农民工群体为代表来考察在居住条件上的群体差异问题。乡城流动人口的主体是拥有农村户口的农民工群体，2016 年外出农民工数量约占乡城流动人口总数的70%，2020 年外出农民工数量约占流向城镇的流动人口群体的86.3%，可以说，该群体构成了乡城流动人口的主体，因此，以进城农民工人群为乡城流动人口群体观测的分析代表是具有一定合理性的。从表4.9 进城农民工与城镇居民人均居住面积差异来看，纵向时间序列的数据表明，农民工的居住条件正逐步得到改善；从住房面积来看，2016—2020 年进城的农民工群体住房面积由 19.5 平方米增长到21.5 平方米，年均增长率约1.50%。从横向来看，近五年间来，城镇居民人均居住面积均要远超于进城农民工群体人均居住面积：其中，人均居住面积差异最大的是2019 年，城镇居民人均居住面积是进城农民工群体人均居住面积的近两倍，人均居住面积差异最小的年份的差异比率也达到 87.70%；纵向来看，伴随乡城流动人口的人均居住面积增长的同时，其与城镇居民人均居住面积的群体差异也在不断扩大，差距以每年近10%的速度在增长，换而言之，进城农民工群体与城镇居民群体的人均居住差异面积增长率远远超过农民工群体自身人均居住面积的增长率，群体差异呈现不断拉大态势。

表4.9　　　　　　　流动人口人均居住面积差异　　　　单位：平方米

年度	城镇居民人均居住面积	进城农民工人均居住面积	差异面积
2016	36.6	19.5	17.10
2017	36.9	19.8	17.10
2018	39	20.2	18.80
2019	39.8	20.4	19.40
2020	—	21.5	

数据来源：依据 CMDS 2017 问卷数据分析所得。

二　群体就业差异

就业市场的顺利进入直接影响着乡城流动人口个体的经济效益，其也是乡城流动人口群体就业城市化的重要途径。乡城流动人口能否顺利进入城市的就业市场以及就业收入如何、就业质量如何都是乡城流动人口群体在城市生活和发展的根本。因而探测乡城流动人口在就业方面的城市化状况是研究乡城流动人口群体差异维度的重要着眼点。

（一）就业市场进入的群体差异

从图 4.1 可知：乡城、城城两类流动人口在城市就业市场进入难度上存在较大差异，整体而言，在就业市场的进入和就业机会的获得上，乡城流动人口群体较于城城流动人口群体面临更多困难。具体来看，在关于工作难度变化的调查回答中，乡城流动人口所占比重居第一位的回答是"难度增加"，比居于第二位的回答"基本不变"的人群占比高出约 11 个百分点，认为"难度减小"的人群占比排在最末位。值得注意的是，在乡城流动人口群体内部，具有农业户籍的流动人群与农转居流动人群在就业市场进入难度的调查中呈现出群体内部差异，农转居户籍的乡城流动人群回答中，过滤掉不适用的情况，回答人群占比排名第一的是认为"难度基本不

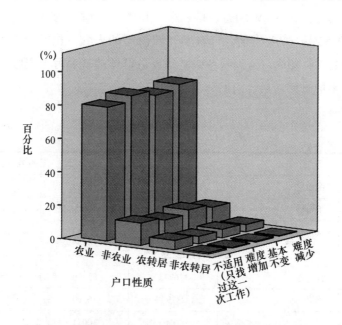

图 4.1　流动人口群体就业市场进入难度分布图

数据来源：依据 CMDS 2017 问卷数据分析所得。

变"，认为"难度增加"或"难度减小"的人群占比排名末位，从回答来看，具有农转居户籍的乡城流动人群相较于单纯的农业户籍乡城流动人群而言，其就业市场的进入与就业机会的获得相对较容易。城城流动人口群体对于该问题回答的人群占比中，"难度不变"排名第一，认为"难度增加"的人群排名第二，排在最末位的回答才是"难度减小"，这表明，乡城流动人口群体相对照于城城流动人群而言，差异态势表现显著。在横向对比上，认为寻找工作"难度增加"的人群占比中，具有农业户籍与农转居户籍的乡城流动人口群体占比均要高出非农业户籍与非农转居户籍人群。由此可见，乡城流动人口群体在就业市场进入与就业机会的获得中处于不利态势，就业的群体异质性表现突出。

（二）就业质量的群体差异

1. 就业收入的群体差异

就业收入对乡城流动人口群体的家庭生活有着决定性的作用。CMDS统计数据显示，乡城流动人口群体中月工资收入分布最广的阶层是普通工薪阶层，总体占比为 59.50%，排在第二位的工薪阶层为贫困阶层，人群占比为 20.80%，低工资阶层与高薪工资阶层的人数占比差异不大，分别为 10.90% 与 8.70%。这表明乡城流动人口群体的就业月工资收入整体呈现非均衡下的贫困阶层突出的分布态势。

表4. 10 　　　　　　　　　　乡城流动人口月工资收入情况分布

		次数	百分比（%）	有效百分比（%）
有效	贫困阶层	24288	17.30	20.80
	低工资阶层	12763	9.10	10.90
	普通工薪阶层	69527	49.50	59.50
	高薪阶层	10195	7.30	8.70
	总计	116773	83.10	99.9
遗漏	系统	23790	16.90	
总计		140563	100.1	

数据来源：依据 CMDS 2017 问卷数据分析所得。

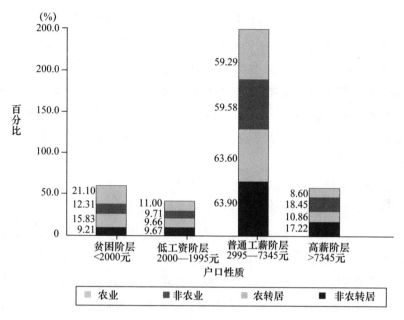

图 4.2　流动人口群体工资月收入分布图

数据来源：依据 CMDS 2017 问卷数据分析所得。

具体从图 4.2 来看，乡城流动人口群体中，就业收入总体呈现普通工薪阶层与贫困阶层占比人群居多，高薪阶层占比人群较低。具有农业户籍的乡城流动人口群体中，月工资收入占比人群最多的为普通工薪阶层，占比例高达 59.29%，其次占比比较高的阶层为贫困阶层，占比高达 21.10%，高薪阶层的人数占比最低仅为 8.06%；具有农转居户籍性质的乡城流动人群中，工资月收入占比前两位的依然是普通工薪阶层与贫困阶层，这说明，乡城流动人口群体就业月工资收入主要分布于普通工薪阶层和贫困阶层。值得注意的是，具有农业户籍的乡城流动人口与具有农转居户籍性质的流动人口在就业月工资的收入上也呈现群体差异：相比而言，具有农转居户籍性质的乡城流动人群在普通工薪阶层与高薪阶层的占比更高，这说明该性质类型的乡城流动人口的月工资收入水平相对较具有农业户籍性质的乡城流动人群偏高，乡城流动人口群体内部的就业月工资收入异质性显著。从乡城流动人口群体与城城流动人口群体的对比来看，城城流动人口群体占比相对较高的阶层是普通工薪阶层和高薪阶层，在贫困阶层中，乡城流动人口群体的占比更高，合计高出约15.43%。在低工资阶层与普通工薪阶层分布中，乡城流动人口群体与城—城流动人口群体差异并不显著，而在高薪阶层分布中，城—城流动人口群体具有相对的优势，乡城流动人口群体占比要低16.21%，由此可见，流动人口的月工资收入当中，乡城流动人口群体与城—城流动人口群体显著差异主要表现在贫困阶层与高薪阶层，群体差异的趋势呈现出两边显著中间微弱的态势。

2. 就业单位性质与职业分布的群体差异

（1）就业单位性质与职业分布的群体间差异

从图4.3可知，个体工商户、私营企业的人群占比排在前两位，占总就业流动人口的70.50%，其中就业单位性质为个体工商户的人群占43.33%，私营企业的人群占27.17%，无单位就业人群占13.33%。整体而言，乡城流动人口群体更多是在个体工商户和私营企业就业，因为这两类单位的就业门槛较低，尤其对户籍和学历的要求较低，适应乡城流动人口的特征；无单位就业大多数是打零工的流动人口，同样对乡城流动人口要求较低。从横向对比来看，在个体工商户的人群占比中，乡城流动人口群体分别要比城—城流动人口群体高11.80%，这表明，就乡城流动人口群体就业单位性质而言，

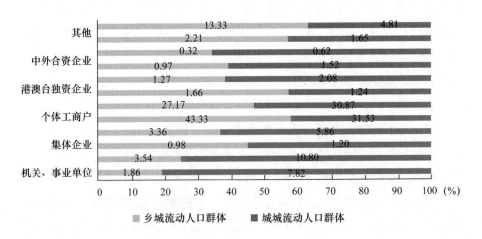

图4.3　流动人口群体就业单位性质分布

数据来源：依据CMDS 2017问卷数据分析所得。

就业的稳定性相对较差，保障性相对较低，异质性明显。

从图4.4可知，乡城流动人口受文化水平和户口限制，他们在择业上呈现独特的群体性特点，乡城流动人口从事的主要职业类型是经商、其他商业—服务从业人员，合计占比为39.70%。除以上两种职业外，乡城流动人口在餐饮、家政、保洁、保安、装修、快递等行业占比为18.77%。这说明乡城流动人口群体就业非正规且流动性较大。乡城流动人口与城城流动人口职业类型差异最大的为国家机关、党群组织、企事业单位负责人，乡城流动人口群体占比较低，城城流动人口群体所占比例为乡城流动人口比例的8.45倍，二者差异显著，职业类型差异排在第二位的为公务员、办事人员和有关人员，城城流动人口群体所占比例为乡城流动人口的5.70倍。整体而言，乡城流动人口群体的职业分布大多聚集于基础的第三产业的服务人员与部分商业行业，相较于城城流动人口群体而言专业性较低，职业优势较弱，群体职业分布的均衡性不足，异质性突出。

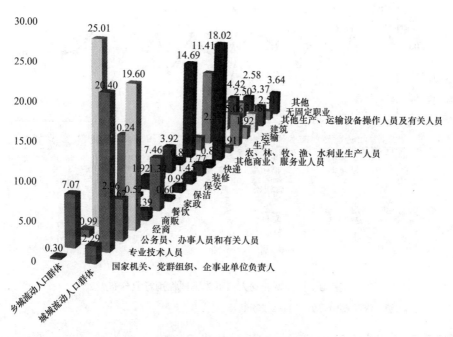

图4.4 流动人口职业分布

数据来源：依据 CMDS 2017 问卷数据分析所得。

（2）乡城流动人口职业分布的内部群体差异

不同行业、不同职业的就业人口性别分布一直存在很大差异。改革开放以来，我国职业性别隔离指数总体呈上升趋势。[①] 具体到不同的行业和职业，其性别分布差距较大。这一方面是因为有些行业和职业本身倾向于某一性别的人群，另一方面，传统文化对于男女社会的过于强调形成某些行业或职业的男女比例分布不均衡现象。如图4.5，乡城流动人口中，工作行业分布差异最显著的前三个行业分别是建筑、交通运输—仓储和邮政、房地产行业。女性比例显著超过男性的三个行业分别为批发零售、住宿餐饮与教育工作，这几个行业是女性占优势的行业，如教育行业的幼师和小学、中学老师、卫生行业中的护士等大多都以女性为主，这是因为通常情况下女性相比男性具有更多的耐心和细心，适合从事教育、卫生护理

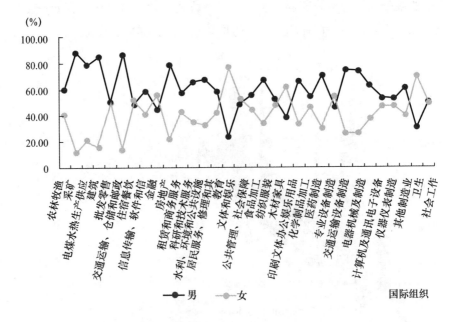

图4.5 乡城流动人口群体不同性别行业分布

数据来源：依据 CMDS 2017 问卷数据分析所得。

[①] 邱红、张凌云：《我国流动人口就业特征及分性别异质性研究》，《经济纵横》2020 年第 7 期。

等工作；男性比例最大的三个行业是采矿业、建筑业与房地产行业，与女性的差异比率分别达到77%、69%与56%。采矿、建筑、房地产行业是男性占绝对主导地位，这是由于这些行业的基础建设工作对于体力要求较高，但从总体看，在采矿、交通运输—仓储和邮政这两个行业中，女性占比远低于男性，说明两个行业中性别隔离依旧存在。性别比例较为均衡的乡城流动人口行业主要有批发零售、住宿餐饮、文体和娱乐等行业，是由于男女两性在这些行业中没有明显的能力差别，且行业本身的社会需求较为中立。

　　为了更好地验证乡城流动人口内部基于性别因素的群体就业分异，研究以问卷中的"当前在流入地的就业行业为何？"展示乡城流动人口群体内部工作行业差异，将其设立为考察因变量，设"性别"为协变量，其中性别变量有两个水平（1：男，2：女）。因为因变量为多项无序分类，所以符合多项 Logistic 模型构建要求，分析对乡城流动人口群体城市社会融入意愿的显著影响的因素，定量显示各影响因素的影响程度大小以及意向变化率。其中，表4.11分别显示了分析数据中因变量个案数量、构成比例及分析模型拟合信息，其中似然比显著性水平 p = 0.000 < 0.05，说明模型构建有统计学意义。表4.13显示的伪 R 方的值均表较小，且模型系数检验结果（见表4.14）发现，自变量性别差异均有统计学意义，p = 0.000，由此得出多项反映 Logistics 模型的参数回归模型的主要结果（见表4.14），结果显示，乡城流动人口群体性别差异对乡城流动人口内部群体差异性分布产生部分统计学显著影响：具体而言，在20个相关乡城流动人口群体的行业类别分布中，性别因素只有在其中8个行业（批发零售、住宿餐饮、文化娱乐、国际组织、公共管理与社会保障、食品加工等）的人群分布显著性表现不明显，在其余12个行业类别的分布中，性别因素均显示出对乡城流动人口群体内部行业分布的统计学显著性意义，检验还可以显示出，性别变化每升高一个等级，以"从事社会工作"为从事行业参照，女性流动人口群体愿意从事如卫生领域的概率是男性的2.3倍，从事医药制造行业的概率是男性的1.1倍等等。由此可以说明：乡城流动人口群体城市就业内部差异显然存在且性别因素对乡城流动人口群体就业内部差异的显著性影响并非涵盖所有行业类别，但对于大部分行业呈现显著性统计学影响。

表4. 11   乡城流动人口群体内部就业行业差异个案构成

		个案数（个）	有效百分比（%）
	农林牧渔	2974	2.50
	采矿	792	0.70
	电煤水热生产供应	408	0.30
	建筑	9551	8.20
	批发零售	26154	22.40
	交通运输、仓储和邮政	4112	3.50
	住宿餐饮	15232	13.00
	信息传输、软件和信息技术服务	1310	1.10
	金融	999	0.90
	房地产	3186	2.70
	租赁和商务服务	441	0.40
	科研和技术服务	248	0.20
	水利、环境和公共设施管理	399	0.30
您现在的工作行业	居民服务、修理和其他服务业	13335	11.40
	教育	1838	1.60
	文体和娱乐	883	0.80
	公共管理、社会保障和社会组织	559	0.50
	国际组织	6	0.00
	食品加工	4426	3.80
	纺织服装	5491	4.70
	木材家具	2050	1.80
	印刷文体办公娱乐用品	1221	1.00
	化学制品加工	755	0.60
	医药制造	600	0.50
	专业设备制造	1492	1.30
	交通运输设备制造	1557	1.30
	电器机械及制造	2427	2.10
	计算机及通讯电子设备制造	2620	2.20
	仪器仪表制造	307	0.30
	其他制造业	9002	7.70
	卫生	1597	1.40
	社会工作	801	0.70
选中个案数		116773	99.9

续表

	个案数（个）	有效百分比（%）
未选中个案数	23790	
总计	140563	

数据来源：依据 CMDS 2017 问卷数据分析所得。

表4. 12　　　　　乡城流动人口群体内部就业行业差异似然比

模型	模型拟合程度	似然比检验		
	－2 对数似然	卡方值	自由度	显著性水平
Intercept Only	1. 049E4			
Final	509. 983	9. 978	31	0. 000

数据来源：依据 CMDS 2017 问卷数据分析所得。

表4. 13　　　　　乡城流动人口群体内部就业行业差异伪 R^2

考克斯－斯奈尔	0.082
内戈尔科	0.082
麦克法登	0.016

数据来源：依据 CMDS 2017 问卷数据分析所得。

表4. 14　　　　乡城流动人口群体内部就业行业差异模型估算值

您现在的工作行业[a]		系数值	标准差	卡方值	自由度	显著性	优势比	95%的置信区间	
								下限	上限
农林牧渔	截距	1. 853	0. 125	221. 031	1	0. 000			
	性别（1：男，2：女）	－0. 373	0. 080	21. 757	1	0. 000	0. 689	0. 589	0. 806
采矿	截距	2. 583	0. 171	228. 966	1	0. 000			
	性别（1：男，2：女）	－2. 029	0. 132	236. 509	1	0. 000	0. 131	0. 101	0. 170
电煤水热生产供应	截距	1. 066	0. 191	31. 198	1	0. 000			
	性别（1：男，2：女）	－1. 293	0. 140	85. 290	1	0. 000	0. 274	0. 209	0. 361

续表

您现在的工作行业[a]		系数值	标准差	卡方值	自由度	显著性	优势比	95%的置信区间	
								下限	上限
建筑	截距	4.683	0.117	1611.119	1	0.000			
	性别（1：男，2：女）	−1.685	0.076	490.198	1	0.000	0.185	0.160	0.215
批发零售	截距	3.458	0.113	932.912	1	0.000			
	性别（1：男，2：女）	0.018	0.072	0.065	1	0.799	1.018	0.885	1.172
交通运输、仓储和邮政	截距	3.992	0.124	1039.964	1	0.000			
	性别（1：男，2：女）	−1.818	0.084	469.909	1	0.000	0.162	0.138	0.191
住宿餐饮	截距	2.832	0.114	611.663	1	0.000			
	性别（1：男，2：女）	0.076	0.073	1.085	1	0.298	1.078	0.936	1.243
信息传输、软件和信息技术服务	截距	0.999	0.140	51.205	1	0.000			
	性别（1：男，2：女）	−0.349	0.090	14.918	1	0.000	0.706	0.591	0.842
金融	截距	−0.151	0.153	0.984	1	0.321			
	性别（1：男，2：女）	0.244	0.095	6.563	1	0.010	1.276	1.059	1.538
房地产	截距	3.079	0.124	612.410	1	0.000			
	性别（1：男，2：女）	−1.259	0.083	231.953	1	0.000	0.284	0.242	0.334
租赁和商务服务	截距	−0.155	0.183	0.714	1	0.398			
	性别（1：男，2：女）	−0.303	0.120	6.425	1	0.011	0.739	0.584	0.934
科研和技术服务	截距	−0.291	0.221	1.732	1	0.188			
	性别（1：男，2：女）	−0.621	0.151	16.905	1	0.000	0.538	0.400	0.723
水利、环境和公共设施管理	截距	0.310	0.187	2.754	1	0.097			
	性别（1：男，2：女）	−0.715	0.128	31.138	1	0.000	0.489	0.381	0.629
居民服务、修理和其他服务业	截距	3.276	0.115	817.418	1	0.000			
	性别（1：男，2：女）	−0.319	0.073	19.134	1	0.000	0.727	0.631	0.839

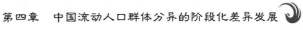

续表

您现在的工作行业[a]		系数值	标准差	卡方值	自由度	显著性	优势比	95%的置信区间	
								下限	上限
教育	截距	−1.150	0.150	58.730	1	0.000			
	性别（1：男，2：女）	1.208	0.090	181.323	1	0.000	3.346	2.807	3.989
文体和娱乐	截距	−0.055	0.155	0.125	1	0.724			
	性别（1：男，2：女）	0.101	0.098	1.067	1	0.302	1.106	0.913	1.339
公共管理、社会保障和社会组织	截距	−0.056	0.171	0.106	1	0.745			
	性别（1：男，2：女）	−0.207	0.111	3.490	1	0.062	0.813	0.655	1.010
国际组织	截距	−3.932	1.230	10.222	1	0.001			
	性别（1：男，2：女）	−0.681	0.869	0.614	1	0.433	0.506	0.092	2.780
食品加工	截距	1.809	0.121	223.484	1	0.000			
	性别（1：男，2：女）	−0.067	0.077	0.763	1	0.382	0.935	0.804	1.087
纺织服装	截距	1.162	0.121	92.187	1	0.000			
	性别（1：男，2：女）	0.490	0.076	41.672	1	0.000	1.633	1.407	1.894
木材家具	截距	1.871	0.130	207.946	1	0.000			
	性别（1：男，2：女）	−0.657	0.085	60.244	1	0.000	0.518	0.439	0.612
印刷文体办公娱乐用品	截距	0.648	0.142	20.720	1	0.000			
	性别（1：男，2：女）	−0.153	0.091	2.835	1	0.092	0.858	0.718	1.025
化学制品加工	截距	1.094	0.156	48.989	1	0.000			
	性别（1：男，2：女）	−0.825	0.106	60.407	1	0.000	0.438	0.356	0.539
医药制造	截距	−0.562	0.173	10.496	1	0.001			
	性别（1：男，2：女）	0.180	0.108	2.753	1	0.097	1.197	0.968	1.479
专业设备制造	截距	2.050	0.137	225.336	1	0.000			
	性别（1：男，2：女）	−1.040	0.092	127.460	1	0.000	0.353	0.295	0.423

您现在的工作行业[a]		系数值	标准差	卡方值	自由度	显著性	优势比	95%的置信区间	
								下限	上限
交通运输设备制造	截距	2.037	0.135	226.200	1	0.000			
	性别（1：男，2：女）	−0.996	0.091	120.010	1	0.000	0.369	0.309	0.441
电器机械及制造	截距	1.824	0.127	205.727	1	0.000			
	性别（1：男，2：女）	−0.499	0.082	36.813	1	0.000	0.607	0.517	0.714
计算机及通讯电子设备制造	截距	1.346	0.127	112.264	1	0.000			
	性别（1：男，2：女）	−0.108	0.081	1.796	1	0.180	0.897	0.766	1.051
仪器仪表制造	截距	−0.813	0.210	15.012	1	0.000			
	性别（1：男，2：女）	−0.098	0.134	0.536	1	0.464	0.906	0.696	1.179
其他制造业	截距	3.007	0.116	672.074	1	0.000			
	性别（1：男，2：女）	−0.406	0.074	30.249	1	0.000	0.666	0.576	0.770
卫生	截距	−0.667	0.147	20.586	1	0.000			
	性别（1：男，2：女）	0.848	0.089	90.355	1	0.000	2.335	1.961	2.782

注：a. 参考类别为：社会工作。

数据来源：依据 CMDS 2017 问卷数据分析所得。

3. 就业稳定性的群体差异

从事职业的稳定性是衡量流动人口群体就业质量的重要影响因素之一。从图 4.6 流动人口群体就业身份的数据调查可以看出，相较于城城流动人口群体而言，乡城流动人口群体的就业稳定性较低，就业质量相对不高，群体就业的均衡性相对较差，变动性较强，部分乡城人群内部群体就业身份分散性较强，异质性突出。而城城流动人口群体在就业身份的人群占比上相对具有稳定性，群体内部就业身份的分散性较弱。具体来看，乡城流动人口群体与城城流动人口群体就业身份占比排在第一位的都是有固定雇主的雇员，但是二者的占比相差约 16 个百分点，这说明乡城流动人口群体的就业固定性程度与城城流动人口群体差异较大。两类流动人口群体就业身份占比排在第二位的是自营劳动者身份，占比差距约为15.4个百分点。乡城流动人口群体在自营劳动者身份的占比更高，这也从另外一个侧面反映出该群体就业的变动性较大，因为从事自营劳动者的人数占比越高，则表明就业变换的变动因素越多，则就业稳定性则相对较弱。在无固定雇主的雇员职业身份中，乡城流动人口群体的人数占比是城城流动人口群体的两倍，说明乡城流动人口群体中从事零工散工人群相比较多，分散性较强。

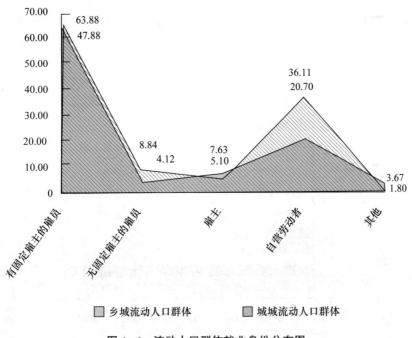

图4.6 流动人口群体就业身份分布图

数据来源：依据 CMDS 2017 问卷数据分析所得。

4. 就业保障的群体差异

流动人口群体就业合同的签订是流动人口就业保障的重要表现方面。从图4.7可以看出，整体而言，乡城流动人口群体的劳动合同签订率较城城流动人口群体较低，劳动权益的保障相对较弱。具体来看：乡城流动人口群体中仅有大约48.04％的人群与就业单位签订有固定期限的劳动合同，有35.79%的乡城流动人口却未签订劳动合同，这在一定程度上说明，乡城流动人口群体的劳动合法权益较难得到有效的保障。相比较而言，城城流动人口群体签署有固定期限的劳动合同人群占比达66.89%，未签订劳动合同的仅为16.60%，在未签订劳动合同的占比中，乡城流动人口群体比城城流动人口群体低将近15个百分点。两类群体差异主要体现在有固定期限的劳动合同签订人群占比中，乡城流动人口群体整体上要比城城流动人口群体占比低将近20个百分点，在试用期的人群占比相差不大。由此可以看出，两类流动人口群体在城市就业市场的劳动权益保障中呈现出群体差异，整体上乡城流动人口群体的劳动权益保障相对较弱，群体的异质性突出。

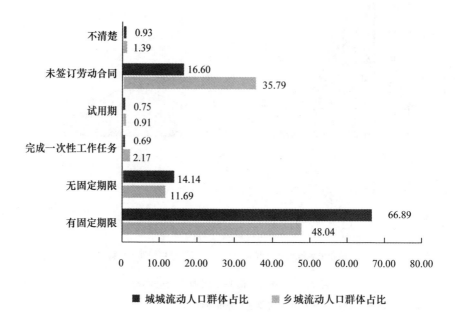

图4.7 流动人口群体就业劳动合同签署分布图

数据来源：依据CMDS 2017问卷数据分析所得。

三 社会生活融入群体差异

社会生活融入主要是着眼于流动人口群体在城市中的社会交往状况，主要着眼于该群体与本地户籍居民的交往与社会活动参与情况如何。居住与就业的城市化只是流动人口群体城市化进程中最基础的表现层面，也是最基础层面的城市化，而社会生活的融入是居住与就业层面的进一步递进发展，是高层次城市化的表现。

（一）社会排斥

社会生活融入主要关注的是城市社会对于流动人口群体的接纳程度与流动人口群体与本地居民的相互交往意愿状况，所以对流动人口的社会生活群体差异的探测与上篇一致，落脚点在于城市政策对于该群体的接纳与社会群体间的交往。其中，城市政策对于该群体的排斥表现主要采用部分政策文本文件来进行分析，而群体间的社会交往分析指标主要使用"业余时间在本地和谁来往最多？（除亲属之外）"来进行考察，基于工作和生活的需要，城市中外来人口与城市居民在很多方面都存在着交集与交往，但这种客观的交往并不能够说明二者的关系状况，还需要通过其与城市居民的主观交往意愿进行了解，所以还选择了指标"你愿意接受流动人口群体成为其中一员"与"您愿意与流动人口/本地居民成为朋友"进行主观性的社会交往意愿探测。

研究收集了 1978 年以来有关乡城流动人口管理的较为重要的政策性文件（见表 4.15）并对这些文件的主要议题与相关内容关键词进行分析，以此反映改革开放以来，乡城流动人口群体城市化过程中所经历的一些进城与住城的群体性限制、反映乡城流动人口社会融入城市化过程中的群体差异演变过程。1979—1988 年间，在政策上，国家是不允许农村人口自由流动的，农村地区剩余劳动力需要自行消化，因此在 1988 年之前，中国的流动人口管理在实际上仍在继续执行具有限制性与排斥性特征的政策措施，这个期间三个管理性文件中"严格控制""不使其涌入"与"遣送"等关键词便是关于这一政策实践取向较为明显的体现，反映出的实际情况就是：政府强制调配人口、严格控制流动人口进城。

1988—1992 年国家开始对流动人口群体实行有限开放政策，但是对于怎样管理和管好流动人口，国家还没有形成一个较成熟的理念和较完善的对策体系。从这一时期出台的相关政策文本内容看，这一时期流动人口管理政策有两个基本特征：第一，尽管"管理"已然是这一时期政府工作的重心所在，但这一时期中国流动人口的管理服务体制机制日益健全，政策文本中"鼓励和引导"、"加强管理"、"转为城镇常住户口"、"合理有序流动"等关键词便是较好例证，这表明关于流动人口管理的政策逻辑、政策理念等内容开始健全和统一起来，"必要的服务"也开始逐步增多。第二，尽管城市政府对于进城流动人口群体的管制较之前一阶段有了放松，但是管制思想与管理举措所引起的非平等性社会现实依然延续，政策文本中"强制遣送""严格控制""严格""不准雇佣""无证件外来人员"等关键词是较为明显的反映，这表明城市政府对于进城流动人口进入、驻流条件的严格限制与把控态度。多种形式的进驻条件不仅限制了部分处于条件之外的贫困流动人口群体，还加剧了乡城流动人口内部群体分异态势。

2000年以来是国家对流动人口问题最为关注的时期，国家倡导的人口城乡有序流动机制正在逐渐形成，相关政策文本内容也有体现，这说明，与前期阶段流动人口政策相比，近十年间的流动人口管理中"服务"一词已经排在"管理"之前，成为流动人口管理的基本理念，且服务管理功能成效日益显著。但值得关注的是，这期间流动人口群体的城市社会融入依然面临许多限制，从这期间政策文本的发行主体来看，多为一些省市地方政府（如上海、广州等）行政主体，从政策文本的出台形式来看，也多为基于地方情况调整而出台的"山头文件"与地方性法规，地方保护主义和我国错综复杂的人情纽带联系现实影响使得这类法规出台的着眼点较多地停留于维护本地人口权益层面，而有局限性地或是较少地停留于流动人口群体利益诉求回应层面。例如，各地城市政府实行的"居住证"与"积分落户"等相关规定尽管为乡城流动人口群体的城市化提供了可能，也在一定的程度上推进了流动人口城市化的进程。但是许多城市的居住证办理门槛比较高、条件限制较多。附着于居住证上的福利多少与居住证的办理门槛成正比，城市的吸引力越大、则申请的门槛也就越高、其申请难度也就越大，这在一定程度上对乡城流动人口群体造成了一定的社会压力；居住证的申领条件决定了仅有部分流动人口群体能够进入政策福利的范畴，而这项制度的实践表明，拥有居住证的流动人口群体所享受的福利和保障又与当地城市居民群体所享有的待遇相差甚远，居住证与积分落户制度的实施依然是治标不治本，在有形无形中把乡城流动人口作为"异乡人"推向了城市生活的边缘地带，乡城流动人口群体仍然被排斥于城市福利与保障的政策制度高墙之外。

表4. 15　　　　　　　　我国流动人口管理的政策性文件部分列表

流动人口管理政策演变	政策目标	标志性文件	对城市流动人口群体限制的政策内容表现
城市向流动人口开放阶段（1978—1988）	实现人口城乡自由流动与加快城市化进程	1980年中共中央转发全国劳动就业会议议定的《进一步做好城镇劳动就业工作》文件	规定"对于农村剩余劳动力要通过发展社队企业和城乡联办企业等方法加以吸收，严格控制农业人口流入大城市"
		1981年国务院发布《关于严格控制农村劳动力进城做工和农业人口转为非农业人口的通知》	规定"农村剩余劳动力要就地安排，不使其涌入城市，严格控制从农村招工"
		1984年国务院发布《关于农民进入集镇落户问题的通知》	规定："居住3天以上的非本地户口公民办理暂住证，否则视为非法居留，须被收容遣送"
管理初期（1989—1999）	控制农民盲目流动并鼓励引导和实行宏观调控下有序流动	1989年国务院发出《关于严格控制农民外出的紧急通知》	采取强制遣送和遣返以及就业经商歧视等严格控制人口盲目流动
		1995年中央综治委《关于加强流动人口管理工作的意见》	1. 规定"通过加强对流动人口的各项管理工作，切实掌握人口流动情况，控制流动规模" 2. 规定"实行统一的流动人口就业证和暂住证制度…任何单位和个人不准雇用无上述证件的外来人员"
		1997年国务院批转公安部《小城镇户籍管理制度改革试点方案》	规定"有合法稳定的非农职业或者已有稳定的生活来源，而且在有了合法固定的住所后居住已满两年的农村人口可以办理城镇常住户口"

流动人口管理政策演变	政策目标	标志性文件	对城市流动人口群体限制的政策内容表现
流动人口融合阶段（2000年至今）	提高流动人口群体社会融合水平，建立健全流动人口融合政策	2002年上海率先试点居住证制度	1. 规定"具有本科以上学历或者特殊才能的人员以不改变其户籍的形式从事工作或者创业的人员可以申领"；2. 低学历人群的申领需要具备一定特长且在评价积分体系内分数累积达到一定要求
		2010年广州、深圳、惠州、东莞、中山等9个市出台城市农民工积分制入户政策	要求"办理居住证、纳入就业登记、缴纳社会保险、分值达到60分以上的可以以积分形式申请办理招工入户。"
		2015年国务院公布《居住证暂行条例》	1. 规定"公民离开常住户口所在地到其他城市居住半年以上符合由合法稳定就业、合法稳定住所、连续就读条件之一的可以依照条例的规定申领居住证" 2. 公安部门对于十六周岁以下的流动少年儿童不予登记
		流动人口健康教育和促进行动计划（2016—2020年）	规定"行动范围以流动人口基本公共卫生计生服务均等化重点联系城市为重点地区，以1980年后出生的新生代流动人口、15—49周岁流动育龄妇女和6—14周岁学龄儿童为重点人群"

数据来源：政府部门公开文件。

从表4.16与表4.17来看，整体上乡城流动人口群体社会交往的对象具有亲缘性与地缘性特征，外向性程度不高，群体社交的异质性特征明显。具体来看，乡城流动人口群体在城市当地的社会交往对象主要还是基于亲缘或是其他共性特征的同乡人群或是外来人群：其中与来自同乡的交往的人数占比合计超过36%，与外来流动人口交往的人群占10.7%，其中甚至有将近23.3%的乡城流动人口群体表示很少与人来往，而与城市当地户籍居民群体的交往人数占比不足1/3，这在一定程度上表明，该群体在城市社会交往中存在一定程度的自我封闭性；从交往的意愿来看，乡城流动人口群体与城市居民交往持积极态度的占近8成（完全同意与基本同意之和），这表明群体的同质性较为一致，整体上还是愿意交往的，但值得注意的是，两类群体在不愿意彼此成为朋友或是不愿意成为彼此群体中的一员的回答上呈现出异质性表现：在关于不同意成为彼此群体中的一员的回答人群中，乡城流动人口群体回答人群占7.3%，而居民群体对此回答的人群占比为3.7%，二者相差近两倍之多，在完全不同意的回答人群占比中，乡城流动人口群体占1.2%，城市居民群体占0.68%，这表明相较于城市居民群体而言，还是有一定数量的乡城流动人口群体感受到了来自居民群体的社交排斥。从"是否同意与对方成为朋友"的回答来看，同样是在"不同意"与"完全不同意"的回答人群占比中呈现出异质性的群体差异，乡城流动人口群体在两项选择的回答中，人群占比均比城市居民群体要高，这表明，居民和乡城流动人口之间也存在着一定程度的不对称，外来人口在乡城流动人口社会关系融入上是存在集体性封闭与后移的异质性倾向的态度。

表4. 16　　　　　乡城流动人口群体社会交往对象分布表

业余时间在本地和谁来往最多？（除亲属之外）	频率	有效百分比（%）	累计百分比（%）
同乡（户口迁至本地）	4939	3. 51	3. 51
同乡（户口仍在老家）	42328	30. 11	33. 63
同乡（户口迁至本地与老家以外的其他地区）	3333	2. 37	36. 00
其他本地人	42116	29. 96	65. 96
其他外地人	15099	10. 74	76. 70
很少与人来往	32747	23. 30	100. 00

数据来源：依据 CMDS 2017 问卷数据分析所得。

表4. 17　　　乡城流动人口群体与当地户籍居民群体社会交往状况表

		乡城流动人口群体占比（%）	本地居民群体占比（%）
是否同意当地/外来流动人群愿意接受自己成为其群体中一员	完全不同意	1. 20	0. 68
	不同意	7. 30	3. 70
	基本同意	59. 60	63. 50
	完全同意	31. 90	32. 10
愿意与当地/外来流动人群居民成为朋友	完全不同意	1. 00	0. 58
	不同意	6. 54	2. 80
	基本同意	53. 95	58. 49
	完全同意	38. 48	38. 14

数据来源：依据 CMDS 2017 问卷数据分析所得。

（二）社会参与的群体后移

城市社会活动的参与与流动人口群体城市化发展的深度与广度呈现正向相关，广泛的城市社会活动参与不仅有利于加速流动人口群体城市化的过程，也能在一定程度上加深理解，增强乡城流动人口群体对城市的认同感与归属感。反之，社会活动参与不足或是参与积极性不高皆会在一定程度上影响乡城流动人口群体的城市化进程。从表4.18可以看出，乡城流动人口群体的城市社会活动参与主动性不高，深度不足，群体社会参与类型的表现呈现异质性。从社区参与的角度来讲，乡城流动人口群体社区建设提议或者监督管理的参与人群占比较低，有92.54%的人表示"没有参与"社区建设发展或是监督的提议，表示"偶尔""有时"或是"经常"参与社区活动的人数合计占比仅为7.46%，这表明社区活动参与中，乡城流动人口群体的主动参与性极度不足，群体的封闭性与排斥性较为明显。在关于向有关政府部门反映情况的调查中，也有95.73%的乡城流动人群表示并不会参与其中，仅有4.27%的人群表示偶尔或者有时会通过各种方式向政府相关部门反映情况或提出政策建议；同时，在有国家事务和部分社会事件的评论参与中，乡城流动人口群体同样呈现出较低的参与程度，这也说明该群体对城市地方政府的认同度不足。相较于其他城市社会活动参与程度，在捐款、无偿献血等志愿活动的参与中，乡城流动人口群体尽管在总体上还是表现出参与性不强的特征，但是相较于前几个问题而言，在该种类社会活动参与中，乡城群体的参与性相对要较高些：其中有 34.15% 的人群表示愿意主动参与捐款、无偿献血和志愿者活动，而没有参与的人群占 65.85%，要比前几个问题的未参与人群占比低将近 20 多个百分点，这在一定程度上表明，该群体在这类活动参与中相对具有积极性，与前面类型活动参与表现形成差异，值得深思。

表4.18　　　　　　乡城流动人口群体社会参与程度分布表

参与形式	参与程度（百分比）			
	没有	偶尔	有时	经常
给所在单位/社区/村提建议或监督单位/社区/村务管理	92.54	5.46	1.49	0.51
通过各种方式向政府有关部门反映情况/提出政策建议	95.73	3.10	0.93	0.24
在网上就国家事务、社会事件等发表评论，参与讨论	94.24	4.37	1.07	0.32
主动参与捐款、无偿献血、志愿者活动等	65.85	23.46	8.69	2.01
参与党/团组织活动，参加党支部会议	96.24	1.74	1.10	0.91

数据来源：依据 CMDS 2017 问卷数据分析所得。

（三）乡城流动人口融入状态的群体内部差异

在上一章的研究中我们曾论述过，我国社会结构不断分化与城市化的发展促使乡城流动人口不再是一类高度同质化的群体，乡城流动人口群体在城市融入过程中呈现出群体内部的差异性选择规律。一类群体性内部差异便是基于观念意识与融入意愿的不同实际而呈现出的不同群体的融入状态，导致差异型的融入类型，其中的典例就表现在新旧两代乡城流动人口群体身上。学术界既有的研究认为基于代际差异而引起的乡城流动人口群体差异是存在的，只不过在各个层面的差异表现究竟是哪一代群体显著性更强存在争议。从表4.19 的调查结果来看，在对城市身份认同（即以是否同意"我觉得我已经是本地人了"的说法？指标为考量）的群体表现上，老一代乡城流动人口群体在"完全同意""基本同意"的人群占比上要比新生代合计高出约7个百分点，在"不同意""完全不同意"的人群占比中则合计要低约7个百分点，这表明老一代乡城流动人口群体对自己的城市身份认同感更强，两类群体存在一定程度的异质性表现。可能其中的部分原因在于老一代乡城流动人口群体在城市驻留时间较长，有一定根基相关联。而在对城市归属感（即以"是否同意我喜欢我现在居住的城市"的说法？指标为考量）的群体表现上，老一代乡城流动人口群体在"完全同意"、"基本同意"的人群占比与新生代差异不大，在"不同意"、"完全不同意"的人群占比中差异也不明显。在融城意愿的分析中，数据表明两类群体的异质性表现也不是很显著。因此，整体而言，基于代际差异引起的融城能力的差异中，两代人群在城市身份认同上呈现异质性，在融城意愿与城市认同上同质性相对一致。

表4. 19　　　　不同代际乡城流动人口内部群体城市认同分布差异表

代际分类	是否同意"我觉得我已经是本地人了"的说法？			
	完全不同意	不同意	基本同意	完全同意
新生代	3.58%	24.62%	51.09%	20.70%
老一代	2.97%	18.33%	51.24%	27.46%
	是否同意"我喜欢我现在居住的城市"的说法？			
	完全不同意	不同意	基本同意	完全同意
新生代	0.89%	1.88%	58.07%	39.17%
老一代	0.95%	1.81%	52.08%	45.16%
	是否同意"我很愿意融入本地人当中，成为其中一员"的说法？			
	完全不同意	不同意	基本同意	完全同意
新生代	1.00%	6.30%	54.90%	37.80%
老一代	1.10%	6.60%	51.10%	41.10%

数据来源：依据 CMDS 2017 问卷数据分析所得。

为了更好地验证乡城流动人口群体社会融入的内部群体分异，研究以问卷中的"如果您符合本地落户条件，您是否愿意把户口迁入本地?"（1：愿意，2：不愿意，3：没想好）问题的答案衡量乡城流动人口群体城市社会融入意愿，设立为考察因变量，设"性别"与"年龄代际"为协变量，其中性别变量有两个水平（1：男，2：女），年龄代际分化有2个水平（1：老一代乡城流动人口群体，2：新生代乡城流动人口群体）。因为因变量为多项无序分类，所以符合多项 Logistic 模型构建要求，分析对乡城流动人口群体城市社会融入意愿的显著影响因素，定量显示各影响因素的影响程度大小以及意向变化率。表4.20分别显示了分析数据中因变量个案数量、构成比例及分析模型拟合信息，其中似然比显著性水平 $p = 0.000 < 0.05$，说明模型构建有统计学意义。表4.21显示的伪 R 方的值均表较小，且模型系数检验结果（表4.23）发现，两个自变量性别与代际年龄差异均有统计学意义，$p = 0.000$ 和 $p = 0.000$，由此得出多项反映模型的参数回归模型的主要结果（表4.24）：即 Logistic（愿意落户当地）/落户意愿 $= 0.113 + 0.085 \times$ 乡城流动人口代际差异 $- 0.016 \times$ 性别；Logistic（不愿意/愿意落户当地）/落户意愿 $= -0.127 + 0.344 \times$ 乡城流动人口代际差异 $- 0.044 \times$ 性别，结果显示（表4.24），乡城流动人口群体代际年龄差异及性别差异与流动人口群体社会融入意愿差异有相关性，乡城流动人口代际差异在乡城流动人口群体融入意愿的差异中产生显著性影响，而性别变量只对融入意愿中"不愿意"项显示统计意义，即产生显著性影响，而对"不愿意"项的统计学意义不明显。检验还可以显示出，代际变化每升高一个等级，相对于表达"没想好"意愿的乡城流动人口群体而言，愿意融入城市的意愿是其人群的1.089倍，即意味着在乡城流动人口群体内部，新生代乡城流动人口群体的城市融入意愿更加强烈；反之，在"不愿意"融入意愿的结果显示中，从代际差异来看，新生代乡城流动人口群体的显著性也较为明显，而性别差异上，性别每增加一个等级，也就是男性人群相对于表达"没想好"意愿的乡城流动人口群体而言，其城市融入意愿是其的0.957倍，意味着男性群体的城市融入意愿的相对较低。由此可以说明：首先，乡城流动人口群体城市社会融入的群体内部差异显然存在。其次，代际与性别因素对乡城流动人口群体内部差异的显著

性影响并非都显著，存在些许差异。最后，代际差异因素与性别因素是乡城流动人口群体内部差异的重要影响因素，且其中新生代乡城流动人口群体相较于老一代乡城流动人口群体而言，在城市社会融入意愿的表达中的情感表达更加强烈。

表 4.20　　　　　乡城流动人口社会融入意愿个案数量与构成比例

		个案数	有效百分比（％）
如果您符合本地落户条件，您是否愿意把户口迁入本地	愿意	49884	35.50
	不愿意	51985	37.00
	没想好	38694	27.50
选中个案数		140563	100.00
未选中个案		0	
总计		140563	

数据来源：依据 CMDS 2017 问卷数据分析所得。

表 4.21　　　　　乡城流动人口群体融入意愿分析伪 R^2 值

模型	模型拟合程度	似然比检验		
	−2 对数似然	卡方	自由度	显著性水平
仅截距	925.793			
最终	139.040	786.753	4	0.000

数据来源：依据 CMDS 2017 问卷数据分析所得。

表 4.22　　　乡城流动人口群体内部融入意愿分析模型系数检验结果

考克斯−斯奈尔	0.006
内戈尔科	0.006
麦克法登	0.003

数据来源：依据 CMDS 2017 问卷数据分析所得。

表4.23 乡城流动人口群体内部融入意愿分析参数估算值

有效性	模型拟合程度	似然比检验		
	-2 对数似然	卡方值	自由度	显著性水平
截距	212.333	73.292	2	0.000
乡城流动人口代际类别：（1：老一代乡城流动人口，2：新生代乡城流动人口）	869.693	730.653	2	0.000
性别（1：男，2：女）	163.099	24.059	2	0.000

（所有显著性检验皆以5%的水平上显著为依据）

数据来源：依据 CMDS 2017 问卷数据分析所得。

表4.24 乡城流动人口群体融入意愿分析参数回归模型

如果您符合本地落户条件，您是否愿意把户口迁入本地[a]		系数值	标准差	卡方值	自由度	显著性	优势比	95%的置信区间	
								下限	上限
愿意	截距	0.113	0.030	13.974	1	0.000			
	两代流动人口	0.085	0.014	36.793	1	0.000	1.089	1.059	1.119
	性别	0.016	0.014	1.350	1	0.245	1.016	0.989	1.043
不愿意	截距	-0.127	0.030	17.975	1	0.000			
	两代流动人口	0.344	0.014	625.138	1	0.000	1.411	1.373	1.450
	性别	-0.044	0.014	10.654	1	0.001	0.957	0.932	0.982

注：a. 参考类别为："没想好"

数据来源：依据 CMDS 2017 问卷数据分析所得。

第二节 当前流动人口城市化发展阶段群体分异的特点

通过上述对当前我国乡城流动人口城市化阶段群体分异这一人口城市化问题的研究展示可以知道：当前，在我国人口城市化过程中，相较于其他人口群体，乡城流动人口群体依然面临包括居住、就业及社会融入范畴在内的群体差异问题。我国正处于人口城市化快速发展阶段，特定的历史环境与条件决定了我国乡城流动人口群体差异问题除了具有一般的情形和特点外，还显露出一定的发展规律性，故，除对乡城这一流动人口群体分异之差异性问题的具象研究之外，更要对于我国具体人口城市化发展阶段下乡城这一流动人口城市化群体差异这一规律进行剖析与把握，这对于下一步群体分异这一流动人口城市化问题的解构具有重要的意义。

一　居住差异结构场域已然改变

通过上文乡城流动人口城市化进程中群体分异的纵向梳理可以明晰，乡城流动人口群体在与初期城市化社会相遇阶段，城市外来流动人口以进城务工的农村人口居多，由于房租低廉、交通联系较为便捷，城乡边缘带行政管理空间的宽松使之能较快适应郊区的生活，许多外来乡城流动人口群体倾向于居住在城市郊区，边缘性特征突出。[①] 这类聚居区主要是以地缘、亲缘，有时也伴随着业缘关系为基础形成的聚居区，在城市区位分布位置上均呈现城乡边缘性特质，因而是乡城流动人口的居住群体分异出现与展开的场域。进入城市化快速发展阶段，大面积的"城中村"、"城郊结合部非法住宅区"因城市急速扩张而不断形成。租金与距离优势使"城中村""城郊结合部非法住宅区"等成为乡城流动人群居住的共同选择，于是此类型居住区域逐渐发展成为城市中一种具有被挤迫和封闭的居住空间类型，[②] 虽与城市一般社区一街之隔却天壤之别，群体间居住状况差异表现明显。21 世纪头十年开始，住宅商品化趋势日渐加速，推动了物业租金的持续高涨，大大拉长了乡城流动人口群体的职住通勤距离，因此最近几十年里我们发现了乡城流动人口群体居住空间边缘化、持续化与群体内部居住分异呈拉大态势：一则体现为常规居住空间居住标准的日益恶化，以群租现象（或鼠族现象）最为典型，即把现代都市的地下防空设施改造成为"地下室居住空间"；

---

① 吴晓：《边缘社区探察——我国流动人口聚居区的现状特征透析》，《城市规划》2003 年第 7 期。

② 黎云、陈洋、李郇：《城中村空间解析——以广州市车陂村为例》，《城市问题》2007 年第 7 期。

二则乡城流动人口群体中原先就拥有较多资本的高端亚群，通过市场化手段在不同等级的城市地区或相同城市的不同区位购买了商业住宅，从而实现了流动境遇下居住空间的自主拥有，乡城流动人口城市居住群体内部分异凸显。在人口城市化时期的演变过程中，乡城流动人口群体居住差异的展开场域无疑都是发生于边缘地带的城乡结合部与部分城市非核心边缘聚居区。然发展至今，乡城流动人群的城市居住情况数据统计显示（见表4.25）：有70.5%的人群居住在居委会社区，29.5%的人群居住在村委会社区，城城流动人群的城市居住情况数据统计显示：有88%的人群居住在居委会社区，有12%的人群居住在村委会社区，这表明，乡城流动人口群体较多于城乡接合部集中聚居的情况已经成为历史，现阶段，乡城流动人口与城城流动人口乃至城市户籍居民的居住状况群体差异展开与发生空间已经存在新的变化：一方面，乡城流动人口群体居住状况在性质上已经发生变化，其人群居住已渐趋远离村镇空间、深入城市内部空间结构；另一方面，乡城流动人口群体的人口城市化挑战发生与展开场域已然由城市边缘区向中心延伸的变化。因而，现阶段解决乡城流动人口群体居住分异问题就需要将这一变化纳入相应决策考量范围之内。

表4. 25　　　　　　　　流动人口群体城市空间结构分布

	全样本比例（%）	乡城流动人口群体比例（%）	城城流动人口群体比例（%）
居委会	73.40	70.50	88.00
村委会	26.60	29.50	12.00

数据来源：依据 CMDS 2017 问卷数据分析所得。

二　就业结构差异显著且就业向上流动不明显

由上文关于乡城流动人口与城城流动人口群体对比就业状况的相关描述可知：当前人口城市化发展阶段，我国乡城流动人口群体的城市就业较为集中，职业主要以经商、其他商业—服务从业人员，合计占比为39.70%，商贩以及餐饮行业也是乡城流动人口从事的主要职业，分别约有10%左右、14%左右人群从事该行业，这表明中国乡城流动人口群体依然主要从事产业工人和服务行业，而城城流动人口从事行业则更为分散，职业也较为高端。城城流动人口群体从事职业排在前列的为国家企事业、商业、服务业人员、专业技术人员和生产、运输设备操作人员及有关人员，办事人员比例也高达，职业结构明显高端化。

2000年我国五普公报数据显示：（表4.26）乡城流动人口群体的职业结构中，排在前三位的分别为生产运输设备操作人员、商业服务业人员与农林牧渔水利业生产人员，人群占比分别为54.70%、32.80%、5.80%，城城流动人口群体职业结构中，排在前三位的分别为商业服务业人员、生产运输设备操作人员、商业服务业人员与专业技术人员，人群占比分别为30.60%、28.90%、19.30%。2010年六普数据显示：乡城流动人口群体排在前两位的依旧是生产运输设备操作人员、商业服务业人员，由这些从事职业人群占比的变化来看，与我国五普及六普统计中的城市和城城流动人口群体的职业结构差异没有太大变化，尽管部分小众乡城流动人群职业比例有所上升（在小众从事职业类型的人群差异变化来看，乡城流动人口群体从事农业生产的比例实现连年下降的变化趋势，专业技术人员从事人群有一定程度的上涨；而城城流动人口职业结构中的专业技术人员的比例也呈现出上涨的趋势，但就幅度而言，流动人口群体的上涨幅度相对较为落后），但由于乡城流动人口群体所从事职业的主要类型及其差异基本没有变动，所以，乡城流动人口群体的城市职业向上流动性依旧不明显。

表4.26　　　　　　流动人口群体职业结构差异变化表

职业分类	乡城流动人口（%）			城城流动人口（%）		
	五普	六普	CMDS抽样	五普	六普	CMDS抽样
国家机关企事业单位负责人	1.40	2.51	0.27	6.30	5.73	2.29
专业技术人员	2.10	4.61	7.07	19.30	24.01	20.40
办事有关人员	3.00	4.31	0.99	12.20	12.70	5.62
商业、服务业人员	32.80	34.88	39.70	30.60	34.20	19.60

续表

职业分类	乡城流动人口（%）			城城流动人口（%）		
	五普	六普	CMDS 抽样	五普	六普	CMDS 抽样
农林牧渔水利业生产人员	5.80	3.02	2.04	2.60	1.91	0.91
生产、运输设备操作人员	54.70	50.52	23.02	28.90	31.30	3.37

数据来源：依据 CMDS 2017 问卷数据分析所得。

三　社会融入差异变化显著性不高且意愿与行动匹配性不强

由上文对于乡城流动人口群体的城市社会融入群体差异状况的描述与展示可知：当前人口城市化快速发展阶段，乡城流动人口群体不论是在融入意愿还是在融入能力与实践中都与城城流动人口群体存在差异，与第三章节中流动人口城市化纵向时序演进中的社会融入群体分异具象的表现一致性较为强，故在这个层面而言，乡城流动人口群体社会融入差异的变化并不显著；另一方面，研究还发现，在城市社会融入领域的群体差异中，乡城流动人口群体相较于城城流动人口群体而言，呈现出城市融入意愿与城市融入群体行动实践不相一致的变化性特点。如表 4.27 所示，在关于两类群体城市融入意愿与行为实践群体差异的对比中可以发现，就城市融入意愿的群体差异对比中，乡城流动人口群体与城城流动人口群体愿意融入城市的人群占比均超过各自人群总数的 50%，对"所居住城市的喜欢强烈程度"人群占比也皆超过五成，这在一定程度上表明：当前阶段，乡城流动人口群体在融城意愿上尽管与城城流动人口群体存在差异，但就其自身人群占比而言，乡城流动人口群体对流入城市还是有强烈的融入热情和归属意愿的，"想成为本地的一员"意愿也是较为积极的。但是，当问及他们"是否打算迁入本地"这一问题时，乡城流动人口群体中仅有 35.50%的成员打算迁入目前所居住城市，有将近四成的乡城流动人群则表示出不愿意迁入当前居住地城市，还有将近 28%的人群表示"并未想好"，这与群体在城市社会融入意愿的表达前后存在较大差异。比较而言，城城流动人群中愿意迁入现居住地城市的人群占 56.90%，"不愿意"迁入人群仅占两成，未考虑好人群占 21.40%，与该群体前文相关城市融入意愿的表达相对较为一致。这表明，伴随人口城市化的纵深发展，尽管乡城流动人口群体在城市融入过程中表现出较强烈的融城意愿，但是在实际的城市融入实践中，乡城流动人群的城市社会实践行动则呈现双栖性，其群体的城市融入行动与融入意愿的匹配性不甚相当。

表4. 27　　　　　　　　**流动人口群体城市社会融入分布情况**　　　　单位：%

		乡城流动人口	城城流动人口
是否同意"我愿意融入本地成为其中一员"说法	完全同意	39. 20	51. 50
	基本同意	53. 40	44. 80
	不同意	6. 40	2. 90
	完全不同意	1. 10	0. 80
是否同意"我喜欢现在居住的城市?"的说法	完全同意	41. 60	49. 90
	基本同意	55. 60	48. 00
	不同意	1. 80	1. 40
	完全不同意	0. 90	0. 70
如果符合本地落户条件，愿意迁入本地吗?	愿意	35. 50	56. 90
	不愿意	37. 00	21. 70
	没想好	27. 50	21. 40

数据来源：依据 CMDS 2017 问卷数据分析所得。

四　群体内部差异凸显化且内向型群体差异发展迅速

乡城流动人口群体在形成初期具有高度的同质性，表现为：拥有相同的农业户籍性质、离土不离乡、受教育水平相较而言不算太高、主要从事工业生产相关的体力劳动，收入不高等。经过 40 多年的人口城市化发展，乡城流动人口群体内部的差异化日益凸显，例如由代际更替引起的城市居留意愿与就业群体内部差异：作为一个动态群体，随着人口更替的持续推进，60 后、70 后乡城流动人口群体逐步让出了主体地位，20 世纪 90 年代出生的新生代乡城流动人口群体在近些年里从无到有，逐步替代老一代乡城流动人口，成为产业工人的中坚力量和新的乡城流动人口的主体。新生代的乡城流动人口群体的成长社会背景与家庭环境与老一代已经有所改变，致使这一代的乡城流动人口群体在受教育程度、职业诉求与理想追求方面显著优于上一代人群。因此，在城市居留意愿与社会融入方面，老生代与新生代乡城流动人口群体基于城市人力资本的拥有量和城市认同自然也会呈现出显著的代际差异；此外，在城市就业领域与行业的选择上，这种乡城流动人口群体的内部差异性也同样显著（上文已有详细论述，此处不再展开）。再比如由经济收入分层而引起的城市居住与社会融入群体的内部差异：由上文对乡城流动人口群体月收入的相关数据可以了解到，乡城流动人口中雇员、雇主、自营三大就业职业身份的差异会改变群体的收入构成和收入水平，其中雇员是收入水平最低的，自营业主收入居中、雇主收入水平则相对较高，这种职业和收入的分层与分化为乡城流动人口群体城市化的内部群体差异奠定了一定的经济基础。在居住方面，经济收入越是有富裕的乡城流动人群越是可以自由选择租、住地理位置相对优越、条件优良的居住区域；在城市融入方面，财富与人脉资源越是积累深厚的乡城流动人口群体，其子女越是可以得到相对较好的教育，对城市的认同与理解也越是不断加深，由此，乡城流动人口群体内部不断形成了不同的内部群体层次，随着层次的提高，他们的价值取向也由基础的物质取向向较高层次的精神追求转变，并且这种差异性的转变也慢慢地延伸至代际更迭中，循环往复。经过几十年人口城市化的发展历程，中国的流动人口群体内部已然出现分化，内部群体分异已然并存，且伴随人口城市化的继续推进，这种由内部群体分化所引起的流动人口城市化群体差异的内向扩大化问题也将持续对乡城流动人口群体这一城市化发展进程的推进产生持续性的影响。

第五章

中国流动人口群体分异
因素分析

乡城流动人口的城市化发展已然历时 40 多年，但在这 40 多年的进程中，群体分异的现实问题依然没有得到根本性的解决，通过前文两章对乡城流动人口群体分异问题的表现与共性、差异化发展特点的研究与总结分析可以看出：对于乡城流动人群而言，在短时期内实现城市化依然面临许多困境，存在诸多障碍。因此在明晰城市流动人群分异的现实困境之上，深入剖析其背后的群体分异因素是下一步对问题做出应对的必然要求与应有之意。

第一节 流动人口群体分异生成的制度因素

社会的制度环境与供给因素是约束与规范人类行为的重要外在力量，制度变迁反映了在特定的经济条件下政府改变现有规则和所有制结构的迫切需求。在我国社会转型时期出现的流动人口群体分异这一问题不只是一个浮在表面的社会现象，更是一个有着深厚的社会土壤与内在逻辑机制下的产物，流动人口群体分异这一人口城市化问题的制度衍生基础主要是以户籍制度为核心的二元化制度供给，以及在社会发展基础上所形成的一系列二元化人口制度安排。

一 乡村社会制度的封闭性限制

农村传统社会的封闭性为流动人口群体分异提供了动因。传统农村社会是被血缘与地缘所封闭的社会，农民"粘在土地上"。[①] 改革开放前，土地集体所有、集体经营和平均分配的制度使农村人口群体具有高度同质性，利益差别极小。改革开放前，农村封闭的社会中，群体间界限严格，跨越群体等级机械的垂直流动十分困难，甚至是禁止的。加之当时的各种制度对农村人口流动进行限制，特别是对农村人口向城市的流动进行限制，从而导致不管是代际群体流动还是代内群体流动都受到阻碍。[②] 然而，在改革开放农村人口群体流动浪潮后，能够相对自由流动且在自主择业的情况下，以市场为机制，以职业为基础的农村流动人口群体开始出现内部分异。由于农村群体性人口的流动，传统农村社会的封闭性开始被打破，由此，社会资源开始在具有不同把握市场能力的人之间实现了重新分配，至此，流动人口社会经济地位的内部群体性分异开始出现。[③] 当然户籍身份制度依然是他们社会地位获得的依据与评价标准，与此同时，尽管这些进入城市的农村人群体与城镇工人和商业服务业人员从事一样的工作，但他们并没有实现社会身份的改变，换言之，进城的农村人群在再分配性资源以及社会流动机会的获得没有得到同等的保障的同时城市社会也没有得到应有的保障。就这样，改革开放前，农村社会的封闭性与开放后的人口流动及户籍制度的限制导致中国特色的流动人口群体分异现象的产生。

二 二元化的户籍制度限制

二元化制度的限制对于流动人口群体分异这一问题的形成起着决定性作用。换言之，正是以户籍制度为基础的流动人口管理制度和一系列与户籍有关的社会福利制度将流动人口限制在城市制度体系之外，导致流动人口群体客观上无法实现"城市进入"。户籍制度在城市化的发展过程中由原始的人口信息登记与管理功能逐渐异化成为了一种利益分配机制，就内容与蕴含的利益分配机制而言，是利益分配的工具，是与城市居住、就业、社会保障与福利、劳动就业保障、住房福利等一系列社会利益分配制

---

① 费孝通：《乡土中国》，北京大学出版社1998年版，第7页。
② 李春玲：《中国城镇社会流动》，社会科学文献出版社1997年版，第10页。
③ 何朝银：《人口流动与当代中国农村社会分化》，《浙江社会科学》2006年第2期。

度紧紧地捆绑在一起的，实质上它已经异化为了身份差异下的利益分配的凭证与工具。中国实行改革开放以后，在社会转型与变迁的新的历史时期，城乡二元户籍制度发挥了其身份等级与制度屏蔽的作用，成为影响流动人口群体城市社会流动与群体分异的强大显性与隐性制导力量，强化了社会成员的结构分异规则，直接导致了流动人口群体管理体制的形成，异化出了数以亿计的游离于城市体制保护之外的流动人口群体，创造出了除原有的两大阶层群体之外的又一个新生群体——流动人口群体。实践证明，市民与流动人口的群体分异这一社会现实就是中国刚性的城乡二元结构体制分割与隔离规制下的历史产物。学界普遍认为：城乡二元户籍制度犹如"看不见的城墙"，严重阻碍了我国城市化发展的历史进程与流动人口城市化的历史变迁发展，经济层面，城市居民和流动人口群体在所有制及其流通、就业等方面的政策是不同的；社会层面，城市居民和进城流动人群在教育、医疗、劳动保护、社会保障、养老、福利等方面的待遇更不同，二元化户籍制度就是通过实施这些政策将群体分异这一现实问题进一步固化。

由城乡二元户籍体制衍生的一系列制度安排把本就处于弱势地位的流动人口进一步边缘化，使其成为城市社会中新生的边缘弱势"异质性"群体。尽管在流动人口中，许多人"事实上"已经成为城市常住人口，但是由于受二元户籍体制所衍生的一系列流动人口制度安排，始终无奈地扮演着"城外人"的角色。具体来看，在城市拥有住房是流动人口群体在城市定居和实现市民化的首要前提，所以住房保障是流动人口群体最基本、最紧迫的需求之一，但是当前的城市住房制度限制了外来人口群体，尤其是流动人口群体对城市住房的可及性；流动人口群体由于自身人力资本积累不足致使流动人口群体很难进入生产率较高的职业部门工作，从而也难以获得足够的收入购买或租赁满足其在城市定居所需要的住房，加之受住房市场供求关系的影响，形成了农民工住房品质低劣、宜居性较低的群体居住分异现实。这种单纯依靠市场机制实现的住房均衡显然无法满足农民工定居城市所需的基本条件，正是因为缺乏可供长期使用的、宜居性较强且与自身经济能力相适应的住（租）房屋，流动人口群体在面对高昂的房价时只能望"房"兴叹，流动人口群体事实上已被排斥于城市住房体系之外。

此外，在城市发展过程中杜绝了贫民窟式自建简易住所的存在是中国与其他发展中国家城市土地及市容管理政策的不同所在，政府实际上也对流动人群的城市非正规形式居所进行了"整治"，因此他们虽然身在城市，但由于生根立足的资源和能力缺乏，始终处于"漂浮"状态，难以定居下来成为市民，这导致一部分人群还因无法负担城市住房的租金而不得不返乡务农。流动人口群体进城打工与其说是城市化的过渡形态，不如说是临时到城打工挣钱的异地谋生，这就从根本上决定了这部分人群只能在农村和城市间进行候鸟式迁移。流动人口群体的城市存在异质性突出，城市化过程的非实质性明显。

在就业领域，城市就业市场的"规则"制度人为抬高了流动人口群体进入就业市场的门槛，限制了他们融入城市社会的步伐，导致了当前我国流动人口群体城市化的僵持局面。自20世纪80年代初开始，大量流动人口群体进入城市寻找就业机会，刚开始，城市基于发展需要开始接纳流动人口群体进城就业。

但在经过严格审批后流动人口依然只能从事繁重的体力劳动，因此城市接纳的流动人口数量有限。近年来，由于中央政府对农民工问题的重视以及中央相关文件的出台，政府部门开始关注进城流动人口群体应与城市公民享有平等就业权问题，在我国城市劳动力市场上针对流动人群的排斥现象依然严重：例如，一些城市仍然存在就业的职业和工种限制拖欠工资现象等，还有些城市在劳动力雇佣的过程中，对于同等能力劳动力会优先考虑城市居民人群；此外，城市就业市场表现出的明显的对技术、信息、教育的偏好使得自身教育、技术水平不高，专业技能欠缺的流动人口不能进入真正的城市就业中心区域，只能在大量低等级劳动市场找一些边缘和底层职业，这种类型的市场大多是准入门槛较低，较多处于老城衰退区及城市边缘区。相关学者实证研究也表明乡城流动人口的城市就业市场是存在群体分割的，由于处于体制外劳动力市场，多数的流动人群或是被动或是主动地与城市空间隔离开来，这种双向排斥也加剧了这部分人群边缘化的社会处境，由此流动人口群体于城市的就业空间中形成了分异的结构体系。因此，分割化的城市就业市场制度现实加剧了城市中的流动人群在市场中的弱势地位和边缘化。

在社会领域，城乡二元户籍分割制度通过影响流动人口就业政策、社会保障制度等形成对流动人口的群体排斥，在长期的城市化发展过程中，流动人群在较好居住区位环境的城市中心区受到压制，产生流动人口群体和城市之间的就业差别异化，以此形成了流动人群获取社会资源的排斥性壁垒，流动人群为城市居民所排斥，被主流社会所区隔，社会网络结构走向内卷化、封闭化，这都使得流动人群成为城市居民眼中与城市空间存在中的"另类"与"异质"，群体分异也在流动人口群体城市化的曲折前行中逐渐显现。

三　住房制度的真空空间存在

在中国乡土社会存在中，"住房"一向被视为"安身之所"，有了"房子"就代表扎下了根，租房一直以来被视为一种迫不得已的选择，个人住房选择的自由化住房制度安排是引致流动人口群体居住分异的主要力量。1998 年全面取消福利分房后的住房制度改革使得所有收入阶层开始能够依据自身经济条件来购买或租赁商品房，个人住房选择完全自由化。住房选择过程就是人与住房相匹配以及居住区位的再选择过程，而进城的流动人口群体由于经济地位与资本积累、就业收入等因素与城市户籍人口群体以及城城流动人口群体之间的差异，致使其在住房产权、住房条件、邻里质量、居住区位条件等方面开始出现群体性的差异性分化，个人居住选择自由化的结果直接导致城市中流动人口群体居住分异问题的出现。后来，政府及其代理机构工作单位从住房建设中退出来、房产商成为住房建设市场经济主体后，经济利益驱使下的住房市场变革又成为影响转型时期中国流动人口群体城市居住分异的主要力量。由于质量、配套设施和区位条件的不同而形成不同级别的住房和邻里质量，同类相聚、同层次共居的住房市场运作中居住着特征相似的人群，逐渐形成了"人以群分"的城市居住空间分割生活方式和社会地位认同，从而在更广泛的意义上产生相对封闭的社会异质性群体。高档住宅或是富人住宅小区分布在城市交通便捷、环境优美的区域位置，住房质量好、周边配套设施全，而城市中的处于中低收入阶层的流动人口群体则由于难以负担起高昂的房价而只能在旧城区购买或租赁二手房，周边设施配套健全程度较低，群体居住分异与隔离日趋明显。

近年来，为了保护城市弱势群体的住房权益，兼顾社会公平，国家和地方政府建立了以住房公积金制度和经济适用住房制度为基础的住房保障体系。住房保障体系以租赁住房和廉租住房制度为主要内容，有效地改善了部分城市流动人群的城市住房状况。在具体工作模式上，各地主要采取两种策略：一是狠抓流动人口房源的落实；二是将住房服务与其他服务管理措施结合起来，推行"双集中"管理模式。然而，虽然各地政府采取了一些有效措施，但汇集于大城市、分布于不同行业的大量流动人口群体的住房问题依然相当突出，现有住房保障体系未能有效地惠及绝大多数流动人口。究其原因，一是现行制度大多是引导居民购房，保障居民如何拥有住房产权（或所有权），而不是保障基本居住权，这在一定程度上背离了社会保障制度的基本初衷；二是部分地方政府只关注流入地的户籍持有者人口群体，忽视了为收入水平低下的流动人口群体提供廉价房屋租赁以保证其居住条件的惠民性治理举措。这些问题使得城市住房保障体系出现覆盖真空，没有本地户籍的流动人口群体则是该真空层的体现，因而，流动人口群体的城市居住分异这一人口城市化问题依然没有得到有效解决。

四　劳动就业制度中的就业市场分割化影响

传统计划经济体制、"二元"经济以及就业市场门槛等因素共同作用，形成了我国劳动力市场多重分割的格局，造成了流动人口群体就业分异这一问题的出现。中国劳动力市场在长期的市场经济分割发展中呈现城乡分割、部门分割和制度分割的三重分割状态，流动人口群体中的大多数在"三重分割"下的城市劳动力市场中处于体制外、二级劳动力市场中，在此类劳动力市场中，劳动者收入较低、工作稳定性欠佳、职业上升机会少。他们中即使有一部分人是在体制内就业，也仍处于二级劳动力市场，相对较难享受到体制内正式职工的正常待遇，即使拥有较多人力资本的流动人口群体也常常遭受就业歧视与排斥。① 还有许多城市在就业上存在"职业保留"现象和行业进入限制，排斥"外地人"在城市或城市的某些职业就业。正是由于受到各种有形或无形的条件限制，流动人口群体在寻找合适的工作岗位方面面临群体性困难，为了能留在城市并解决温饱问题，大多数流动人口只能从事临时性工作，这就为流动人口劳动合法权益被侵犯留下隐患，也使得劳方与资方之间经济契约关系不平等。流动人口的工资、待遇等合法权益得不到应有保障。总之，中国劳动力市场与就业制度为流动人口群体城市化进程中的群体就业分异问题埋下了制度隐患。流动人口群体长期在劳动力市场上被现行的就业制度排斥在主流劳动力市场之外，在群体城市职业的变动上长期难以实现社会地位的变迁，缺乏向上流动机制。

五　社会保障制度的二元分割与分散化供给影响

城乡二元化户籍制度分割下的社会保障制度供给现实导致流动人口群体城市社会保障体系进入不顺畅。城市化进程中缺乏化解市场风险的社会保障制度安排，人口城市化的预期成本大大增加，结果引致流动人口群体分异问题出现。改革开放前，中央集权体制下的国家以各级政府机构和单位组织的形式将城市居民的生活和福利全面"包"下来，在中央政府践行将城市居民的生活和福利"包下来"的过程中，分税制激励下的地方政府基于"保一方平安"的责任，开始实行地方保护政策措施。在地方分权以及社会保障体制下，流动人口群体在城市保障福利获取上处于不利地位，这种不利表现在城市公共产品和服务的供给方面的优越地位，由此，广大流动人口群体被隔绝于城市社会保障围墙之外。20 世纪 90 年代以来，在流动人口社会保障制度政策机制的不断演进中城乡分割被不断弱化，但同时，城市中的流动人口社会保障状况仍然不容乐观，大多数流动人口群体仍然被排除在社会保障网之外。

---

① 杜丽红：《中国城市流动人口管理问题研究》，四川大学出版社 2011 年版，第 227 页。

分散化的社会保障制度供给在现实层面为流动人口群体分异问题的产生提供了"助力"。由于未建立全国统一的社会保障制度,我国流动人口的社会保障先后被纳入不同类型的制度范畴,一类是将流动人口的社会保障纳入到当地城镇基本保险制度中,此种社会保障模式的优势在于,跨越了户籍限制与身份歧视的流动人口能够被完全纳入到当地城镇基本保险范围之内,但由于流动人口异地流动时只能带走个人账户资产的相关规定导致目前这种统账结合制度的便携性很差;第二类是将流动人口纳入农村居民基本保险制度内的生活保障模式:该模式的优点在于门槛较低,但由于跨省流动的政府部门协调、统筹层次较低,结果是参保退保行为频繁;第三类是专门针对流动人口制定的社会保障政策体系:其优点在于便携性较强,多种类型的保险可以以"打包"的形式实现转移,费率较低且对流动人口群体而言简单易行。但现实是,这种多种类型的流动人口社会保障政策构建了基于属地不同的"分散化"的社会保障体系,使原本就处于城乡二元分割背景下的社会保障制度安排更加复杂和繁琐,并逐渐趋于制度化和固化。因此,"二元分割化"与"分散化"的社会保障制度安排在实际上形成了非统一性的基本公共产品安排事实,这也在社会保障制度供给事实层面形成了均衡性差、涵盖主体广泛性不足的流动人口群体分异问题。

故由上可见,城乡二元户籍及其影响下衍生的一系列住房、就业、社会保障制度与政策供给构成了流动人口群体分异这一问题形成与发展的社会背景,对于流动人口群体城市化过程中分异这一问题的形成有着直接且强烈的主导作用,构成了一种刚性的行政干涉,这是流动人口群体分异这一城市问题出现、形成的重要动因,所以这些因素也会是下一步群体分异这一城市问题治理对策相关研究的重要方面。

第二节 流动人口群体分异生成的社会因素

流动人口城市化进程的发展、推进是社会多元发展主体共同参与的过程,在这一过程中,城市中社会资本作用的发挥影响着城市社会资源即物质资本的分配走向,也激发了其社会身份地位塑造功能。同时,城市多主体的社会治理"角色失调"也成为流动人口群体分异问题出现的重要因素。

一 社会资本作用影响

社会资本概念源于布迪厄（Bourdieu），指的是社会成员和社会团体因为在社会关系场域中的不同位置可以获得不同的社会资源以及具有不同资源配置的权利。从本质上来看，社会资本表现为社会主体之间（包括个人、群体、社会和国家）一种紧密联系的状态。流动人口群体的城市化过程较多地依赖于城市当地的社会物质资源获取。因此，如若城市中社会资本的配置在包括流动人口群体在内的城市社会主体之间没有实现较为均衡的配置，必然会引致一系列的城市物质资本配置失衡问题，群体分异的因素也就自然会生成。城市中的社会资本运行在流动人口群体分异问题产生过程中的影响具体表现于以下几个方面：

其一，居住空间社会资本差异性是引致流动人口群体城市居住分异的因素之一。空间具有社会资本的属性，因为从根本上说，空间是人与人、人与环境之间的关系结构，是社会的产物。[①] 在城市居住空间的分布中，空间社会资本主要表现为基于居住社区边界的局部社会网络、归属感和社区凝聚力。居住区的集体社会资本不仅影响社区参与，还解释了60%或更多的居住差异。[②] 对于进入城市的流动人口来说，居住在一个由陌生关系构成的居住区，空间社会资本的获取不具备先天禀赋，往往较多依赖于社会交往而生成。但实际上，城市中的流动人口更多地集中在低成本住宅区或城市中心转化而来的低端住宅社区，这些社区大多参与水平较低，社区治理边缘化，空间社会资本还不发达。就此，在同一城市居住空间下的城市市民与乡城流动人口形成了较大的社会资本积累差异，使两者在空间认同感上形成了心理隔阂与冲突，这成为流动人口群体居住分异问题产生的重要社会性因素之一。

---

① Henri Lefebvre, "The Production of Space", New Jersey: Wiley-Blavkwel Press, 1992, p. 31.
② 黄荣贵、桂勇：《集体性社会资本对社区参与的影响 基于多层次数据的分析》，《社会》2011年第6期。

其二，社会资本积累过程的衔接不畅成为进城流动人口群体就业分异问题产生的重要因素之一。流动人口群体进入城市，空间迁移是首先表现出的特征，而空间迁移会带来环境的改变。社会资本是依赖于一定的空间场域与时间积累的，无法随流动人口群体空间迁移而发生相应转移。所以从这个角度而言，对于进城想要谋求稳定就业的流动人口群体而言，在城市工作时间越长，社会资本的内聚特征就越明显，就愈加会对其群体城市就业产生影响。伴随流动人口群体由乡村到城市空间的转移，进城的流动人口群体在城市流入地的社会积累过程就会发生中断，或者说城市流入地社会资本衔接出现断层，这就会对城市中的流动人口群体的社会资本集聚产生冲击，降低了这类人群的社会资本的密度和规模。在新的城市中，流动人口面临创业环境的改变，更容易遭受城市流入地就业社会关系网络的排斥，甚至陷入就业发展困境。在正式社会支持有所缺漏的情况下，稳定的乡缘关系能在一定程度上满足创业的需求，而伴随流动降低的或是衔接不畅的社会资本支持提高了流动人口群体就业创业的机会成本，在一定程度上抑制了流动人口群体的城市就业行为的发生，使城市就业市场中的流动人口群体陷入群体就业分异的困境之中。

　　其三，社会资本中社会信息、关系网络资源配置非均衡性现实是引致流动人口社会融入群体分异发生的因素之一。社会资本的公平配置是个人生存和发展的基本权利。流动人口群体城市化的过程是一个群体再社会化过程。城市社会生存与思维方式的建立极大依赖于异质性社会信息与关系网络，即与城市政府部门以及居民群体间社会联系。然而，现实是社会距离在流动人口群体与城市市民群体及城市政府以及城市社会其他多元主体间显然存在。经验研究表明，具有相同性质的人愿意聚居在一起，是出于安全感、社交的便利，这便是所谓的均质性居住的"邻里效应"。相较于同质性高的居住社区，人口异质性突出的社区更有可能难以拥有丰富的社会资本。现实显而易见，社会资本结构和形态在流动人口群体与城市市民群体、城市政府以及城市社会其他多元主体间的配置是不均等的，城市中心本位主义的社会意识下，有利于个体发展的社会资本和社会网络更多倾向于城市市民人群、城市其他多元社会主体，而流动人口群体则呈现出社会关系的同质和内卷，这限制了流动人口群体与城市居民群体有效社会网络的建立与社会资本的扩大化生产。①

由上述可知，流动人群城市化过程中，城市社会资本配置的影响为流动人口群体分异这一问题的产生提供了催化性社会力量，因而，城市社会资本配置的衔接调整抑或是重新积累也成为群体分异这一问题解决路径探索的应有之义。

二 多主体社会治理角色失调

当前流动人口群体城市化正在经历包含居住、就业、社会生活等多维层面的城市化问题凸显阶段，这些城市化问题需要通过城市治理的手段来实现。虽然学者们对城市治理的概念有不同的理解，但都具有本土化、多中心网络化、实现多元参与促进社会公平等主要内容。换言之，群体分异人口城市化问题的社会治理是一个城市政府、私营部门、社会组织、市场与公民群体等组织与力量相互依赖、协商、沟通的多主体并行的网络治理过程，在这个城市社会治理网络中，多主体扮演着不同的角色。② 但从现实来看，当前中国的城市治理的顶层设计痕迹相对较为明显，而关于地方政府和多元主体参与城市社会问题治理的途径、程度与边界仍然定义模糊，这在一定程度使这些主体陷入"角色失调"③ 困境。"角色失调"成为社会层面引致流动人口群体城市化进程中群体分异这一问题发生的重要因素之一。

从具体表现层面来看：其一，在住房领域，市场力量配置过度与城市住房保障的政府角色缺位是流动人口群体城市居住分异问题产生的重要社会因素之一。流动人口群体住房问题作为城市住房体系的子系统，不可避

---

① Yang T., Zhao Y. H., Song Q., "Residential Segregation and Racial Disparaties in Self-rated Health: How do Dimensions of Residential Segregation Matter?", *Social Science Research*, Vol. 61, No. 1, 2017, pp. 29–42. Hao P., Sliuzas R., Geertman S., "The Development and Redevelopment of Urban Villages in Shenzhen", *Habitat International*, Vol. 35, No. 2, 2011, pp. 214–224.

② 杨宏山：《转型中的城市治理》，中国人民大学出版社2017年版，第13页。

③ "角色失调"为社会心理学术语，是指个体在角色扮演中产生矛盾、障碍，甚至遭遇角色失败。

免地受到整体宏观住房环境的影响。计划经济时代，城市系统内部的全民住房保障体制抑制了市场机制作用的发挥，这一时期政府承担了城市大部分人口的住房保障责任，但这是以住房保障的极低水平为代价换取的。鉴于此，20世纪90年代，住房商品化改革开始在全国范围内展开，政府以租、售、建三措并举的方式大规模推动公房私有化，充分发挥了"无形之手"对住房资源配置效率的促进作用。但在地方以经济发展为核心的政绩观的推动下，城市房价长期高位运行，在利益契合的基础上，地方政府和房地产商结成了共进退的利益联盟，商品房价格轮番快速增长、房价畸高成为城市住房过度市场化的一个重要表现。由于房价上涨，高额的城市居住成本远远超过了流动人口群体的承受能力。相较于城市居民群体而言，流动人口群体的住房可支付能力羸弱，住房潜在需求无法满足，适合他们的居住性用房短缺，被迫聚居与寄居于那些条件落后、位居边缘的居住区与群租房、地下室等，与城市居民群体的居住条件形成鲜明对比。正是政府对住房领域过度市场化因素的纵容态度助长了"无形之手"的肆意伸展，使住房市场消解了基本的公平原旨和社会正义考量，背离了住房发展满足基本居住需求和保障民生的根本要义，使进流动人口群体在城市居住层面长期处于一种整体性保障不足的状况。此外在住房市场化改革的过程中，地方政府虽然也同步建立了城市住房保障制度来满足中低收入群体的住房基本需求。但从上文章节对城市流动人群城市保障住房的覆盖实践效果展示来看，出台的住房保障制度未达到政策预期目标，保障性住房的制度覆盖面和保障层次水平不高。流动人口群体的城市住房保障仍然处于亟需"补砖头"的初级阶段。政府住房保障的缺位使得大多数流动人口只能依靠自身力量满足基本住房需求，这进一步加深了流动人口群体城市住房的困境与群体居住分异程度。

其二，就业市场的资本强势越位与政府就业市场监管不到位是流动人口群体城市就业群体分异问题出现的重要社会因素之一。一方面，虽然我国《劳动法》和《劳动合同法》对保护劳动者权益有许多规定，但侵犯劳动者合法权益的行为仍然普遍存在。在以利益最大化为目标的社会资本运作中，盲目追求利益侵害了流动人口的合法权益。在生存压力下，这部分流动人口只能从事临时工等非正规、不稳定的职业，这为部分市场主体侵犯流动人口群体的合法劳动权益创造了空间，导致劳资之间经济契约关系失衡问题的出现。另一方面，规范工作环境、促进劳资集体协商、强化和落实劳动监管以保障劳动者生存权和发展权是需要政府相关部门的有效监管，然而，目前，地方政府在传统的绩效考核体系的基础上，过于注重招商引资的数量，忽视了可能损害地区企业或经济发展的各种违法行为：即隐瞒企业社会保障缴费基数、拖欠工资、过度加班等问题，这种行为导致城市就业市场运行缺乏监管，侵犯权益的行为时常发生，就业困境加剧。在两方面因素共同作用下，城市中的流动人群的城市就业权益如工资、待遇、劳动条件等与城市户籍居民群体相较而言是存在显著差异的，城市就业状况异质性突出。这类人群在"正规化"与非正规就业特征的"夹缝"中艰难度过。

其三，流动人口群体城市社会参与不到位是流动人口社会生活与交往群体分异这一人口城市化问题产生的社会因素之一。如前文所述，流动人口群体在城市社会交往领域，文化认同困境与城市非制度性排斥在一定程度上引致这一群体在城市社会交往中的群体性"后移"与社会交往的相对封闭性，无形中加剧了与城市以及城市居民群体之间的异质性。此外，文化素质、群体非组织性特性的存在限制了这部分群体的利益表达与传递能力，加之城市社会流动人口群体参与渠道狭窄，引致流动人口群体的城市相关权益表达与政治参与困境。社会交往与沟通不畅、利益诉求难以上达，成为流动人口城市化进程中社会生活融入群体分异这一问题出现的重要促成因素。

由上述内容可知，乡城流动人口群体城市化进程中，社会资本的影响是流动人口群体分异问题产生的一项重要社会因素，而城市中，多元主体社会治理角色的失调也为流动人口群体分异问题的出现埋下隐患。因此，流动人口群体分异这一城市化问题解决路径的探索需要从促进社会资本积累与衔接以及捋顺多主体社会治理角色的方向出发，实现流动人口群体分异要素的消解。

第三节　流动人口群体分异生成的主体因素

如前所述，宏观制度、政策环境的变迁与导向、城市社会治理运行阻碍是城市化进程中流动人口群体分异这一问题形成的重要因素，但从唯物辩证法的角度而言，这些成因都是群体分异这一问题的外部性因素。众所周知，一切事物的发展和形成都是内外因素共同作用的结果。外部因素加速或延缓事物的发展，内部因素是变化的基础，因而对于群体分异这一问题影响因素的探究离不开流动人口这一直接主体范畴，因此这一部分研究主要试图从微观主体层面探究流动人口群体分异因素。

乡城流动人口群体分异这一城市化问题的产生过程中涉及到的微观主体主要涉及地方政府部门、流动人口群体自身、市场主体以及城市居民群体四大类型。地方政府部门的流动人口管理理念与实践举措、流动人口群体自身的城市化实践、城市市场主体的资本运作逻辑以及城市户籍居民群体的社会行为实践皆与流动人口群体分异这一城市化问题相关。因此，下文将围绕这些主体的相关城市化行为实践展开流动人口群体分异因素的探究。

一　政府主体理念导向偏失

中华人民共和国成立至改革开放初，城市政府在应对流动人口群体进城问题的管理上持一种"吸纳与排斥共存"的理念，理念自身的矛盾性催生出自相矛盾的城市社会流动人口问题管理效应，为流动人口群体分异这一问题的出现埋下隐患。工业化作为现代化的原初动力可以提供大量的劳动力转移机遇，因此新中国成立后工业化的发展和基础设施建设的进行为城市提供了大量的工作岗位，而大量进城务工的流动人口群体满足了城市发展的需要，城市地方政府在实现社会主义工业化和建设生产性城市的号召下吸纳了大量的农村流动人口群体。伴随初步工业化阶段的完成，城市发展进入重工业挺进时期，因为重工业发展对劳动力的需求并不大，所以城市地方政府开始排斥劳动力聚集，渐渐关上城市的大门，把部分流动人口群体排斥在城门之外。城市地方政府既想要吸纳劳动力供给优势，但又不愿意承担劳动力数量激增所带来的城市空间承载挑战，在这种矛盾理念的影响下，使滞留于城市的流动人口群体陷入生存与发展的困境，随之，这部分城市流动群体开始与城镇居民群体呈现差异化发展。居住层面的"不足、拥挤、紧张"的城市服务设施供给分割逐渐出现了城镇居民群体位居核心，而流动人口群体位居边缘的群体居住空间分割差异现象；就业层面"先吸收城市临时工，后吸收外来民工，优先保证城镇人口就业"的排斥和屏蔽逐渐形成了城镇人口群体充分就业而流动人口群体自然就业的群体差异取向；社会层面"劝阻盲流"的政策藩篱逐渐形成了社会认同中的身份鄙视与排斥群体差异取向。

改革开放初期至90年代末，城市政府在应对流动人口群体城市化问题的理念上沿袭改革开放以前的计划经济特色，"只管手脚、不管头脑"的防范式的流动人口管理理念，该理念"管理性"与"物化经济性"导向突出。在地方分权激励（分税制）和地方官员晋升机制等因素的影响下，城市地方政府以追求短期的经济快速增长为主要目标，所以地方政府城市化的发展理念开始转向短期经济快速增长追求之中，这样的发展理念导向在流动人口群体城市化过程中忽视了对"人"的需求的感知，强化了物性化的经济利益取向，在这种城市化发展与管理理念的引导下，流入地城市地方政府以防止流动人口违法犯罪、确保城市稳定为名，把流动人口作为预防和打击的对象，作为社会稳定综合治理的对象，作为"盲流"、"问题农民工""敏感群体"和"不稳定因素"，交由公安机关来强制性管制，流动人口问题的管理不自觉地走入城市管理误区。在防范式的消极流动人口问题应对理念导向下，进城的流动人口群体在居住上被迫限制于城郊结合部的边缘地区，这在某种程度上使得流动人口与城市社区之间缺乏联系，处于相对隔离的状态，久而久之，造成了流动人口群体的边缘化。在城市就业中个别城市政府强制性地限制了就业的总量与职业工种，甚至有些城市政府为了对就业市场中的本地下岗职工再就业进行庇佑，不惜采取"腾笼换鸟"的举措制订了各种就业准入制度与进城民工行业清退措施政策。在城市社会生活保障中，户籍制度的限制使流动人口群体游离于保障体系之外，这种社会现实无疑把本就处于弱势地位的流动人口群体进一步边缘化与贫困化，无疑在一定程度上催化了流动人口群体城市存在的异质性，使流动人口与城市居民群体之间的分异现象不断显现。"孙志刚事件"的出现给这种强制性的防范式流动人口问题治理理念的物性化敲响了警钟。改革开放初期，物性化的防范式流动人口城市问题的理念导向顺应了形势发展的客观要求。后来，伴随《城市生活无着的流浪乞讨人员救助管理办法》的颁布，城市外来流动人口的城市问题治理理念实现了由传统强制防范性向现代服务型的重要转变，自此，我国进入治理时代。

2000 年至今，服务型治理理念导向掩盖下的地方行政理念偏失依然作用于流动人口群体分异这一问题。"服务型"治理理念的深入与流动人口问题的复杂化使城市地方政府逐渐认识到，传统型的管控与排斥理念与举措已然难以应对新时期的流动人口问题，所以，在经历了前两段时期"吸纳与排斥共存"、"物化经济管控"理念导向偏失后，城市地方政府行政理念开始向"服务型"转变。但理念导向的转变并非一日之功，前期理念思维的影响依然存在，理念导向偏失的影响固然也依然存在，例如当前城市地方政府对于外来流动人口城市化问题的治理中，城市地方政府以一纸"地方法规"或是"红头文件"或是采用杂税冗费或是特定的限制标准与条件为流动人口群体的城市进入与定居设置重重障碍，部分城市政府在就业层面通过搞地方就业保护主义以达到限制雇用外来流动人口群体的目标。在社会保障领域，为了缓解流动人口聚集所带来的公共资源配置压力，一些大城市的地方政府不惜通过抬高户籍门槛以实现其对"精英主义"流动人群的吸纳与对"非精英主义"流动人群的剔除目的。而这些举措的背后依旧体现出前期"排斥""限制"的地方行政理念的光影，也就是在这样的理念导向下，大量在城的流动人口群体的权益无法得到保障，与城市居民群体的分异在积累中继续演化，并渐渐成为城市治理中必须直面的且日益严重的社会问题与挑战。

由上可知，我国流动人口群体分异问题的出现、形成、发展与城市地方政府不同历史时期的行政理念导向密切相关。换句话说，城市政府流动人口问题治理理念导向偏失是流动人口群体分异这一问题形成的重要原因，不同阶段的城市政府行政理念导向对群体分异社会表现的程度、范围均产生了实质意义上的影响。

二 市场主体资本利益倾向

住房市场资本的逐利行为是流动人口群体居住分异问题产生的重要因素之一。随着市场经济的快速发展与城市土地有偿使用制度的确立，期望房地产业成为城市经济支柱产业的政府开始扶持和培养房地产业"经济人"，土地资源加持下的城市空间开始"商品化"，并逐渐成为地方政府"经营"的主要资源。受市场经济影响，房地产在经营过程以及住房的分配方面实现了以"价格"为基准的住房市场化分配。房地产领域的强大利润刺激了房产商经营的巨大动力，大量的房地产企业参与到城市房地产的开发与销售过程中，导致房地产投资增长迅速，多元化的住房类型项目也层出不穷。

在住房市场上，既有适合中低收入阶层的经济适用住房，也有适合富裕阶层的高档住房，层级分化明显的城市居住空间结构成为流动人群居住分异的突出表现。住房开发相关主体行为对于流动人口群体城市居住状况的影响突出表现在流动人口群体城市内层居住空间占有率低与边缘居住空间分布率高这两方面。具体而言，城市内层居住空间地价高，建筑类型以高层、超高层的高档公寓为主，房价较高，这些社区是中高收入人群的首选，而流动人口群体出于城市化住房的高额成本考虑，只能对该城市空间区域的住房类型"望房兴叹"；在城郊接合处，土地价格优势价值考量下的开发商倾向于一次获取大宗土地，在建造高档商品住宅区时追求大尺度的绿化和公共活动空间，距离市中心较远，因此各项配套设施的配备在短期内难以形成。少量的经济适用房与廉租房小区则是分布在这样的城乡接合部以及更为偏远的郊区，这些类型的住宅虽然是由政府相关部门负责管理，但由开发商负责开发与销售，由于售价较低，所以，房产商只提供基本的住房、低标准的绿化。这类住宅区由于租、住成本的"吸引优势"成为流动人口群体能力范围内能够承受的城市化成本支出选择，就这样，以追求利益为目的住房开发使得城市中的空间居住以群体分异的形式存在于城市户籍常住人口群体、流动人口以及其他人口群体类型之中。

就业市场招工主体的歧视与排斥是流动人口群体就业分异的重要因素。虽然我国对于禁止就业歧视有着明文规定，但企业为了资本利益产出率制定了部分职业限制，一些用人单位甚至在政策的驱使下只招收具有当地户口的员工，这导致城市就业市场中的流动人口在择业与就业时面临各种职业准入限制，流动人口群体较难与本市市民享有相同就业机会，只能选择本地人不愿意干的行业和工种。此外，与流入城市的同类户籍人口群体的就业者相比，流动人口群体的工资偏低、劳动时间长、工作环境恶劣、安全条件差、用人单位拖欠工资、劳动合同签订率低以及职业病和工伤事故频发。同时，由于流动人口权利意识的淡漠导致合法权益往往得不到有效的保障，群体失业率较高，而这其中60%的原因可以归结为就业单位或企业的"就业歧视"。也就是说，就业市场招工主体的歧视是引起城市就业市场竞争中流动人口群体与城市户籍人口群体差异的主要因素之一。

三　流动人群城市化实践内卷与竞利能力短缺

（一）流动人群城市化实践内卷

"内卷化"一词最早由美国人类学家戈登威泽（Alexander Coldenweise）提出，是指在外部扩张即变化被锁定和约束的情况下，转向内部精细化发展过程。流动人口群体城市化过程中，因为面临新的社会生活而表现出对陌生环境的焦虑与不安，而居住空间分异在一定程度上限制了他们扩张社会网络、学习新生活知识行为的动机，因而在一定程度上加剧了他们对原有关系的依赖程度。所以流动人口群体往往倾向于在安置社区的群体内部重复地建构关系，其社会交往有较明显的且不断强化的同质性和内部性，其中地缘性居住区聚集是流动人口群体分异出现的重要因素之一。流动人口群体进城初期，务工务农的双重就业身份使得该群体的城市居住呈现"双栖"性，即在农村与城市空间进行间歇性转换，加之城市住房的外部条件限制，流动人群的城市居住开始呈现出居住内卷化趋势。城乡接合部、未经改造的老城区及城中村或棚户居住区由于具有农村性住宅区的特点且兼具租金低、交通便捷的优势成为外来流动人口群体大量聚集的地方，但是这些地方的公共服务和社会管理大都缺失或不完善，在一定程度上降低城市流动群体的居住生活质量，也挤压其群体向上的发展空间，故成为该群体与城市居民群体分异这一问题的出现与发展的重要发生场域。

就业结构的内卷化是流动人口城市就业群体分异问题的重要成因之一。从就业结构来看，在流动人口"离土离乡"阶段，地缘关系不仅是就业信息的主要来源，也是获得流动渠道的重要依据，发挥着不可替代的作用。已经进城的农民通过提供信息或更直接的帮助，将农村的亲戚、朋友和邻居带到城市。在如滚雪球般的链条带动下，同一个村庄和乡镇的农民来到城市，住在相邻的社区，从事类似的工作。流动人口群体城市就业主要是以务工、经商为主，群体性就业的行业和职业分布相对比较单一，这种就业上的单一化、传统化、内卷化与流动人口就业信息依然以业缘、亲缘、地缘为主密切相关。政府在提供劳动力市场信息方面发挥的作用有限，这就造成了流动人口聚集的行业、职业与所在城市的居民群体存在显著差异，这种群体性的分异在非正规就业领域表现得更为明显，因此，流动人口高度聚集的行业内卷化群体行为在一定程度上形塑了流动人口群体在城市就业中的群体性自我隔离与分异。这样的结果，一方面不利于流动人口城市就业广泛领域的群体性进入，另一方面不利于流动人口群体社会融合。所以，就业结构内卷是导致城市就业领域流动人口群体分异这一社会问题不断加深的重要因素。

最后，身份认知的内卷化是导致流动人口城市社会融入群体分异问题产生的重要因素。城市化进程中，由于文化根源差异，流动人口群体与城市市民群体在城市社会认同上存在差异和矛盾。大多数农村流动人口不认为自己是城市居民，也不认为城市社会是他们的最终归宿，城市社会也不认为城市流动人口群体是他们人群中的组成部分，因此，他们秉持的社会认同和社会心态完全不同。从流动人口群体自身而言，农业文明与城市文明的冲突常常使流动人口群体陷入自我身份认知的迷失之中，要么既不认为自己是城市居民也不认为自己是农民，要么觉得自己既是城市居民又是农民，身份认知陷入双重困境，当然还有人认为自己就是农民而不是城市居民。城市社会对流动人口群体的社会排斥（比如城市化发展不同阶段中出现的"盲流""打工仔""打工妹"等歧视性的称呼）折射出城市户籍人群对流动人口群体的不接纳心理，这一现实困境使流动人口群体挣扎于流民与城市居民两种身份之中，对城市和农村的认同逐渐弱化，对内群体的认同逐渐强化。内群体认同的一个主要功能就是提供了情感上的安慰和交流。所以，进城的流动人群靠内部群体人员间的交流不断强化彼此之间的认同，社会交往呈现"内卷化"态势。社会认同的"内卷化"致使流动人口群体在感情上与城市社会产生距离，内在地影响该群体与城市居民群体的社会交往与沟通，并由此产生各种各样的紧张、矛盾和冲突，反过来进一步突出了城市社会的群体分异表现。

（二）流动人群竞利能力欠缺

存量和增量人口利益关系的调整是城市化发展过程中必然会遇到的难题，也就是说，流动人口群体与城市居民群体在城市居住空间、就业领域以及社会生活福利领域的利益竞争是不可避免的事实。利益的竞争需要一定的城市化发展能力，而流动人口群体在长期的城市化发展过程中，在城市化发展能力储备方面与城市居民群体相比处于弱势地位。因此，城市化人力资本能力的欠缺是引致流动人口群体居住以及就业层面群体分异这一问题出现的重要因素之一。具体来讲，流动人口群体人力资本能力欠缺表现为：一则，职业素质的欠缺。由第三章关于城市流动人群受教育程度的调查数据可知，进城的流动人口群体整体上文化水平处于初中及初中以下，相关研究实证表明，受教育年限变量对就业质量的影响存在明显且多方面的差异，受教育年限的影响维度越全面，边际回报越高。文化素质不高不利于流动人口群体的职业选择和收入报酬的提高，影响着该群体进行城市化的资本积累。二则，职业技能的短缺。相较于城市居民群体而言，流动人口就业者在长期的城市化发展过程中，可接受的技能培训机会较少，所以拥有的技能的可替代性往往较强，而且这类群体参与的工作往往又是一些以劳动力为导向的工作，所以就导致这类就业者会陷入无边的"流动"中，最终形成了一种恶性循环的结果，在就业市场的利益竞争中面临集体性淘汰的困境，与城市居民或是其他类型群体的就业状况形成异质性对比。就业收入群体分异现实作用于该群体的城市居住生活领域，导致在居住领域群体分异的程度不断加深，就业领域与居住领域的群体分异表象不断相互作用，流动人口群体分异的现实表现越发突出。

文化适应能力的欠缺与社会权益的"弱表达"是导致流动人口城市社会生活融入层面群体分异这一问题出现的重要因素。文化适应是不同文化发生接触时必然会产生的互动过程，流动人口群体城市化进程中的文化适应不仅包括城市居民对乡土文化的适应，也包括流动人口群体对城市文化的适应。流动人口群体的文化适应力是该群体在由乡村文化向城市文化场域转换过程中，基于认知和情感体验而做出的有意识的行为调整，这种能力不仅包括文化的理解能力还包括对这种文化的情感认同及与此相适应的行为调整。一方面，城市居民群体由于受到城市中心思想的影响，普遍对乡土文化有歧视和排斥心理，这极大地限制了乡土文化的城市融入与适应；另一方面，乡村文明思想影响下的流动人口群体思想相对保守，生活节奏相对缓慢，社会交往内倾性特点突出，在思想、观念、心理、行为和态度等方面与城市化发展需要不尽一致，适应城市快节奏的生活和快速变化的市场环境的能力不足，这在一定程度上影响了流动人口群体对城市以及城市居民群体的广泛深入了解和对于城市文化的适应。在城市生活领域的权益维护层面，相较于城市户籍居民群体，流动人群还处于基本权益"弱表达"的地位：一是表现为权益表达意愿的缺失。多数城市流动人群实现了"身体"进城，但在思想观念、政治意识、思维方式等方面并不同步，"搭便车"心理认为基本公共服务问题的解决是国家和政府的事，民众鲜有主动采取行动，去维护自身权益。二是城市流动人群的权益表达渠道较窄。城市流动人群长期以来作为外来人口，在参与基层民主选举、社区管理与城市政治生活中的影响力和发言权都有所限制，相关协会、工会等社会组织对其利益诉求的搜集与凝聚难以在城市公共政策的制定中得以充分反映，这是导致城市流动人群在权益维护层面处于"被塑造"境地的重要因素。三是权益表达实践愈来愈少。已经进城的流动人口不论是心理上还是在空间上已经与原户籍地有所疏离，因此，在原户籍地的政治活动参与中表现消极，加之新进入城市社会参与的需求实际不可得，就导致城市流动人群的城市社会治理中参与实践愈来愈少，参与权益表达能力也无法通过参与实践得以提升。在群体间文化互适能力的欠缺与基本权益"弱表达"影响下的群体城市化社会实践发展中，流动人口群体与城市以及城市居民群体的文化欣赏与接纳陷于矛盾，社会治理参与利益表达互动陷入困境，因此，流动人群在城市社会交往与生活层面历经的排斥与社会治理参与的"战术性后移"等群体分异表像层出不穷。

综上，流动人群城市化过程中，群体自身基于血缘、地缘和族缘基础上建构起来的居住模式、就业形态和社会交往模式都渗透着一种群体发展内卷的趋势，这无疑天然的在流动人口群体的开放性上设置了障碍，也为该群体与城市居民群体的开放互动树立起了天然的屏障，因此成为群体分异这一问题形成的重要成因之一。同时，群体自身社会实践能力的欠缺也成为群体分异这一流动人口城市化问题产生与出现的重要因素之一。

四　公众群体比较收益博弈

流动人群差别性的自利行为选择与实践是流动人群内部分异问题的重要促发因素之一。在城市化发展的过程中，经历流入、滞留、流出过程的流动人群与城市相互之间发生着差别性的利己行为选择，这些选择与行为实践导致群体内部分异出现。流动人群内部成员依据自身条件与需要从自己的预期收益、承受水平、发展目标等角度出发，有差异地选择城市的居住、就业与社会认同和融入。如第四章的实证研究部分的内容所示，在城市职业选择上的代际差异是流动人口就业群体内部分异的一个重要表现。进城的老一辈农民工由于职业选择机会的缺失大多集中于建筑生产等行业领域，体力是最重要的务工资本。而新生代的流动人口群体则更多地集中在制造业与服务业领域，学历和技术的提升是最重要的务工资本。因此相较于父辈的流动人口群体而言，新生代流动人口群体比老一辈流动人群拥有更多的就业机会，更好的就业条件。在城市居留意愿与社会认同层面，处于不同时期与阶段的城市生活经验、务工经验的背景代际的区别形成了不同代际群体对城市理解与接受程度的差异性表现，这些自利动机下的差异性行为选择都为流动人群内部性群体分异问题的形成提供动因。

城市政府地方发展利益的考量与实践是流动人口群体分异问题重要的促发因素之二。城市地方政府部门基于城市发展的地方化需求立场，凭借不同的条件对流动人群进行限制与筛选，按照某种办法将需要的流动人群"收割"进城市体系，抑或是将部分流动人口排除在城市以外。这映射出城市化过程中的流动人群与城市的互动发展轨迹实际上是流动人群和城市发生相互自利行为选择的历史表现与历史结果，而政府这种建立在自利动机上的选择使流动人口群体在进入城市后，内部群体城市化进展呈现不同处境和不同发展方向，其中不完全关乎于命运和际遇，也关乎实实在在的作为个体的人群的自利选择，这种城市与流动人群双向的自利选择行为是与作为制度的公共政策和管理规定共同起作用的，也为流动人群城市化过程中的群体内部分异这一问题的产生起到了一定程度的催化作用。

城市居民群体与流动人口群体的差别利益博弈是流动人口外部群体分异问题的重要催生因素之三。从国家发展的角度来讲，中国目前还是一个发展中国家，因此，在影响中国人口社会行为和流动人口群体流动的利益因素中物质利益或经济利益所占的比重较大。在城市制度没有根本性变革的情况下，长期生活在城市"福利城堡"中的城市居民，天然地在社会资源与竞争优势的获得上占据着上风，但是伴随流动人口群体城市化发展进程的推进，城市空间集聚了远超吸纳能力的大量流动人群，对原有居民群体的教育、医疗、就业等城市社会服务资源的稀释是既成事实，这导致城市原有居民群体保障标准未降但实际获得量持续下降。造成在城市社会资源供给总量一定的情况下，流动人口群体的未完全获得与城市居民群体必然失去的矛盾和窘境出现，由此而造成的利益争夺与矛盾势必日益加剧：突出表现为原有居民的集体自私行为及其与流动人口群体社会交往之间的隔离与排斥，这种基于群体利益剥夺心理上的老市民群体对流动人口群体的心理排斥行为在这两类群体间不断放大。城市社会这种双方友好共处的主流下的社会排斥氛围限制了进城流动人口群体与"异质性"群体的交往，导致长期的城市居民群体社会性排斥逐渐具化于城市居民群体的思维惯性之中。此外，流动人口群体由于长期难以感受到公正对待而逐渐陷于自卑和抵触之中，他们无法与城市居民群体建立起融洽与和谐的社会交往关系。无形的屏障阻止了城市流动人群对城市和城市居民群体的认同、靠拢与适应，也不断加宽了城市流动人群与城市居民群体之间连通的"鸿沟"。两类群体的社会交往分异问题越发突出，这对他们在城市的工作和生活造成了极为不利的影响，流动人口群体的城市社会交往由此陷入内卷。但社会资本质量较低、同质性较强的亲缘或是地缘挑战的社会关系网络难以为这一群体在城市向上流动创造机会，因此导致弱化城市居民群体与流动人口群体分异这一问题的最大优势也不断减少。

因此，利益驱动下的行为选择构成了个体行动的主体逻辑。流动人口群体与城市地方政府的差别利益博弈行为为城市化进程中流动人口内部群体分异问题的出现提供了动因，而社会资源利益的群体博弈则撬动了城市居民群体与流动人口群体分异的"巨石"。故而，实现差别利益的包容性分配是解决城市化进程中流动人口群体分异这一问题的必由之路。

第六章

中国流动人口群体分异的包容性治理适用

实践表明，流动人口群体已然成为城市不断成长和发展的重要力量，那么城市化进程中所产生的群体分异问题的治理必然成为城市社会治理整体建设的重要组成部分。然而，如前一章所述，目前，一些城市管理部门认为，简单地通过控制城市人口规模、杜绝人口流动就能解决城市发展中的面临的困境，这种思想的产生是基于对人口流动和城市发展内在机理的错误认识产生的，这实际上是无的放矢，无助于城市发展问题的解决。历史经验表明，流动人口群体分异问题的治理目标不是通过简单的行政手段对人口数量、人口结构的调控，对流动人口的排斥与驱逐，而应当是以更具包容性和发展性的流动人口社会治理方式不断加强城市化内涵建设，这种社会包容建设过程是流动人口逐渐被城市所同化，多元文化共同成长，共同塑造新的城市文化的过程。包容性治理契合群体分异问题的治理表现在城市通过对流动人口的包容和接纳，并通过建立城市认同和相互信任体系最终实现社会整合上。故本章研究就是在结合相关流动人口群体分异因素解决需要与包容性社会治理的主要内容前提下，展示包容性治理在群体分异这一问题治理中的适用性与契合性，以求为下一步的群体分异这一问题寻求解症之道。

第一节 有利于群体分异问题治理目标的导向转变

利益共享是"人们奋斗所争取的一切"。[①] 包容性治理无论是主张尊重

---

① 《马克思恩格斯全集》第 1 卷，人民出版社 2001 年版，第 23 页。

差异与正义还是强调广泛参与、协商合作，最终目的都是为了实现利益共享。城市化进程中的群体分异问题的产生从根本上而言暗含着治理成果分配上的利益共享与社会资源的分配过程的非均衡性，解决这一问题的关键就在于在城市化发展制度分配中实现包容、共享的目的。

一 制度安排的人性化

如前所述，包容性治理需要多主体的平等参与，需要容忍不同立场、不同意见的存在，这就需要更加人性化的制度供给，以确保各个主体在制度的框架内协调行事。因此，包容性治理以维护人性价值为价值旨趣，贯注着对人的本质的核心追求。要把人的发展、可行能力发展的提升摆在突出位置，主张关注弱势群体，构建更具开放性的权力结构和提供更具包容性的制度安排。在治理制度的制定规则要素中，包容性治理主要强调制度规则的"普遍规则"，能够充分考虑、公平对待不同人群的特性、需求与利益，对所有异质性个体一视同仁，尊重、理解并容忍不同人群的生活方式、行为方式，也包括针对特定群体的"特殊规则"：即对特定群体，尤其是弱势群体及边缘群体的呵护。当然，制度规则的设置主张遵循公共价值生产的过程，建立在意见和利益充分表达、协商的基础之上。[1] 包容性的人性化制度安排在实践中表现如下：首先，表现为不同群体能够接受包容性人性制度的行为规则；其次，表现为依据历史情境和时空条件的转换不断重新调整制度的行为规则，以使治理制度的整体包容性进一步提高、结构进一步优化；最后，包容性的人性化制度安排在实践中表现为人性化制度执行人的主动践行，并逐渐将制度约束下的行为内化转为自觉行为。因此，包容性治理中对于人性化的制度安排地位的确认使制度规则中的包容性得以合理化、合法化。在治理实践中，"人性化"的制度原则逐渐被行动者内化到个体信念认同及日常行为中，也只有在这样人性化的制度安排下，多元治理主体才容易充分地协商、讨论，平等地对话，各利益方才

---

① Stoker G. , " Public Value Management: A New Narrative for Networked Governance?", *The American Review of Public Administration*, Vol. 89, No. 4, 2006, pp. 41 – 57.

能充分发表意见，在讨论中形成妥协，在妥协中达成共识。

客观来讲，城乡二元化的结构和制度现实造就了流动人口群体被排斥、被边缘化的分异局面。在基本权利配置方面，明显的制度歧视致使流动人口在与城市居民群体、地方政府公权力博弈的过程中处于弱势。更为重要的是，在流动人口城市化进程中，由于户籍制度改革不彻底使得原有问题尚未彻底解决，但教育、医疗卫生、保障性住房、社会融入等新的社会公共事务管理改革又带来了新问题。以户籍制度限制设置为例，具有户籍管理权限的城市政府既想从户口管理中获利，又不想承担社会福利供给的责任，这就增大了城市经济发展和社会服务供给的张力。在自身利益最大化原则的指引下，城市政府设计了基于户口和居住证的公民身份等级制度，巧妙地排斥了大多数流动人口，吸纳了少数精英外来人口。先有城市政府通过收费如城市增容费、蓝印户口等，为套取户口管理的经济收益公然出售户口，后有通过设置高门槛准入条件的积分制变相为高学历、高技能或高投资外来人口开绿灯，而对于学历、资本及技能较低的外来人口只能办理各类居住证而限制户口办理，这种差异化的公民身份待遇只有满足严苛条件的少数居住证持有人能够最终实现落户，以此制度实现了城市对外来人群的选择性吸纳。尽管居住证以及积分制度的施行是为了解决原有户籍制度存在的种种弊端，以适应新形势下人口发展的需要，但从现实来看，这种以城市为中心进行的制度政策设计为城市发展和城市化服务的倾向明显，为"人"服务的倾向性不足，换句话而言，"物化"的制度安排超越"人性化"的服务。户籍制度的改革背离了让更多的人来到城市，享受更好的住房、医疗、教育、养老等服务，提高人们的生活水平和质量的初衷，结果是现有的制度安排成为了升级版的限制外来人口平等享有社会保障和公共服务的束缚与限制，没有能够充分考虑、公平对待进城的流动人群的特性、需求与利益。城市户籍人口与外来流动人口之间在居住、就业、社会保障等公共资源和生活服务方面的群体分异程度不断加深，因此，从更具实践意义的层面来讲，人口城市化发展进程中群体分异问题的城市治理不应停留于"要GDP还是要人民币"的制度规则设定上，而应结合我国城市化发展过程中不同人群所需的发展实际，更多地将"以人为本、以需求为本"的理念落到制度、政策的设计与实践之中，特别是在城市需要推行治理行动的时候，更要求将落脚点聚焦于"人"的层面，真正做到使城市发展及其相应的制度建构回归到人的生活本真之上。从这一点来说，包容性治理的"人性化制度安排"与群体分异问题的治理需求不谋而合，包容性治理"人性化"的主张于群体分异这一问题的治理运用有助于凸显"流动人口群体"在城市治理制度安排中的需求表达与回应，有助于帮助城市管理者切实关注这一群体在城市化过程中的实际需求的表达与实现，更有利于变革城市管理制度的着眼点与落脚点，真正实现制度的"落地"与接地气，实现制度与政策设计、施行的人性化。

二　利益分配的公享化

包容性治理主张公民共同富裕，目标是人们能够共享发展的成果，内在逻辑是追求利益公平共享。无论是强调多元参与的治理主体，还是合作互助的治理过程，抑或是人性化的制度，本质上都是实现成果利益共享的包容性治理的必然要求，换言之，缺少了利益共享的包容性治理是不能被称作包容性治理的。[①] 具体而言，利益分配的共享，一方面表现为治理成果的公平性。排他性的社会治理主体往往掌握了治理成果获取的话语权，而普通社会成员抑或其他利益相关者群体无从知情，所以包容性治理主张通过多渠道的途径与形式使治理过程与成果公开、透明，以便于全体社会成员知晓。另一方面，利益分配的共享表现为社会资源分配上的共享性。排他性的治理中，具有压倒性的资源优势和权利优势来决定资源分配的部分，既得利益群体攫取了较大部分的社会资源，因而包容性治理主张社会资源分配决策的大众化，即各种利益相关者都能公平地共享或通过合理渠道申请获得社会资源，也就是说，社会资源的分配政策应当是包容性的且有利于消除社会成员在资源分配共享中的排斥与不公。

包容性的资源分配主张通过某些再分配策略向弱势群体倾斜，使他们更易于享有或使用某些公共资源，以此实现补偿式的"资源分享平衡"。

---

① 徐倩：《包容性治理：社会治理的新思路》，《江苏社会科学》2015 年第 4 期。

同时这种补偿与分享并非是来自主流群体对边缘群体，优势群体对弱势群体的一种"慈善"抑或是"施舍"，而是基于地位平等基础上的差异性个人或群体都能平等地共享社会福利资源。① 党的十九届四中全会提出了"坚持和完善共建共治共享的社会治理制度"的重要任务，标志着在社会治理工作中需要贯彻共建共治共享的原则，这就意味着包容性治理形式的主导理念是值得并需要被贯彻的，是与我国社会治理理念有着逻辑一致性的。

在过去 40 多年的城市化进程中，我国的社会结构出现了深刻的变化。在快速的城市化进程中，巨大的虹吸效应将一大批流动人口带入城市空间，由于城乡社会体制、制度和文化的差异，流动人口陷入相互排斥的身份—权利—待遇环境之中，由此城乡差距也就演变成了城市区域内群体分异这一新的问题样态，这可以说是城市化过程中最富特点也是最为棘手的城市社会治理问题。横亘在流动人口与城市居民之间的群体分异正是围绕着身份、权利和利益分歧所构成的城市社会治理难题，而问题的症结归根到底是由于城市化发展的社会红利未在所有人群中实现共享，这折射出我国城乡利益分享机制存在问题。因此，城市化进程中产生的群体分异问题的解决也要从利益分配中探求问题的本质。

一方面，由上一章群体分异成因分析可知，在城市化发展的治理参与中，城市政府以排他性的社会治理方式掌握了治理成果分配的话语权，同时流动人口群体的集体失语（有"主动失语"也有"被动失语"）使城市治理过程对于参与公开性与公正性的追求优势不断较少，因此，强化流动人口群体在城市社会治理中的话语权是破解流动人口群体分异城市化问题治理结构性缺陷的必要举措。包容性治理关于相关利益主体参与治理以使治理过程更加开放透明的理念主张于流动人口群体分异问题的使用，有助于流动人口群体集体性话语权行动逻辑的一致性，有助于变革城市政府的治理理念，优化流动人口问题治理结构，使治理过程更加的大众化与透明化。

---

① 李烁、曹现强：《以包容性城市治理推动城市转型发展》，《行政论坛》2018 年第 4 期。

另一方面，长期的城市化发展实践证明，城市化发展的红利资源在城市人口群体间的分配失衡问题是引起群体分异的一大重要因素，这一问题将会大大增加我们实现利益共享的难度。可以预见，如果不采取有效的措施，由存量社会资源占有的差距所带来的增量群体利益分配中的差距会越来越大。这种情况继续下去，会出现强化的代际群体分异继承性问题，群体分异问题将越演越烈。群体分异的代际固化将严重挫伤城市社会中流动人口试图通过奋斗而改变命运的决心，这样的局面是与我们所要追求的让全体成员共享经济社会发展的成果这一目标背道而驰。因此，对于群体分异问题的治理当然也要着眼于城市社会资源的均衡性分配，城市中的流动人口群体应当与城市居民群体主体通过平等对话、协商等形式来实现各自群体利益的最大化，通过公正合理的利益分配机制与弱势群体的利益倾斜补偿机制解决合作中的利益失衡，当然，强调城市化发展红利资源的均衡性分配并不是要强调资源在流动人口与城市居民间进行绝对性的平均分配，而是基于现实群体的客观需要进行社会资源的差异性均衡分配，这既是城市化发展历史的经验也是当前国家治理能力现代化对城市地方政府提出的现实性要求，也是包容性治理着重强调的，因而从利益共享这一点来说，群体分异问题的城市治理目标与包容性治理理念具有高度契合性与一致性。

三 体现利益保障目标的一个群体分异包容性治理案例展示

由上文可知，城市化进程中的流动人口群体分异问题产生的根源可以归结于城市化发展利益共享的失衡，因此，包容性治理追求利益共享的终极目标与流动人口群体分异这一问题的城市社会治理需要在终极目标层次上具有一定的契合性与一致性。为了验证包容性治理理念于流动人口群体分异问题的实际应用效果，本部分内容将以成都市武侯区流动人口聚居社区对于流动人口城市社会群体分异这一问题的包容性治理实践最终目标、举措与成果为例，展示包容性治理在流动人口群体分异问题社会治理中的效益适用性。

案例简介：

武侯区，位于成都市中心城区，相关统计数据显示，近年来该区流动人口已超总人口的二分之一，是典型的"外来人口流入区"，由于该区近年来外来人口增长迅速，使得该区社会形态异质性增强，这在客观上加速了社区原子化分布聚居与社会生活态势。

表6.1 　　成都市武侯区流动人口社会生活群体分异包容性治理实践

成都市主城区	九斤社区	南桥社区
成立时间	2011 年	2013 年
辖区 基本情况	社区面积0.8平方公里 1个集中安置小区，5个商品小区 常住人口15309人，外来流动人口9000余人	社区面积2平方公里 2个集中安置小区、10个居民小区 常住人口3363余人，外来流动人口1.1万余人
辖区流动人口 群体分异 主要表现	1. 外来流动人口散居于各类型的楼盘之间 2. 身份认同感低，与当地社会群体交流不多 3. 融入意愿强烈，但融入当地生活能力较差	
流动人口群体 分异问题包容性 治理目标	1. "和谐""共享""融洽" 2. 推动流动人口"子女融入学校、成人融入单位，家庭融入社会" 3. 让流动人口群体"进得来、过得好、融得进"	1. 坚持共建共享共治，友善、宽容、耐心 2. 引导社区新入流动人口参与社会发展治理 3. 全力打造有认同的幸福新社区
流动人口群体 分异的包容性 治理创新举措	1. 积极建设"燕归来"居然之巢融合中心，为流动人口提供图书借阅、文化活动、讲座培训、健康保健等生活服务 2. 重点打造"三中心、一服务站"的流动人口和谐家园，设立工作岗位，积极吸纳流动人口进入社区治理环节	1. 以"一标三实"信息的维护更新为抓手，根据流动人口生活作息的规律灵活安排工作时间 2. 提炼"和谐、友善、宽容、耐心"的社区精神集体创作"九金之歌"，使包容精神家喻户晓
流动人口社会 生活群体分异 问题的包容性 治理最终成效	2017年国家卫计委评选的全国一批流动人口社会融合示范社区	成都市委组织部、市民政局授予的"十佳温暖社区"称号

　　通过上述两个社区针对流动人口城市社会生活群体分异问题的治理创新探索可见，以倡导"共建、共治、共享"为治理目标，探索流动人口聚居区的社会群体分异包容性治理方面的新举措是撬动流动人口分异问题治理良性发展的重要经验。社区以"三中心一服务站"为重点，"燕归来"居然之巢社会融合中心为据点与流动人口共享文化活动、健康保健等生活服务，保障流动人口群体在社会服务共享中的相应权益；通过"真·爱"教育分享价值观念，共同塑造文明行为养成，在文化与理念价值观的交流

与沟通中实现对流动人口群体的情感引导，促进与当地居民的真情相融；突出动员参与，积极探索建立外来流动人口群体"参与自治"的新机制。通过创新设立面向"新九金人"的流动人口群体工作岗位吸纳流动人口群体社会管理参与，充分保障了流动人口社会管理参与权，积极吸纳辖区内流动人口参与基层、议事、决策和事务治理工作。总之，两个社区通过推动流动人口群体在公共服务权益共享、基层社会管理与决策参与到共享、共建社区的活动参与实现了真情相融的包容性社区建设，同时，对流动人口管理与服务的举措也让流动人口群体形成了不论是权益保障方面还是精神层面的强大向心力与凝聚力，对于流动人口群体与当地居民群体之间分异距离的缩减起到了实质性的影响与正向性的示范，也为流动人口群体分异问题的包容性治理实践提供借鉴。

在实现了上述流动人口群体包容性的共享、共建管理举措之后，南桥社区在流动人口服务需求精准满足等方面获得了长足的提升，极大地提升了流动人口群体对于该社区的归属感和认同感，社区的流动人口群体聚集也越来越多，充分表明流动人口群体在南桥社区"安居乐业"的意愿程度越来越高。①

第二节　有利于群体分异问题社会治理方略的确立

我国流动人口城市化发展的过程与社会现状基本可以用多质共存来形容，多质即表现于社会多质态发展的不平衡也表现于多元异质主体的复杂参与，错综复杂的社会关系和大量不确定性的因素显然超出了科层和技术治理的承载能力，因此。它需要一种更具包容性的社会治理，以提供更多的参与机制和协商合作之机，其中参与是灵魂，协商合作是关键。

一　多主体民主参与

民主参与往往被视为实现"包容性城市治理"的充分条件。相关研究表明：某些由强势群体主导的排斥其他群体的公民参与反而会降低城市治

---

①　案例来源：陈藻：2018 年成都市哲学社会科学规划一般资助项目（项目编号 2018P35）。

理的"包容性"。① 因此，包容性治理主张在诸多公民参与方式中实现更广泛、更深入、更高质量的参与。这种参与在主体层面上来讲应当是基于平等原则的、充分包容异质化人群的民主形式的参与，而非局限于强势群体主导下的带有排斥性的参与；在范围层面上而言，则是注重包括决策、执行、监管等众多领域广泛的参与，而非仅仅局限于某些领域的参与；从参与形式上来看，则并非是着眼于宣传、征求意见、投票等较低层次、途径方式，而是在实践中创新参与渠道与途径，实行差别化、个性化的参与方式，让各个群体的声音被传递出去，各个领域的思想被激发出来，在民主参与中达成社会共识，形成政府与社会的良性互动，可以看出，民主参与是包容性治理的本质内核。广泛的民主参与不仅有利于提升治理决策的透明度、增强决策的民主化、扩大社会的共识，还有利于培育公民群体的民主意识和民主习惯、完善民主制度。

在我国的流动人口城市化发展进程中，融入意愿强烈的流动人口与持有普遍防范、歧视与偏见态度的城市政府与当地居民之间由于利益冲突形成沟通的鸿沟，这就进一步降低了流动人口平等参与城市社会活动与管理决策的可能性。大多数流动人口忙于生计加之自身综合素质以及参与能力不足，使得他们参与基层民主活动的机会较少，群体分异由此而出。当前，许多城市政府在流动人口管理方面还处于碎片化状态，地区管理的"各"性化突出，一方面积极鼓励外来人群参与到流入地的社会生活；另一方面却凭借各种限制性条件，束缚流动人口群体的城市居住生活权益，这在很大程度上挫伤了流动人口参与的积极性与主动性。因此，有效的民主机制成为解决群体分异问题的必然需要，这就需要将外来流动人口广泛纳入民主参与的范畴之内，通过创新参与途径引导广大流动人口参与其中，提高流动人口参与效度，从这一角度来说，与包容性治理对于弱势群体民主形式的参与策略相契合。民主形式的参与途径安排不仅能够强化流动人口群体的城市归属感与参与感，还能够加深流动人口与城市居民群体、地方政府的交流与沟通，激发流动人

---

① Soumyudip Chattopadhyay's, "Contesting Inclusiveness: Policies, Politics and Processes", *Progress in Development Studies*, Vol. 15, No. 1, pp. 22 – 36.

口助力城市化发展的积极性，弥合群体间的分异裂缝。因此，包容性治理对流动人口群体分异问题的社会治理有一定的指导与实践意义，是契合于群体分异问题治理形式的适宜选择。

二　多主体协商合作

诚如哈贝马斯所言："协商是包容的和公共的"，[①] 布里森等也曾说过"合作过程、合作结构具有包容性"，[②] 协商合作自然也是包容性治理的一个重要伦理向度、主要行动方式与策略，从行动的重要程度来看，可以说在包容性治理中居于核心地位。治理中的互动、对话、论证、说服与合作等一系列行动可以统称为协商亦可称合作性活动。由于包容性治理中的相关利益群体来自各个领域，运用交往方式的能力也各不相同且具有不同的背景与明显的差异性，因此，各自所持的意见与利益视角不同，所以需要通过协商、合作等多样化的互动方式来达成目标。为此，包容性治理主张要防止"内外互斥"现象的发生，不断创新民主协商方式，使所有的利益群体在实质意义上进行平等互动，这是包容性治理的行动逻辑。在这一逻辑链上，协商合作处于核心环节。包容性治理注重民主协商，强调将论证、修辞、诉说、问候等多样的协商方式运用于协商行动中，建立和完善各种民意表达、公民参与渠道与多样的协商方式，这样有助于利益主体之间达成有效合作。包容性治理旨在求得问题的解决，政府与公民之间的协商合作是包容性治理的本质特征，没有协商合作，问题就难以得到有效解决，所以，就过程与结果而言，包容性治理对于协商合作的过程更为关注。从这点可以看出，协商合作是包容性治理的核心行动策略。包容性治理主张在协商合作中，多元主体要有责任担当，政府作为最重要的主体代表，要承担关切每个人的平等责任。从一般意义上的治理来说，利益相关群体之间的互动过程中，各种内部排斥或外部排斥容易出现，以至于一些

---

① 毛里西奥·帕瑟琳·登特里维斯：《作为公共协商的民主：新的视角》，中央编译出版社2006年版，第223页。

② J. M. Bryson, B. C. Crosby, M. M. Stone, "Designing and Implementing Cross-sector Collaborations: Needed and Challenging", *Public Administration Review*, Vol. 1, No. 5, 2015, p. 13.

弱势群体的利益被边缘化。而对于包容性治理来说，政府责任就是"必须对每个人的生活给予平等的关切"①。尊重利益相关群体的差异性，积极回应需求，只有政府满足对人民利益负责的要求才能逐步实现包容性治理。社会组织与企业承担社会责任，同时不否认其对利润的追求，而公民也是包容性治理的重要主体之一，包容性治理同样要求公民承担社会责任，这有利于协同行动，进而有助于实现设立的目标与公共利益。

在流动人口群体分异问题治理中，首先，政府处于多元主体中的首要地位。政府的相关职能部门工作内容几乎涵盖了流动人口城市社会生活的方方面面，无论是流动人口的管理体制、管理方式还是社会公共服务的供给，政府都扮演着关键角色。其次，直接或间接服务于流动人口城市化发展的还有包含工会、共青团、妇联等准政府组织在内的一些社会组织。例如"外来人口协会""新市民亲情理事会"，这些组织在发挥流动人口自我管理、服务作用的同时也弥补了部分政府职能部门于流动人口群体服务管理上存在的一些不足。再次，现行社会管理体制下，流动人口管理以流入地管理为主，流出地政府要协助加强管理并提供相应的公共服务，目的是在流出地和流入地之间建立起顺畅的工作衔接机制。最后，流动人口作为最直接的利益相关主体，在群体分异问题社会治理中扮演重要角色。上述相关的流动人口群体管理与服务的异质主体突出了流动人口群体分异问题社会治理涉及主体的多元异质性。

在城市这种多元异质性的社会中，不同利益主体之间存在多种互动，资本之间、地方政府各层级之间、地方政府整体与职能部门之间、地方政府与市场、社会组织之间，流动人口与居民群体之间，不同的社会主（群）体对公共部门有不同的服务预期，这是很正常的事情，也是多元化社会的客观反应。但是想要有效地解决问题，则需要使不同的意见能在有效沟通之后达成共识。所以，流动人口群体分异问题社会治理的多元异质性必然要求多元治理主（群）体之间的协商与合作，从这一点来说，包容

---

① 唐纳德·德沃金：《至上的美德——平等的理论与实践》，江苏人民出版社 2007 年版，第 139 页。

性治理的协商合作的主张与流动人口群体分异问题的社会治理需要可谓是"一拍即合"。包容性治理中协商合作的出发点就是力图通过合作互动达成意见一致,协商解决公共问题,并在此基础上做出合适的决策和相应的安排。因此,包容性治理关于协商合作的行动策略于流动人口城市化发展过程中的群体分异问题的社会治理中的运用有利于城市社会生活的各主体(例如城市地方政府、流动人口群体、社会组织、企业等)就社会资源的合理分配展开交流,在参与中就彼此共同关心的话题展开开诚布公的交流,对公共利益和个体利益进行全面的权衡分析,形成彼此合作和互相信赖的心理态度,继而在互动合作中达成一致意见。

三 体现参与协作策略的一个群体分异包容性治理案例展示

由上文分析可知,包容性治理对于参与协作的治理策略主张与城市化进程中流动人口群体分异问题的城市社会治理需求具有一定的契合性与一致性,多元治理主体的参与协作可以为流动人口群体分异问题的解决提供广域的路径选择。为了更加直观地展示多元主体参与协作在流动人口群体分异包容性治理中的效果,本部分内容将以云南省昆明市东郊的小板桥社区为例来说明。①

案例简介:

表6.2 云南省昆明市小板桥社区流动人口群体分异问题包容性治理实践

云南省昆明市官渡主城区	小板桥社区
成立时间	2006 年
辖区基本情况	面积2.1平方公里 下辖8个居民小组 辖区内总人口约2.5万,现有常住人口4797人,流动人口2万余人
辖区流动人口群体分异主要表现	1. 流动人口群体来源广泛、流出地多、流动处于无序状态 2. 流动人口群体行踪不易掌握,成分复杂,良莠不齐 3. 流动人口子女众多,上学面临困境

---

① 案例来源:云南省昆明市官渡区小板桥街道小板桥社区和谐社区创建办公室负责人公开文件展示。

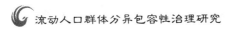

续表

云南省昆明市官渡主城区	小板桥社区
流动人口群体分异问题包容性治理目标	坚持以人为本、实施平等化、亲情化和人性化的流动人口管理举措，实现流动人口和户籍人口协同发展
流动人口群体分异的包容性治理实践策略	1. 与辖区派出所合作推进流动人口群体信息化建设，构建了覆盖全社区流动人口群体管理信息化网络，拒绝非法出租现象，保护流动人口群体居住安全权益 2. 按照下管一级的原则，居委会与居民小组、私营企业签订责任书，明确各方职责，强化统筹协调，增强工作合力 3. 联合辖区企业商铺在专门橱窗和显要位置发布就业信息。为流动人口群体就业提供便利 4. 着力构建各方报告、联系协调长效机制。充分调动居民委员会、居民小组和辖区单位的工作积极性 5. 搭建流动人群利益诉求表达平台，积极建立社会力量动员机制，做好维权工作
流动人口群体分异问题的包容性治理实践成效	1. 形成了以"党委领导、综治牵头、社会协同、各方参与、综合治理"的流动人口服务与管理新格局 2. 开创了城市户籍居民群体与流动人口群体和谐共处、包容性发展的崭新局面

　　包容性的治理过程要求将多元性的相关治理主体纳入社会治理框架之中，在解决社会问题的实践中实现公共利益。小板桥社区在流动人口群体分异问题的服务管理过程中具有鲜明的主体包容性，也说明了以"多元参与、多方协商与合作"为行动策略的包容性治理举措是撬动流动人口分异问题治理良性发展的重要经验策略。一方面，社区充分利用辖区局域网平台与辖区派出所通力协作，实现对辖区房屋租赁的联合监管，为流动人口的城市居住保障提供法制力量支撑；另一方面，社区以服务为基础，明晰社区在流动人口就业有序引导中的基础性责任，同时通过与居民小组、私营企业签订责任书的形式明确各方在流动人口服务中的职责与义务分配，建立起了"分层次、分系统、分责任"的责任分工协调体系，通过社区小组、商铺、企业在社区显要位置的橱窗发布就业相关信息的形式实现为流动人口就业提供了便利。据悉，社区目前共帮助流动人口实现就业300人次，创业25人次。该社区通过协调社区内的多元力量，首先，建立起全社区"一盘棋"的工作协调机制，即集中了流动人口群体就业服务供给与管

理的资金与人力资源，又增强了社区、企业等主体的协作力量，在实践中为流动人口群体的城市就业准入提供了有益助力。其次，社区在应对流动人口群体的子女受教育权益的社会服务中，为了让符合条件的流动人口子女都能够"有学上"，社区通过集中多主体资金资源筹集到 200 多万元专门用于解决流动人口子女的上学问题，目前社区所属小学中的流动人口学生已经是本地学生的两倍之多。最后，在流动人口群体利益诉求的表达服务上，社区注重利益诉求的包容性吸纳，利用社区服务窗口发挥居民委员会的积极作用，做好流动人口的利益诉求接纳工作，同时通过借助社会力量的志愿服务建构起了矛盾化解机制，对群体间的矛盾与投诉做了妥善处理，为流动人口与城市居民群体分异距离的缩短提供了可借鉴的经验路径。总之，小板桥社区通过协调社区中多元的服务主体，不仅为流动人口在城市中的居住、就业面临的群体分异问题解决提供资源、资金与组织上的支持，也为进一步拉近流动人口与城市的距离、增强流动人口的城市归属感提供治理经验。

第三节 有利于群体分异相关主体的行为重塑

前篇章节的叙述表明，城市化进程中流动人口群体分异问题的形成既是历史发展的必然趋势也是诸多主客观因素交织所形成的现实结果，不论引致原因为何，但有一点是明确的，那就是分异已然产生，群体间差异已然存在。因此，对于群体间分异这一事实的正确认知是解决城市化进程中流动人口群体分异这一问题的应有之义。

一 群体差异性理念的正视

包容性民主理论家艾丽斯·杨指出：民主协商治理的过程中常常容易造成"外部排斥"和"内部排斥"现象，导致"各种本来应当被包括进来的群体和个人被有意无意地排除在讨论与决策制定的论坛之外"，[1]

---

① 艾丽斯·M. 杨：《包容与民主》，江苏人民出版社 2013 年版，第119 页。

相关利益群体无法参与其中，而包容性治理受包容性民主理论的影响，体现了对差异性的尊重。包容性治理与一般意义上的治理之间最重要的区别就在于对差异的正视与尊重。尊重差异就是平等地对待每一个人、每一个群体，个人或群体受到尊重，这是包容性治理的前提和得以开展的基础。① 包容性治理理论认为：社会群体间的差异是引起群体间不平等的根源，这种差异主要是结构性差异。例如某个人由阶级、能力、种族或者社会等级所区别的社会位置通常意味着拥有不同的法律地位、职业、获得资源的方法等，这些差异性是不能回避并应当予以正视的。② 与流动人口城市化过程相伴随的是一种资源和财富的再分配方式，而且也涉及更为深刻的产业、人口和职业结构的变化。相较于以血缘、地缘为基础的乡村社会，城市社会是以个人利益为基础的异质性的市场社会。在这样异质性的市场社会中，流动人口与城城以及城市居民群体、城市资本、城市政府部门之间形成了多种利益互动机制。多种互动机制使得城市的公共服务、就业、居住以及权力资源等不再是一系列无差异的标准化服务，而是基于城市社会结构中阶层、能力或者户籍性质所区分的群体社会位置所引致的在城市的居住、就业与社会生活上的待遇、机会以及服务资源的获得上的群体性分异。而这种群体间的分异是一种社会关系的反映，是客观存在的，不能被消除、也不能被忽视。人们之间虽然是平等的，"但不能因此而否定他们作为个体与其他个体之间的绝对差异"。③ 因而，适度的群体分异有利于社会激励机制的形成与社会发展，但一旦分异呈现过度化趋势就会加深不同群体间的结构性不平衡，增长的分化如果得不到重视与及时应对，无疑会强化群体间差异的社会再生产属性，弱化城市人口的社会流动功能，不断加深群体间的分异"鸿沟"。从目前流动人口群体分异的程度来看，流动人口与城市居民群体的分异已然呈现拉大趋势，因此急切需要政府部门与社会多元主体对这种群体间的分异问题予以重视与相应的应对。从这一点来讲，包

① 邓集文：《包容性治理的伦理向度》，《伦理学研究》2020 年第 6 期。
② 艾丽斯·M. 杨：《包容与民主》，江苏人民出版社 2013 年版，第 119 页。
③ 尤尔根·哈贝马斯：《包容他者》，上海人民出版社 2002 年版，第 43 页。

容性治理的治理理念即"尊重差异性"与流动人口群体分异问题的治理需求具有一定程度的契合性与适用性。包容性治理于流动人口群体分异问题的应用有助于突出群体间"分异"事实的重要性与社会关注程度，是明确群体分异问题治理的首要逻辑起点。

此外，包容性治理注重治理主体资格的差异性即主体的包容性，鼓励多元主体的参与。该理论认为，治理参与的主体在知识、身份地位、拥有的资源等方面虽然存在天然不同，但不能以此来排斥其参与的权利，应该扬长避短，发挥各自的优势。例如政府具有权力优势，因此对资源的分配有着主导权，而广大民众由于熟知问题的根本，了解需要什么东西，因此他们的意见和建议也尤为重要，因而他们同样可以参与其中，平等地发表自己的见解，政府应该提供这样的机会。当然，社会组织的中立性、专业性和非营利性作用也不可或缺，它能发挥自己的优势来弥补政府和公民各自的缺陷，推动治理向前发展。[①] 历史实践表明，流动人口城市化过程中群体分异问题的成因涉及多方主体、多元利益，既有市场与政府干预的原因，又有群体自身限制性原因。从理论和现实来看，流动人口在城市化的过程中面临着基于户籍制度演变的居住证制度、社会政策排斥以及社会情绪等多重因素的影响，因此需要政府、市场、社会组织、城市居民等多元治理主体的协同合作。其一，政府主体从顶层设计的角度统筹全局，变革当下居住证制度对于流动人口的限制、就业、社会融入等各项城市制度、政策设计中相关福利与待遇的覆盖程度来平衡各项城市公共资源，促使流动人口与户籍人口共享社会资源与社会福利，缩小分异群沟，促进社会公平正义的实现；其二，政府、市场和社会三大治理主体以流动人口居住、就业、社会生活为基础抓手和着力点同向发力，协调共治，有助于逐步改善流动人口与周围居民的社会距离，提升群体间的社会包容度；其三，尽管流动人口由于受教育水平等因素的限制导致其群体的意见表达不尽完全，但是，作为所在地城市的建设者和重要生活主体，该群体对城市社会生活决策的参与有助于更加真实地反映该群体在城市社会生活中面临的困

---

① 尹利民、田雪森：《包容性治理：内涵、要素与逻辑》，《学习论坛》2021 年第 4 期。

境与相关诉求。总之，从包容性治理倡导的多元差异主体的参与性角度而言，该治理形式与流动人口群体分异问题的治理现实需要具有一定契合性，对于差异性多元主体参与治理的倡导不仅有助于为流动人口群体分异问题提供全方位的治理效益保障与治理路径选择，还有助于引导城市政府在社会治理过程中重视流动人口意见表达，转变城市地方政府的治理与服务理念。

二　差异性正义行为的主张

公平正义一直是人类社会追求的价值目标，包容性治理主张的正义理念在继承了古典和现代正义观的同时强调了基于差异性的平等，即包容性治理倾向于承认差异与实现平等两者间的融合。理论主张：正是群体间的差异成为构建群体的要素，在关系意义上对群体差异的理解会抛弃并拒绝排斥。① 所以，实现平等和承认差异都要纳入治理理论建构当中，使看似格格不入的两个概念互相支撑、互为条件、有效互通。一方面，主体之间的现实差异往往会产生"内外排斥"而导致实际意义上的不平等，所以在治理中承认差异的实质意义旨在维护治理主体中弱势群体的利益。所以，包容性治理中对弱势利益相关者，如妇女、儿童、受灾者、贫困者等特别关注，主张在公共治理中采取积极有效的措施来实现强势利益相关者和弱势利益相关者二者利益关系的平衡。因此，不但要安排因历史或现实原因代表性不足群体成为治理小组成员，还要在知识、资源、能力等方面赋能于弱势群体，帮助弱势利益相关者参政议政。② 另外一方面，包容性治理将真正的平等奠基于承认差异之上，认为无视群体的差异而单纯地追求平等只会导致社会的不平等。所谓"承认"其基本含义是个体与个体、群体与群体之间基于平等基础的认可和信任。从一出生，人们就拥有不同的特质、生长在不同环境之中，因此不同个体具有不同的个性特征。除了

---

① Iris M. Young, "Justice and the Politics of Difference", Princeton：Princeton University Press, 1990, p. 116.

② 李春城：《包容性治理：善治的一个重要向度》，《领导科学》2011 年第 7 期。

这些自然环境、社会环境以及其他外部特征的差异外，我们还有不同的个体特征，比如性别、年龄、体质和智商方面的差异。比如他们各自的收入、财富、效用、资源、自由权、权利、生活质量等等。正如阿马蒂亚·森所指出的，"正是由于无所不在的人际相异性，此域的平等到了彼域可能就不平等了"。① 现代社会充满差异性，而差异的复杂性和广泛性便决定了忽视差异而追求绝对的平等与正义是绝对不可能的，实质意味的正义与平等意味着个体抑或是群体获得的社会资源大体相当，利于对弱势群体的特殊保护，这对于消解"中心—边缘"的社会结构和不同群体的平等对话有重要的帮助。② 也就是说，包容性治理视域下的平等与正义并不是单纯追求平均意义上的平等与正义，而是主张有差别的平等与正义。

农业社会乡土文明中成长起来的流动人口群体，在政治上远离城市、安土重迁与熟人社会是这个群体长期社会生活所形成的稳固的文化现象与风俗习惯，也是农业文明、文化的底色。流动人口被持续创新与快速发展的工业社会带入陌生的城市文明，城市社会与乡村社会的差异不仅表现为城乡收入与生活方式的差异，也表现为语言差异、习俗差异、宗教信仰差异、价值理念差异和行为方式差异等。任何形态的文化价值都是平等的，这就要求我们平等地尊重差异与不同。然而在城市区域内，两种文明背景下的群体互动、交流与融合并不是在一个平等的舞台上展开，而是塑造了一种以城市为中心的思维方式和行为模式，这种模式下国家的制度安排、资源分配及城市运转都以城市为中心。伴随流动人口向城市的大量迁移，"城外文明"与城市文明在城市中心主义的结构语境下发生对撞，先后建构了先进与落后、文明与愚昧的对立，并在对立基础上形成了城市文化对乡土文化的歧视、排斥以及非制度化抗争，由此引致了长期存在于城乡之间、区域之间与区域内部间流动人口与城市居民间于居住、就业、教育与医疗等层面因身份、文化习俗、能力等差异问题而导致的资源分配问题，

---

① 阿马蒂亚·森:《论经济不平等:不平等之再考察》，社会科学文献出版社2006年版，第233页。

② 谢治菊:《论承认差异的平等正义》，《福建行政学院学报》2015年第1期。

这是社会中能够看到的最显著的忽视差异的公平正义问题。在城市社会中，城市文明以一种典范的形式构建了高于乡土文明的话语主导权，塑造了"城市天然优越于农村"的意识和观念，① 这种文化的排斥和不宽容直接导致了政策制度倾向下流动人口群体城市化进程中的社会融入群体分异的产生。由此，受到排斥的流动人口群体远离主流文化的影响，把自己局限在特定的"熟人"社会圈子范围内，从而迫使自己成为主流文化的"局外人"，即流动人口陷入"自我排斥与后移"的社会交往困境中。所以，流动人口社会融入群体分异问题消解的要义在于：充分尊重文化差异和多样性，求同存异、相互借鉴而非相互排斥与隔离，反映到治理领域，就是要通过相关制度的不断调整、利益关系的不断重构以及分配格局的不断优化来确保流动人口群体能够充分地参与到城市社会福利资源的分配当中，营造一个尊重差异背景下的公平正义的环境。也就是说，流动人口群体分异这一城市化问题的社会治理就是要以公平正义为标杆，对那些阻碍公平正义实现的领域、政策、制度进行调适，"体现社会主义公平正义原则，实现好、维护好、发展好最广大人民的根本利益"，② 这是与包容性治理背后的价值诉求和目标相契合的。

三 体现差异正义主张的一个群体分异包容性治理案例展示

由上文分析可知，包容性治理对于差异性正义的理念主张与城市化进程中流动人口群体分异问题的城市社会治理需要具有一定的契合性与一致性，当然这只停留在理论视域的探讨与论述，为了更加生动直观地展示包容性治理理念在流动人口群体分异问题治理中的实际应用效果，本部分内容将以北京市石景山区案例为依据，来展示出包容性治理之差异正义主张与流动人口群体分异问题社会治理的契合性。

---

① 陈小娟：《农村流动人口的文化社会学研究》，《安徽大学学报》2004 年第 1 期。文军、沈东：《当代中国城乡关系的演变逻辑与城市中心主义的兴起——基于国家、社会与个体的三维透视》，《探索与争鸣》2015 年第 7 期。

② 《习近平谈治国理政》，外文出版社 2014 年版，第 97 页。

案例简介：

表 6. 3 北京市石景山区苹果园街道流动人口群体分异的包容性治理实践

北京市城乡接合部	石景山区苹果园街道
成立时间	1963 年
辖区 基本情况	面积 13. 13 平方公里，下辖 21 个社区 现有常住人口 12. 2 万人，流动人口 4. 4 万余人
辖区流动人口群体 分异主要表现	1. 流动人口群体来源广泛，刑事案件高发 2. 流动人口群体从事低层次产业，工作不稳定 3. 流动人口子女多，父母文化水平低，收入低、家庭环境较差，上学面临困境 4. 流动人口群体对居委会公益活动或宣传不关心 5. 认为居民群体歧视外来人口群体，渴望得到尊重予以公平对待
流动人口群体分异 问题包容性治理目标	1. 平等公正地接纳每一个流动者，消除歧视与隔阂，增加公共活动参与的包容性 2. 重视流动人口群体作为沟通城市和农村的桥梁与纽带的作用，促进其对城市社会差异性多元性的了解 3. 坚持以人为本、把流动人口视为户籍人口同服务同管理
流动人口群体 分异的包容性治理差异 公平主张贯彻举措	1. 由热心公益事业，不需外出的流动人口担任互助服务志愿者，提供岗位的同时缩短流动人口群体需求表达的距离，并帮助社会流动人口实现自治式管理 2. 专门设立了新居民专席，通过互动，使新的流动人口群体居民更好融入社区 3. 针对出租大院管理相对独立的特点，探索实行民主自治管理模式 4. 针对流动人口差异化需求提供"送健康"、送岗位、送平安"的主题活动 5. 所有公立普通学校都接受流动人口子女上学，学校教育坚持平等、尊重和差异化的价值理念，平等对待，一视同仁
流动人口群体分异 问题的包容性治理 理念实行成效	1. 打架斗殴、赌博现象逐渐消失，这种状况得到明显改善 2. 外来流动人口居民与当地居民之间互相帮助，平等和谐相处

　　包容性的治理过程要求尊重不同个体、不同群体的差异，在尊重差异的前提下实现公平对待。石景山区苹果园街道对于流动人口群体分异问题的服务管理过程中具有鲜明的主体包容性，也说明了以"尊重差异、差异公平"为治理理念的包容性治理举措是应对流动人口分异问题的重要治理实践指导理念。首先，在街道管理理念上，注重外来流动人口的差异性与

多元性，明晰流动人口作为沟通城市和农村的桥梁与纽带的作用，以公平、平等的群体人口接纳代替歧视与排斥，并将对流动人口的尊重与差异化公平对待以居民公约的文本形式确定下来，为街道社区的社会生活确立了"尊重差异、公平对待、一视同仁"的包容性居住环境与氛围。其次，在实际服务举措中，以流动人口担任社区服务志愿者代替城市当地居民担任管理者的传统社区流动人口服务方式，在尊重流动人口在表达利益诉求上的群体能力差异的基础上差异化实践流动人口社会管理参与意见、权益表达权利，提供符合流动人口群体差异化需求的服务活动，所以流动人口的话语权表达障碍距离得到了缩短。最后，在流动人口子女的教育问题上，本着平等、公正地接纳每一个受教育者的包容性理念，石景山区就读的流动人口子女与北京籍孩子享有平等的受教育机会，在同一间教室上课，在同一个操场上游戏，有着共同的课程和相同的北京籍老师，重视乡村文化与城市文化受众群体的平等差异化共存，对流动人口子女的学校教育坚持平等、尊重和差异化的价值理念，促进流动人口子女与城市居民子女的城市融合，缩短子女在社会教育领域的群体分异距离。总而言之，石景山区苹果园街道在流动人口群体分异问题的服务管理过程中切实贯彻了"尊重差异、平等对待，一视同仁"的差异性治理主张，实现了流动人口不论是在社区生活还是子女教育上与城市居民基于差异化基础上的平等对待一视同仁，实现了当地居民与流动人口的包容性成长与多元化的城市社会发展机会，也为流动人口群体分异的问题社会治理实践提供了有益尝试。

第七章

中国流动人口群体分异的
包容性治理路径

由前文流动人口群体分异因素章节内容分析可明晰：制度供给、社会发展因素与相关主体人口城市化实践缺陷的多角度分异因素使得流动人口城市化陷入群体分异的现实困境。现有研究以及前文中所回顾的相关理论与现实也表明：从长期来看，"排他性"的人口城市化问题治理策略，不但不能维持社会秩序，反而会增加民众的不安全感，使城市社会中人口群体分异问题恶化。包容性治理作为一种社会善治的理论与工具，对于群体分异这一人口城市化问题的治理具有一定的指导与实践意义，因而，包容性治理理论与其工具理性指导下的流动人口群体分异城市化问题的解决路径探索就成为本章研究的主要内容，也是本书研究的最终落脚之处。

第一节　流动人口群体分异包容性治理的制度路径

社会制度作为流动人口城市化过程中的影响因素，对于群体分异这一问题的形成起着决定性作用。因而，对于流动人口群体分异问题治理路径的探索必然脱离不了对相关制度分异因素的管理学变革尝试。二元化户籍制度供给、住房保障制度的真空存在以及地方保护视野下的劳动就业制度、碎片化的社会保障制度是流动人口群体分异问题生成的重要制度因素，因而破除群体分异的制度限制因素，消除福利制度的分异，倡导包容、公正的制度变革与供给是当下解决流动人口群体分异问题的关键举措。

一　增强户籍制度限制范畴包容性

长期以来，国家层面和地区层面形成的二元户籍制度建立了一套内外区隔的户籍管理体制，造成了城市户籍人口与流动人口之间的割裂与群体分异，延宕了流动人口的城市融入与人口城市化的发展步伐。因此，流动人口群体分异问题的解决必须打破二元户籍制度的玻璃幕墙，实现包容性城市一体化发展。

事实上，户籍制度粘附权益的调整是我国户籍制度改革的难点所在，为此，对于附加在城市户籍上的各种特权、福利的剥夺与均衡配置，让流动人口享受更多的与城市户籍人口均等的市民待遇成为了当前打破户籍制度区隔的主要着力点，进而缩小群体之间分异的程度与距离。

因此，以这一逻辑为出发点，首先，城市政府的利益分配，特别是"保护型"的利益分配，需要中央政府以更大的力度、更高的强制性干预予以矫正，督促各级地方政府通过建立符合流动人口现实的评价标准，逐步搭建户口迁移准入机制，将具有稳定职业、住所及合法收入的流动人口纳入城市人口的管辖范围，实现户籍制度改革过程中的权利与利益配置和重组。此外，中央政府层面的相关户籍制度变革政策应给流入地政府预留空间，允许地方政府结合不同地区特点合理设置户籍管理相关制度体系，保证户籍制度的社会实践既能做到惠及绝大多数流动人口，又能避免"福利洼地"的形成。

其次，在地方人口户籍制度改革过程中，为使符合条件的流动人口有序落户城市，破除身份不平等壁垒，需要地方政府对一些与户籍有关联的、积极性导向不明显的制度伴生待遇加以调整和弱化，具体而言，一则，城市政府应当扩大现行居住证的覆盖范围，降低积分落户的限制性标准，突显户籍改革的核心目标群体，有效解决城市化发展过程中的群体分异扩大化问题。提高居住证覆盖范围是剥离户籍制度承载福利功能发挥的重要基础，因此在现行居住证制度变革设计中，可以通过统筹兼顾不同类别流动人口的利益诉求，采用"低门槛、累进式"人口管理模式，加强宣传，提供各种便民服务举措吸引和鼓励流动人口办理居住证，也可以通过降低居住条件、就业条件要求的举措来吸纳更多的流动人口。以将就业领域的居住证纳入条件要求调整为例来讲：地方政府可以尝试将非正规就业、长期租住在违章建筑内的流动人口群体纳入居住证体系之中，也可通过补贴等激励形式督促用工单位、企业为其单位部门中的流动人口员工办理居住证，扩大居住证制度对流动人口的覆盖范围。二则，地方政府在考量城市承载人口容量调控目标实现的前提下，要尽可能扩大积分落户规模，适当降低积分落户的基准条件，设计与探索多套积分体系用于多类型流动人口群体，以消解多元群体间的分异，让更多包括流动人口群体在内的不同人群感受到落户的可及性，这也是更好地落实中央推进人口城市化进程政策要求的体现。三则，城市政府通过对于户籍制度的改革吸纳紧缺人才，根据城市财政能力负荷对城市化发展速度与节奏进行适度调控，以协调和平衡户籍人口和外来人口的利益，要在尊重包含流动人口在内的不同城市居住群体的生活和发展需求的基础上推进。

最后，流入地与流出地政府需要切实注重户籍制度改革与其他领域制度改革的脱钩。户籍制度变革是一个难度系数很高的系统性工程。与户籍制度变革相关联的社会保障制度、公共服务体制、农村土地等制度以及不同地方政府行政管理区的地区实际相互嵌套缠绕，使户籍制度变革难以推进，从这个逻辑上说，推动户籍改革的着力点除了分布于上述内部性变革举措之外，也需要分布于户籍改革之上。所以，户籍制度变革的外部性举措重点就在于加快城乡住房制度、劳动就业制度、社会保障制度等制度性变革，减少各种关联制度对户籍改革的阻碍，建立起国民性福利体制，逐步使人口城市化进程中的社会福利和户籍制度的关联逐步淡化与脱钩，为户籍壁垒松动创造改革空间，也为群体分异问题的解决奠定制度基础。

二　增强住房制度惠及范围的包容性

作为流动人口城市生活中最为重要的物质基础，住房关乎流动人口群体城市生活质量，因此，城市居住状况的改善对于流动人口居住分异困境的化解具有举足轻重的现实意义。为此，填补城市住房制度覆盖真空，建立与完善多方位供给、多渠道保障、租购并举的住房制度是疏解流动人口群体分异问题的必然之路。

一方面，鉴于目前租赁是城市中流动人口群体获得住房的主要方式，推进城市住房制度变革的应有之义就是城市政府应依据流动人口的需求层次差异变革与规范房屋租赁市场，改善流动人口居住的物质环境，增强现行租赁型住房供给范围的包容性。具体而言，一则，城市政府应尽量通过改造、收购存量房屋的形式增加租赁性质的房屋市场供给，破除非住宅改建租赁住宅的制度障碍。依据城市不同区位的人群分布增加供给，补充紧缺户型，调整供应结构，以满足包括流动人口在内的城市低收入租赁住房人群的不同需求，提高租赁住房供需的匹配度与包容度。二则，城市政府以成文法规的形式明确租赁性房屋租金与品质，维护城市中租房人口的居住权益，整治租房市场乱象，从而构建稳定的住房租赁关系。借由租赁信用查询系统的建设实现个人或家庭品质住房、租赁住房市场投入鼓励，整治那些背离企业机构运营、缺乏合理利润空间的租售价格，提高租赁住房供给市场的广泛度。三则，城市政府应秉持"建管并重"的租房制度变革策略，改变现有流动人口中公租房覆盖面低的实际情况。加强对现有公租房实际使用情况的总结，在存量供不应求的群体分配过程中，通过新建、改建等方式提供新型租赁住房。同时考虑通过租房补贴等需求方补贴的形式增强城市中流动人口与低收入人口的租房支付能力，为因失业和低收入等原因陷入困境的人群提供基本的居住庇护场所。

另一方面，健全与开发更具包容性的城市保障性住房供给与配置制度，切实改善流动人口的城市居住状况，消解进城流动人口与户籍居民间的群体居住分异问题。具体而言，提升保障性住房城市空间布局与配置决策的包容性是城市政府的首要举措。政府职能部门需要解决其主导的保障性住房在城市空间布局与配置等决策问题，提升这一块内容决策结果的包容性，深化人们对于城市居住资源空间配置效率和公平性的认识，进而将这种"空间福利"的权益有效、合理地分配给不同城市群体。因此，在城市居住资源有限的前提下，在保障性住房空间选址和布局决策结果导向下，在保证流动人口能够同样享有公平的"居住空间机会"和"居住空间福利"的前提下，开发具有混合性质的保障房制度供给形式，将保障性住房与其他类型住房混合搭配，从保障性住房的选址、布局上避免大面积连片发展，采取"大混居，小聚居"模式，在较大区域内混合布局各种类型的住房，在相似社会属性的居民区布局小规模组团聚居的空间配置方式，促进不同城市类型居住群体混居，使原有保障性住房集中的城市空间供给形式得到改善。

其次，政府部门着力提升城市住房保障制度规划范畴的包容性。将流动人口迁至宜居地区，脱离地下室、棚户区、工棚等居住条件简陋地域，将流动人口的住房纳入政府住房保障规划范围内，并考虑将长期居住于城市的流动人口纳入保障性住房供应范围。

最后，对既有保障性住房及其周边区域的城市配套设施进行更新（如尽量保证在地铁沿线地段选址布局等），这样既能够促进城市不同群体间的接触和交往，防止教育、医疗等公共资源分配不公问题的出现，也可以满足流动人口群与城市户籍人口居民共同的社会心理需求。一些区位、配套设施等较好的项目，仅进行物质环境的改造与更新，便能继续为流动人口提供服务。如英国伦敦市霍利街将原有保障性住房项目区域进行改造重建，重建的项目多以混合功能、混合收入的方式进行建设，以解决保障性住房物质空间、社会空间双重隔离问题，满足城市中那些中低收入者的住房需求。① 四则，增强住房制度规划对市场力量参与的刺激。城市地方政府在尽可能地增加城市中心村区域、城郊结合部小规模的保障性住房建设供应的同时，可以适当放宽城市规划条件，给予开发商激励或补偿，引导与鼓励开发商实现商品房住区中配建保障性住房的供给形式。

应当注意的是，城市保障性住房政策影响着城市社会的和谐与稳定，因此，保障性住房政策具有重要的社会意义和政治意义，从这一层面上来讲，城市保障性住房不是政府财政的负累，更不是对流动人口的救济与施舍，地方政府必须认真权衡城市保障性住房制度的变革与更新，不断建立健全城市住房保障制度，促进住房资源的合理、科学化配置。只有使城市中的流动人口有一个稳定且宜居的住所，才会使流动人口在城市扎根下

---

① 陈珊：《国外城市保障性住房区位特征及其形成机制分析》，《住区》2018 年第 1 期。

去，更好地融入城市，进而实现兼具包容性的城市一体化发展。

三　增强就业市场包容性

就业状况综合反映就业的质量，故就业状况的改善无疑是解决流动人口就业分异问题的重要举措。平等的择业与就业机会是构成流动人口真正进入城市空间，共享人口城市化发展利益的重要条件之一。因此，包容性治理视阈下，流动人口群体就业分异的化解就是要努力实现这一群体在城市空间的体面就业，切实保障流动人口在城市空间的平等就业权益。为此，现行的城乡就业制度要进行适当的变革安排，要能从内使流动人口自身具有改变其群体弱势就业状况的能力，又能从外保障这一群体获得的就业能力充分发挥作用，即可以通过有效培养与自由竞争制度安排增强就业市场包容性，有效应对就业环境约束与群体分异困境。

一方面，目前劳动力市场的城乡分割与地方保护主义现实使得流动人口的人力资源配置实现面临群体分异的困境，进而影响到了流动人口城市化人力资本的再生产与发展。因此，要改变这个局面，统一规范的就业市场、健全与公平竞争的就业环境建设就成为必要之举。一则，国家要继续清理对流动人口进城务工的限制性和歧视性的制度性规定，消除影响市场机制配置劳动力公平性资源的制度性障碍，实行平等的就业制度。进一步破除一些地方仍然存在的城乡居民群体之间、户籍居民和城市中的外来流动人口之间城市就业的地方壁垒与就业收费制度，为人口城市化中流动人口就业群体分异问题的消解奠定制度基础。二则，建立覆盖城乡劳动力资源的就业统计信息和信息网络制度，将就业管理与服务的基础信息、失业状况、流动状况、劳动合同工资等信息全部纳入数据库和网络管理，健全城乡开放运作与规范的劳动力市场管理与服务制度，让公共就业服务覆盖城市中的外来流动人口群体，以此实现一体化的城市劳动力市场管理制度。与此同时，建立健全劳动力市场的动态监控制度，通过对劳动力市场的人员结构、工资水平以及流动方向的定期调查，分析劳动力市场的变化趋势，及时发现、解决劳动力市场群体性排斥与歧视问题。

另一方面，要增强就业市场中流动人口人力资本有效培养的制度安排，提升流动人口人力资本的内生动力。具体而言，一则，健全与完善流动人口最低工资与工资增长制度安排，依据流动人口特点，通过确定最低小时工资标准来推进最低工资安排的有效性。针对流动人口工资拖欠严重的问题，流动人口集中的用人单位的工资发放情况要重点监控。逐步完善工资保证金制度，实行专户管理，以免降低工资形式对流动人口生活就业分异的生成影响。二则，增强就业技能培训制度实际覆盖范围的包容性，为使流动人口适应城市非农就业岗位需求，增强流动人口初级职业技能，鼓励流动人口考取职业资格证书和专项职业能力证书。三则，形成流动人口就业权益保护快速反应机制，保护劳动力市场健康有序运行，建立相关制度规范，为城市内的流动人口有序流动和就业维权，为流动人口与雇主、雇用关系的良性建立和发展提供强有力的制度保障。此外，建立定期的、经常性的劳动保护检查和监察制度，及时发现并纠正违反劳动法和侵犯流动人口合法权益的行为，并严格追究有关企、事业单位相关负责人的法律责任，使流动人口的城市就业合法权益得到及时、有效的保障。

四　疏通社会融入关联制度衔接阻塞

解决流动人口社会融入群体分异问题的制度层面路径与解决流动人口居住、就业分异问题的制度层面路径有所区别，流动人口社会融入群体分异问题的解决过程是涉及多种类型制度变革以及多项制度相互贯通链接的一项系统的复杂过程，因而从这个角度而言，流动人口社会融入群体分异问题的制度层面解决路径方向如下：一方面，继续变革与完善各项流动人口社会融入的制度；另一方面，疏通各项相关制度的衔接阻塞，增强制度合力与包容性，为流动人口社会融入群体分异问题的解决奠定制度基础。

具体而言：首先，纠正阻碍流动人口社会融入的制度设计，增强制度的包容性。群体分异过程中所在城市的不尊重和生活中的部分非公平感会使流动人口产生社会融入的挫败感。因此，"公平"原则的确立与包容理念的贯彻成为流动人口社会融合制度设计重构的重点，从而赋予流动人口平等享有参与城市政治、就业、教育、基本公共服务等的制度性权利。

其次，深入贯彻落实流动人口社会保障制度，扩大城市社会保障制度的流动人口覆盖范围。获得基本社会保障是流动人口作为公民的基本权利，也是现代人口城市化发展质量的关键监测指标之一。流动人口社会保障基础的落实不仅有利于从生存意义上保证其城市最基本的生存需要，更有利于从安全和发展的意义上普遍提升其生活质量和发展能力，为人口城市化发展进程中的流动人口群体分异问题的解决提供制度基础，实现城市人口的包容性一体化发展。基于此，推进流动人口群体分异问题的治理需要进一步推进流动人口的城市社会保障制度落实，在社会体制、劳动社会保障、法律信息保障等相关制度建设方面，坚持以人为本和社会包容的建设理念，建立起全面有效的流动人口管理保障制度。

最后，完善非政府组织制度，发挥非政府组织在城市人群之间与人群与政府部门之间互动交流的沟通作用，促进流动人口的社会融入。政府组织、社会组织等多元主体实现互动，消解城市社会对流动人口的社会排斥，运用多样化和突破性的方法拓展社会沟通渠道，化解流动人口社会融入的群体分异。但互动行为的建立除了自发性行为以外，还需要改善和重塑有利于双方参与互动情境的互动中介的参与，这个互动中介要有很强的适应性并可以根据不同的具体情境进行调整，社会组织就具有这方面的优势。社会组织便于收集流动人口的意见并反映流动人口需要，既可以减轻政府的工作压力也能培养更多流动人口的城市社会参与感，激发流动人口自发参与发言的积极性。所以，流动人口社会融入群体分异问题的解决需要城市政府积极完善非政府组织制度，加大资金扶持力度，积极培育和发展更多的非政府组织，并引导这些非政府组织开展流动人口社会融入服务工作，促进流动人口的城市社会融入。

当然，如前所述，流动人口社会融入群体分异问题的解决是一项涉及领域广泛的复杂性过程，因而这一过程中需要进行变革的制度也绝不限于上述三项内容，由于篇幅限制，本章仅从以上三项较为重要角度进行阐释，其余关联制度便不再赘述。

另一方面，除去相关流动人口社会融入制度变革之外，社会融入群体分异问题的解决还需要疏通关联制度间的衔接阻塞，强化制度合力。故具体而言：一是需要通过相应的顶层制度变革与安排打通流动人口区域转换中的社会融入相关制度联通障碍，完善跨区域与跨类型的流动人口社会融入关联制度转移衔接与配套。二是地方政府要着力提升流动人口社会融入关联制度衔接的弹性，达到"保基本、广覆盖、有弹性、能转移、可持续"的建设目标，同时配套变革绩效评估和效能监测制度，形成科学的质保体系和监管制度，提升关联制度运行的科学高效性，切实帮助流动人口更好地融入城市社会，补齐群体分异问题形成的制度短板。

第二节　流动人口群体分异包容性治理的社会因素变革路径

制度分异因素，社会性分异因素（即社会资本作用影响、多主体社会治理角色失调）对于流动人口群体分异这一城市化问题的生成产生了一定程度的影响。然，对于流动人口城市化进程中的群体分异城市化问题的解决不仅需要上述制度性建设的变革尝试，同样也需要从社会面视角出发寻找有益路径。

一　提振社会资本存量

试图消解长久以来城市社会资本形成的负面影响并非一日之功，而促进流动人口社会资本的继续积累也难以一蹴而就，因而，流动人口群体分异问题在社会资本层面分异因素的化解只能是在包容性城市建设的实践中不断探索、不断进行补足。

具体而言，第一，以公平政策矫正城市居住空间领域社会资本网络中价值和资源分配中的不平等现象。城市中的流动人口由于居住空间的转换与城市居住空间区隔引起的社会资本积累断层与社会资本群体性差异是流动人口城市化发展的必然结果，因而，流动人口居住分异的社会资本差异因素的消解之策便在于扩大城市社会资本存量，即从提振社会资本存量的角度来说，城市多元社会治理主体要着力加大对城市居住社区流动人口社会关系网络的投资力度，在社会关系网络结构中帮助流动人口以参与者的身份与城市市民及其他人口群体建立起亲密联系，增强信任度与包容性，充分增加流动人口城市居住空间的社会资本积累，使流动人口社会资本的存量能够得到提升。从社会资本规则的角度来说，城市政府主体要完善房地产市场经济秩序的建构，采取公平政策矫正城市住房领域中社会资本价值和资源分配中的不平等现象，建立相关机构监督社会资本的运行过程，创新体制和政策，解决城市住房领域社会资源和价值的差异扩大化问题，为流动人口居住领域的社会资本差异这一分异因素的消解提供有效实践。

第二，重视流动人口城市新型社会资本培育，帮助流动人口通过就业实现向上流动。现有学者的实证研究表明：流动人口可以通过社会资本转换实现更高就业层次的转换，[1] 这为寻求解决流动人口群体就业分异问题提供了路径启发，即流动人口要想突破社会结构的制约，获得更好的职业流动以及职业发展机会，实现更高层次的城市就业，可以通过加强学习与交往积累更多新型社会资本实现，最终促进流动人口群体就业分异问题的解决。故一则，城市社会治理主体可通过成立流动人口工会、搭建社交平台等途径，促进城市中的流动人口实现"原始社会资本"向"新型社会资本"的延展，培育流动人口新型社会资本，为流动人口在城市就业市场获得更好的职业流动和职业发展创造有利条件。二则，城市政府应为流动人口提供更完善的就业信息，进一步强化劳动力市场的规范性，消除市场歧视，促进更具包容性的城市就业市场环境建设，帮助进城流动人口实现顺利就业，消解流动人口群体就业分异的社会因素基础。三则，对于流动人口自身而言，应当意识到个人资本积累与社会资本积累的关联性，加强与当地人的交往以及社会参与，发挥主观能动性，着力提高自身人力资本（专业技能水平、文化水平及沟通能力等）积累水平，为新型社会资本的培育争取更多机会。

第三，关注流动人口需求，助力流动人口突破地缘、亲缘社会关系限制，为流动人口城市社会资本的重构与持续积累创造具有包容性的社会环境。社区是流动人口在城市生活中最重要的社交场域。社区社会组织的互动以及非正式的邻里互动是社区的社会资本主要形式。流动人口自身的积极融入意愿和行动，城市居民对流动人口的社会接纳和认可是进城的流动

---

① 韩叙、夏显力：《社会资本、非正规就业与乡城流动人口家庭迁移》，《华中农业大学学报》（社会科学版）2019 年第 3 期。

人口与居住地居民的相互融入不可或缺的条件，为此，一则，城市社区要试图营造更具包容性的社区氛围，通过整合社区内的资源，搭建互助网络平台，解决好流动人口和社区原有居民间的需求平衡，增强社区的归属感，建立起更广泛、更牢固的人与人、群体与群体之间的沟通、连接，协助流动人口在新居住地实现社会网络的重建与社会资本的积累。二则，社区社会组织为增强内部成员的稳定互动，增进流动人口与市民间的合作，推进各群体间的深入交流，帮助流动人口获取更加多元化的社会资本，需要不断为流动人口和社区居民提供持续得到互动机会。三则，城市社会需要通过教育、宣传等活动，认识、理解因长期二元化背景下的城乡人口群体差异导致的文化差异，促进不同群体的文化理解，增进不同群体的文化接纳和融合，努力营造共享、平等、包容的社会文化氛围，为流动人口群体城市社会资本的持续性积累提供助力。

二　城市化问题共同治理行动逻辑

在我国流动人口群体分异问题的治理中，政府部门与社会多元治理主体间的"角色失调"、行动脱节的"碎片化"治理实践显然不足以应对人口城市化发展的挑战。因此，为了提升流动人口群体分异问题的治理效能，多元治理主体要在明确自身角色定位的前提下捋顺流动人口群体分异问题治理集体行动的逻辑，在一体化人口城市化治理愿景的感召和共有规则约束之下凝聚成一个相互协作的共同体，展开系统治理和逻辑协同行动，以避免多主体的力量分散和功能内耗，实现流动人口群体分异问题社会治理效能的提升。

（一）明确和凸显多元主体社会治理角色与功能

多主体社会治理"角色失调"是引发流动人口群体分异问题出现的重要社会因素之一，因而，流动人口群体分异因素的消解就需要以此为出发点，明确多主体在流动人口群体分异这一城市化问题社会治理过程中的角色定位。

具体而言，首先，从流动人口居住分异问题的多主体治理层面而言，一则应当在社会主体充分参与的前提下，凸显流入地政府在住房供给领域的角色定位，纠正市场主体的资本空间增值角色错位，化解居住分异的社会经济基础。市场主体基于资本增值的逻辑主导城市住房市场发展，由此忽视了城市中的流动弱势群体的住房基础化需求，所以城市住房红利的生产带来的"增长"并未惠及城市中的流动人群，这导致城市住房市场发展所带来的物质利益和非物质利益在城市户籍居民与城市中的外来流动人口之间较难实现合理分配，造成城市住房资源配置的群体分异现实。因此，流入地城市政府应当凸显其治理的主导性角色功能，扮演好城市住房市场秩序和规则的提供者与监管者"角色"，发展公平合理的住房市场生产和交换体系，建立相关的监督、问责、惩罚制度和监管机制，对资本空间增值进行约束、制约和监控，改造资本市场，防止在追求城市住房市场增值的过程中过度侵入和剥夺城市中弱势人群居住权益问题的发生，消解城市社会生产资本逻辑的负面效应。吸引资本，从有利于城市住房资源供给的创新领域谋取利益，使资本在提升城市住房资源整体科技和供给水平上更好地发挥作用，确保城市住房资源供给与配置效率、公平的统一。让城市中的所有流动人口都有机会参与到城市住房资源生产和配置的过程中去，让那些进入城市、无力购房、租房的流动人口能够参与到城市住房红利的分配之中。二则，社会组织与市场主体应当在社会责任的引领下明确其在住房供给领域的责任与成本分摊角色本位。市场资本运行于城市居住资源生产空间中能够完成大量的住房资源生产任务，提高城市住房供给的综合实力。因此，市场主体在明确城市中的流动人群住房资源责任职责与成本分摊本位前提下，积极使用市场手段解决城市中的流动人群在居住领域的分异问题：例如市场金融机构可以协同地方政府解决住房建设资金投入问题。企业主体也可以以自建雇用流动人群员工保障性住房等形式积极参与到城市保障性住房建设之中等。（下节内容有具体展开，此处不再赘述）。三则，应当凸显流动人口主体性角色在城市住房需求层面的需要本位功能。解决流动人口城市化进程中的群体分异问题的应有之义就是要注重听取和了解流动人口对于城市住房的需求，实现群体居住的应需性安置。为此，要通过鼓励、支持、引导的形式与手段凸显流动人口的集体需要，优化城市的居住空间布局，改变该群体在城市居住空间结构安排过程中的被动角色地位，使城市居住建设满足包括流动人口在内的不同人群居住需求，而不是任由群体居住分异的自由发展。

其次，从流动人口群体就业分异问题的多主体社会治理层面而言，应当以社会责任为参与治理愿景，在共有规则约束前提下，凸显社会主体的功能性角色定位，纠偏地方政府的角色越位，促进城市各群体就业的包容性发展。中国劳动力市场运行基本规律和经验教训表明：就业市场运行的主导机制有利于实现充分的劳动力资源配置，政府应当尽量避免对市场机制的不适当干预。为此，在流动人口群体就业分异的城市社会主体治理过程中，应当改变政府部门传统计划经济时期的政府主导干预角色定位，退出就业市场机制运行微观主导，更多地通过宏观性的、具有公平性的城市就业劳动力市场秩序科学建构、辅助流动人口弱势劳动力，规范就业市场雇佣单位、企业主体行为，发挥城市就业市场运行的辅助调节作用。具而言之：一则，确立城市就业市场中雇用企业、单位的市场主体地位，让他们享有资源配置的自主权，这样才能最大限度地调动、利用分散在社会中的各类资源，在就业市场上对城市中的流动人群劳动力进行广泛与平等性吸纳，增加流动人口就业的机会。其次，通过健全和完善相关的法律、法规和政策，完善劳动力市场运行规则，使城市就业市场的雇用单位、企业等主体的行为有规可循，有法可依，保护城市中流动人口在就业市场竞争中的平等性和合法性权益。二则，在对城市就业市场全局信息的把握和分析基础上，建立劳动力市场信息共享机制，加强对就业市场的监管，降低城市中流动人口在劳动力市场中的交易成本，消解就业市场中的群体性就业歧视与排斥等群体分异行为，使就业信息与资源在流动人口与城市户籍居民等不同类型人群之间公平、科学地配置与发挥利用。

最后，从流动人口群体社会融入分异问题的多主体社会治理层面而言，要在以包容共享为目标前提下凸显多元社会主体的责任角色功能，转变城市社会主体的"利己"角色本位，促进城市各群体包容性可持续发展。包容性人口城市化问题治理理念具有双向性、平等性、主动性特点，需要人口城市化过程中的所有社会主体跳出城乡二元对立发展的实践理念和框架，突破单一城市化发展的神话桎梏，寻求一条和谐包容、多元共生的人口城市化可持续发展之路。因而，包容性治理理念下的"流动人口城市化群体分异"解决路径探索是对新时代中国特色社会主义发展阶段的历史性、必然性反映，是回应当前社会主要矛盾的一种社会探索，凸显了我国社会主义制度的优势。故在包容性治理理念的指导，流动人口群体分异城市化问题的社会治理有必要进一步打破城乡分割的发展壁垒，推动包括流动人口在内的城市社会多元主体自身文化意识与社会责任的觉醒，激励多元主体切实投入到改善城市中流动人口社会生活环境的治理行动之中，减少社会服务和配套资源配置的群体性分异，为城市中的流动人口提供更大的、更具包容性与归属感的居住、就业与社会生活空间，为我国人口城市化实践的深入发展提供更多的现实可能。

（2）将顺多主体共同城市化问题治理的集体行动逻辑

首先，以"包容共享"为多元社会治理主体集体行动的结果导向。流动人口群体分异问题社会治理的包容共享既是"以人民为中心"的社会本质体现，也是社会治理"协同合作"之后必然的逻辑演绎。这种共享的精要便在于结果普惠、责任优先和过程包容。具体操作而言：一则，强调整个城市社会全面共享城市化发展的成果，拒绝一部分个体、组织、个人或部分群体对另外一部分个体、人群（研究中主要指城市中的流动人口群体）的合法利益进行霸占或垄断。此外，强调给予能力不足或最少受惠者以特殊性救济，避免其生存弱势的永久化。二则，致力消解个体、人群、组织或部门、团体（例如住房开发商、地方政府部门、城市居民群体等）的内生局限性、狭隘性和片面性，促使各主体能够正视社会共同体之中的共同性，激活自身责任意识和责任担当。三则，寻求公共善治的增量发展，推进基本公共服务的均等化，确保城市中的流动人口享有大致均等的基本公共服务，缩减群体分异的作用场域。

其次，以分配正义作为多元主体社会治理实践协作的基石。利益分配正义是流动人口群体分异问题社会治理共同体发展壮大的成果。这种利益共享是持续提升社会主体参与群体分异问题治理的凝聚力基础，不过这并不意味着利益均等无差别地分享，而是建立在广覆盖"社会保护底线"基础之上的。多元治理主体应致力于通过特殊性救济和差异化扶助保护生存在社会保护底线附近的边缘群体，确保这类人群的生存境遇达至"安保生活"的状态。而这些来自社会主体的救济和差异化扶助隐含着社会多元治理主体必须担当忠诚于城市发展和自立自强的责任。

最后，以社会参与保障为多元主体社会治理实践协作的路径取向。整个城市社会治理体系必须建构起"酬赏"与"成就"相匹配的正向激励机制，提升流动人口群体分异问题的社会治理绩效。进而言之，一则，信息共享制度的建立健全是城市社会多元主体参与流动人口群体分异问题治理的前置性条件。政府信息垄断、无信息共享制度，多元社会治理主体就无法灵敏有效地应对复杂而变迁的群体分异现实问题，因此，现阶段中国流动人口群体分异治理必须建立覆盖全面、协调共享的流动人口城市社会信息网络，强化多元社会治理主体之间的沟通与联结，并在多元社会治理主体之间建立程序化、制度化的信息交流机制。二则，利益表达制度覆盖范围的泛化。流动人口群体分异问题治理的伦理诉求是"人人尽责"，这种诉求的落地依赖利益表达制度覆盖范围的泛化，只有实现利益表达制度覆盖范围的泛化才能实现多元治理间的协同行动。因此，需要完善民众参与社会治理的意见表达制度和诉求回应制度，强化社会主体参与流动人口群体分异问题社会治理的广度、深度与效度，促发城市社会治理网络中多主体的功能性网络互相嵌套，促成流动人口群体分异问题的社会多元主体超网络治理体系形成。

第三节 流动人口群体分异包容性治理的主体变革路径

任何国家人口城市化进程的推进都离不开相关利益主体的参与，因而，人口城市化问题的解决也离不开主体力量因素的参与。从这个角度而言，流动人口城市化进程中主体分异因素的消解也是群体分异这一问题治理的必然需要与现实选择。

一 政府主体革新治理理念与实践

流入地政府是流动人口城市化进程中的重要主导性力量与依靠，所以，城市政府治理包容性的实现与否攸关流动人口城市化实践的成败。人口城市化实践表明：流动人口城市化的可持续发展需要包容性城市政府建设，即需要流入地政府革新城市化发展理念，采取包容性的城市人口发展举措，以助力解决流动人口群体分异问题，切实保障城市中流动人口的城市化发展共享权益。

（一）确立差异正义的包容性政府治理理念

流动人口城市化进程中的群体分异问题治理是城市治理整体建设的重要组成部分，只有践行更具包容性与可持续性的城市治理举措，才能更好地促进流动人口实现城市化进程的发展。为此，首先，城市治理与发展主体要重新明确城市化问题治理的价值导向，以城市的整体绩效最优、长远可持续发展为目标，以社会公平正义为价值导向。中国传统与中国特色社会主义的体制环境基础明晰了中国的城市规划与城市化问题治理不仅仅是一项简单的公共政策，而是基于地方政府积极主动应对挑战与问题的、为跨越中等发展国家发展困境发挥积极作用的公共政策。[1] 尽管，当前较多城市规划部门在不同层面上都发挥着促进经济增长的工具的作用，但是最终的目标归根结底还是要落在包容性与可持续发展这个核心的着力点上，这种道与器、本与末的关系是不能倒置的，这也与"城市让生活更美好"的倡导不谋而合。

其次，城市政府应当转变资本增值逻辑，建构强大的市场规制能力，消解城市资源生产与配置资本逐利的负面效应。空间的商品化和资本化创造了巨大的城市化红利，但同时，政府与市场主体基于资本增值的逻辑主导了城市空间的发展，忽视了城市中包括流动人口在内的弱势人口多样化需求，所以城市资源生产带来的"增长"并未惠及城市所有社会群体，所带来的物质利益和非物质利益也在各个阶层之间未实现合理分配，由此造成城市社会资源的不公平配置。因此，流入地城市地方政府应当自我节制，并对资本空间增值进行约束、制约和监控，改造资本市场，防止在追

---

① 期刊编辑部：《"包容性发展与城市规划变革"学术笔谈会》，《城市规划学刊》2016年第1期。

求城市空间增值的过程中过度侵入和剥夺城市问题的发生，消解城市社会生产资本逻辑的负面效应，让城市中所有社会群体都有机会参与到城市社会资源生产和增长的过程中去、让那些进入城市的弱势流动人口群体能够参与城市化建设，增加和保障他们在城市生产过程中付出的劳动价值，让那些无力购房，租房的城市群体能够参与到城市化红利的分配当中，实现对空间资源的民主和共享。

然后，包容性的城市治理与规划发展应当是城市地方政府主动"出击"协作的人口城市化过程。面对人口城市化过程中的流动人口群体分异问题，如何进行城市空间的修复塑造结构变革、如何控制城市空间的发展分异，促进流动人口与城市户籍人口的城市融合与协调发展、如何聚力城市文化塑造，提升城市品质等需要，都要求城市政府以更加开放、多元、包容、公正的态度主动去汲取相关的经验与知识，与相关的智囊、团体、业界、部门推进交叉网络结构协作。需要注意的是，城市政府在协作规划发展的同时，不仅仅要关注城市空间协调规划的结果，更要注重中间的过程与程序的作用。因为在法治社会，城市地方政府不仅应当充分遵守和保证城市治理与发展程序的正义性、平等性、合法性与规范性，而且要站在建设包容性城市发展空间的角度主动去运用好规划的过程与程序，让规划的编制过程成为一种凝聚城市社会共识、化解城市空间发展矛盾与协调城市不同种类群体集体行动的过程。

最后，包容性的流动人口群体分异问题治理应当是以尊重人群多样性为前提。多样性是城市区别于乡村院落的最大特征之一，而且多样性的特征伴随城市规模的扩大与流动人口城市化实践而愈加明显。城市的活力、创新等皆在于多样性。因此，包容多样性可以说是现代城市社会文明的基本准则，也应当成为流动人口群体分异问题社会治理的基本要求。

总之，针对流动人口城市化进程中的群体分异问题，城市政府只有从认知与价值导向方面领会包容性城市治理与发展的实质，在方法途径上落实包容性治理的具体理念与措施，才能够实现包容性城市治理与发展的实现。只有城市包容了，城市社会也才能实现和谐、稳定与可持续发展，流动人口城市化也才能顺利完成。

（二）践行均等化与集约化的住房领域资源协调配置原则

针对流动人口城市化进程中形成的群体居住分异问题，城市政府可以在基层居住性生活基本公共服务供给与配置中践行均等化与集约化的协调配置原则，通过设置差异化的配套标准，坚持差异化发展路径，为城市中流动人口居住状况的改善与群体居住分异问题的解决做出努力。

具体而言，一方面，治理方略从支出均等化、服务均等化向居民满意度均等化转变。城市政府在推进基本居住公共服务的城市空间配置过程中，实现公共支出和公共服务数量的均等化供给仅仅只是基础性工作，但碍于城市不同空间区域主体居住服务需求的差异，导致完全均等的公共支出和服务数量的均等化并不现实，也并不一定能取得良好的公共服务均等化效果。基于此，城市政府要对城市中不同类型人口群体的居住服务满意程度给予更多的关注，综合考虑城市中的流动人口的真实居住需求，有针对性地提供不同类型居民群体切实需求的住房服务与产品，最大限度地满足不同类型地理区位空间差异化的人群住房服务需求，最终实现居民居住满意度的差异化均衡，同时也在推进地理区位空间人居必要条件的差异性均衡配置过程中有效提升城市中流动人口与城市户籍人口对城市整体的信任水平，消解群体间居住状况的分异因素，增进城市中流动人口的城市归属感与安全感。

另一方面，将可持续和包容性的空间利用结合起来，防止城市扩张、排斥、环境退化和空间错配等城市历史发展的特征。在这方面，纽约大学斯特恩商学院给出了一些关键性的步骤：一则，可以根据切合实际的人口及密度预测，拟备未来数十年将用作市区用途的周边地区空间地图，改变边界管辖，使当地政府有权为这一扩展地区制定和实施计划。创建一个"居民—城市"组织，在扩展区域内确定合适的空间规划，并保护它们不受正式或非正式开发商的"侵犯"。如此可以实现一个关键性的目标，即开放足够的空间区域，使城市区位空间和房价在正式和非正式市场上都能被这部分人群负担得起。二则，增加空间密集性，改变监管体系。与以扩张为导向的方法一样，渐进式的密集化也需要监管体系的改变以及适度的财政支持。随着低收入、低层住宅越来越集中在市中心，这些城市变得容易受到再开发的影响，城市中的流动人口被转移到周边地区，正式的替代方案是由开发商建造的中等高层住宅，但这往往是城市现有流动人口负担不起的，或者不适合他们的实际需求。因此，哈桑（Hasan）和他的同事在回应此问题时提出的替代方案是：增加楼层，并进行其他创新，同时也需要监管体系的改变以及适度的财政支持。① 逐步密集化的目标就是要消除开发商从城市地块的增量开发中获得不公平优势。

（三）推进体面就业服务供给落地

流动人口群体就业分异问题的解决工作是一项繁琐复杂的系统工程，需要政府部门对症下药，量体裁衣，正确、妥善解决外来流动人口的就业问题。具体而言：一方面，城市政府要通过就业技能与培训，不断提高城市中流动人口的劳动能力，使流动人口自身的劳动条件和工作环境得以改善，帮助这类人群实现城市体面就业。具体而言，一则，促进城市中流动人群就业、创业及培训服务均等化。制定城市中劳动者有关就业、培训等政策措施、成立流动人口就业职业介绍中心，继续扩大向城市中流动人群免费提供技能培训、政策咨询、就业信息、就业指导和职业介绍的覆盖范围。积极宣传、鼓励、支持、流动人口自主创业，进一步简化工商营业执照办理流程，扩大就业小额贴息贷款和创业帮扶范围。二则，城市政府要鼓励、发挥非政府组织的作用，促使社会组织参与到为城市外来流动人群提供语言与就业培训介绍的社会服务供给之中。以加拿大滑铁卢地区的非政府组织为例来说，该地区就有部分社会组织为使城市中外来转移人口得到较好的照顾，免费为外来人口提供语言培训、就业、文化介绍、帮助外来人口寻找住处等服务。因此，城市政府可以通过强调诸如此类的城市社会保护、构建社会失业救助网络的社会服务供给与健全劳工权益体系、完善劳资纠纷动态监控机制手段等，持续提升城市内的流动人群体面就业程度与稳定性。三则，发挥城市政府的就业引导作用。实证研究表明，流动

① Hasan · a, Sadiq · a, Ahmed, S., "Planning for high Density in low-Income Settlements: Four Case Studies from Karachi", *Urbanization and Emerging Population Issues Working*, Vol. 3, 2010, https://xueshu.baidu.com/usercenter/paper/show? paperid = 2057e4b38e276dd31c0fff48ae547a9c&site = xueshu_se.

人口缺乏正式的就业指导，所以在择业上对于旧有社会关系网络存在很大程度上的依赖，"同伴效应"的流动就业形态显著。因此，提高城市政府对于流动人口就业服务的引导有助于为城市中流动人口提供更多的就业信息和就业渠道。具体可操作的措施如下：在城市社区、街道建设一支专兼职相结合的、专门负责流动人口就业引导与服务工作的高水平、专业化的就业指导教师队伍，为城市中流动人口的就业提供良好的引导咨询服务。

另一方面，加大流入地与流出地政府间的就业信息与资源配置的协作。一则，流动人口流入地、流出地政府应加强在流动人口资源、就业需求信息的沟通与培训衔接，为城市流动人群提供更全面、更高效、更便捷的就业服务信息。二则，流动人口流入地、流出地政府相关部门应建立针对流动人口的城乡一体化就业信息平台。该网站的建立有利于充分发挥网络信息作用，为流动人口就近与跨区域就业提供精准的需求信息对接服务，改善就业信息不对称的情况。

（四）着力构建包容性的社会人文环境

我国城市社会发展既有流动性的倾向，也有群体分异固化的可能，因此，不同人口群体之间对于社会流动人群的包容显得尤其重要。水平流动是地域的变更，容易起摩擦，所以，城市社会要在传承传统文化"包容并举"这一发展机理的过程中树立一种自觉的包容性文化意识，服务于现代化建设，推进流动人口融入城市社会人文空间的进程。包容性城市空间的建设与发展不仅能够盘活和再开发城市已有自然地理区位空间资源和社会资本，还能够实现对城市历史文化、政策、公共服务等无形资产的转化与城市生态空间环境整治、人文精神、公共服务平台、城市软环境空间的修补。所以，在促进城市新旧文化空间和谐共生方面，城市包容性发展理念能够延续、更新普通城市的社会人文空间使其获得新生，与此同时，旧城文化机理环境空间得以保全，城市空间发展的功能性提升与升级得到实现。基于此，首先，城市政府可以利用城市中流动人口聚居区的低成本生活区"城中村"丰厚的历史文化优势，着力推动该区域社区历史文化的发掘与开发，强化社区集体记忆与价值共识。社区认同感是社区居民在心理、情感、价值观等一些主观认识层面上对社区的一种情感依赖和归属，它在很大程度上影响流动人口对整个城市社会的归属和认同。增强流动人口居民的社区认同感以及社区中流动人口与社区城市户籍居民之间的互信和合作，注重包容性价值理念的传递，鼓励不同地域、不同阶层间的优秀文化进行交流与碰撞，摒弃自利性社区文化，吸收"共享性"文化理念，在增加社区文化多样性的同时，增强流动人口与市民间的相互理解与接纳。

其次，强调城市文化多样性建设。城市中的流动人群来自五湖四海，拥有各种各样的文化根源和文化需求，文化背景的开放性、多元性特征突出。城市文化的包容性是一种文化多样化的过程，文化的包容通常都会带来多样文化间的碰撞与交流。当流动人口自带的背景文化进入到既定城市文化圈的时候，因为文化的属性和种类的差异而发生的乡村文化与城市文明的互动是共存的，而非是交换的。因为共存具有补充作用，这种补充能够丰富原有文化样态，使其表现为一种新形态或新质地的文化。因此，文化包容性的过程就是不同文化不断交融和丰富的过程，是同一个文化圈内的和而不同或"平分秋色"的结果。只有当城市中多元、多样的文化有效而且充分激发、活跃起来，城市文化的生命力才能更强大、更绵延。基于此，城市政府需要以文化包容及多元化为导向，在注重吸收各方文明共同成果的同时，注重保障城市中流动人群分享与享受文化成果的权利、参与文化活动的权利以及开展文化创造的权利。这样做在很大程度上有利于促进各类型人口群体在文化参与中实现和谐共存。

然后，加强宣传、消除隔阂，加深理解，营建和谐宽容的社会人文氛围，促进流动人口的城市社会身份认同。一则，城市政府要充分肯定城市中的流动人口是城市发展不可或缺的生力军，着力营造城市户籍居民与城市中流动人口是一家的舆论环境与心理氛围。二则，可以利用政府网站、电视、广播、网络媒体专栏等形式广泛宣传党中央、国务院关于有序推进城市中流动人口群体的决策部署、政策措施，广泛宣传和解读流动人口城市化发展的意义、目的、内容等。同时针对一些地方和部分城市户籍居民的不同认识进行释疑解惑，积极回应城市户籍居民的关切问题，争取广大城市户籍居民的心理支持、参与和配合，进一步消除进城流动人口的心理

顾虑，提高城市社会对于流动人口的身份认同。三则，通过在社区设立
"乡城人口流动"政策宣传咨询点的方式，对前来咨询的群众宣传"乡城
人口流动"后可保留的重要权益和转为城市居民后可享受的主要权益，提
升社区居民对流动人口政策的理解与支持，加大对流动人口身份的理解与
认同。

最后，完善城市社会民主治理中流动人口的参与机制。符合包容性治
理理念的城市政府治理强调：所有人，无论男女老幼，均不得被剥夺取得
城市生活必要条件的权利，可以分享城市化带来的增益。流动人口城市化
过程中，实现城市社会群体分异问题的化解就是要致力于城市空间范围内
不同类型人口群体利益的平等共享，消除社会空间隔离与空间排斥。这就
要求流入地城市政府着眼于流动人口的城市社会发展权益维护。因此一
则，进一步完善城市治理中流动人口参与城市管理的程序性权利建设，通
过各种途径和形式扩大流动人口城市社会事务的管理参与范围。二则，完
善城市中流动人口的选举和被选举权，尊重流动人口选民资格与自由选择
选区的权利，并针对流动人口权利行使特征明确其有效参与城市社会治理
的方式和程序，引导他们有序参政议政和参加城市社会管理，减少流动人
口城市化进程中的社会政治群体性排斥，切实落实流动人口的城市治理参
政、议政和监督的机会和权利。三则，要尽可能多地吸收流动人群中的先
进分子进党组织，发挥执政党组织的政治与组织优势，提升流动人口城市
管理政治参与的积极性与主动性，为流动人口城市化过程中的群体社会融
入分异问题的解决提供有益助力。

二 社会参与主体强化责任补位

流动人口的城市聚集与流动社会的来临为城市社会治理增添了新的治
理困境：即流动人口群体分异。而多元化的社会组织与团体作为社会治理
的重要主体，其社会治理的有效参与对于流动人口群体分异问题的解决具
有积极意义。

（一）深化包容共享社会发展理念认知

流动人口城市化的过程是"人"的身份变迁、城市权利获取、城市能

力获得、城市心理认同的实现过程，是从形式上与实质上变成城市人，凸显以人为本价值取向的过程。而符合包容性治理理念的城市治理则强调包括男女老幼、市民人群与城市中流动人群在内的所有人均能共享城市发展成果。因此，从包容性社会治理的层面而言，流动人口群体分异问题的解决应有之义就是治理主体"包容共享"城市理念的深刻认知与躬行、实践，这样做有利于社会主体充分认识和尊重"人"的主体地位，在流动人口"与"户籍居民"等不同群体间实现共容，在城市与人的双向互动中实现二者的双赢和差异性均衡生发展。故，城市中的多元社会主体在城市流动人群城市化聚集的过程中要加强对流动人群的正面认知，客观的认知这部分人群在城市建设中的突出贡献。消除对流动人口群体的排斥误会，注重不同群体之间包容共生、扶持并进，注重包容性理念的传递，适时开展包容性的活动帮扶。理性利用组织或个人资源和对待城市中的流动人口，树立宽容、开放与包容的城市共建、共生与共享理念，兼容并蓄，相互借鉴而非相互排斥，求同存异而非势不两立，以宽容求和谐，以开放求发展。

（二）落实改善人群生存质量的相关社会主体责任

在城市流动人群的城市住房领域，无论是面向租居型还是宿居型流动人口，城市空间住房建设多属于一类非营利性质或是带有福利色彩的项目。若全靠政府的大包大揽和直接参与，其沉重的负担与压力不言而喻。这就需要在商业开发和政府直接介入之外引入各类社会民间团体、公益性实体、新兴的阶层力量、需要各大企业、合作社等积极投入不同类型、性质的城市住房，来完善包括流动人口在内的低收入人群住宅的供应体系。例如，可以鼓励住宅合作社自建出租房，鼓励企业和个人自建宿舍或住宅等。而事实上，多种机构和主体的并存互补都曾在英德美等国的住宅建设中发挥作用，也是世界各国住宅组织建设的主要特点与必然趋势，更是目前解决低收入阶层及流动人口群体居住分异问题的一个有效手段。具体可借鉴的做法有：一则，住宅合作社租房形式可以由流动人群自发组织而成，流动人口在缴纳股金成为合作社的一员之后，以合作社为操作主体进行统一操作建设和管理住宅，然后再将建成品返租分配给合作社的成员，而不以盈利为目的，房产则归合作社所有，也不随人员而流移。这种类型住房建设大多见缝插针、开发规模较小，建在一般开发商不愿投资、收益较少的小块用地上，更能满足多人群住户要求。二则，地区经济相对发达地区的社会企业，尤其是农民工流动人群相对集中的企业作为操作主体，着力投资自建性质的集体宿舍公寓，就地解决在本企业甚至本地区的农民工流动人群居住问题。目前长三角和珠三角的一些地方就已经在房产新政中允许和鼓励有条件的企业参与流动民工人群的宿舍公寓建设。三则，社会相关建筑研究组织与机构应当加强城市居住结构与空间设计的研发与建造方法研究。有别于城市户籍居民人群的异质性身份使流动人口的城市居住空间的规划设计也有了不同于一般城市住宅的特定需求，经济、高效、可适应性必然是这类人群住宅建设的首位特征。鉴于流动人口的经济实力，建造低造价的城市住宅是切实可行的应对方法。产生于荷兰的SAR体系可以将低收入住宅分解为支撑体和可分体两大部分，其使用取决于居民多重需求的选择与布局，既保证了必要的空间弹性与适应度，也可在技术层面上实现规模化生产和模块化装配。中国的城市建筑研究机构与组织也可以尝试在流动人口的住宅建设上研发、建设类似的低造价住宅系统社区，这样有助于在契合城市流动人群的社会经济条件的同时以建筑手段实现城市居住空间发展的生态控制，缓解流动人口城市化集聚过程中所引发的群体性居住分异问题所引发的城市压力。

在城市流动人群就业领域，多元社会主体要着力发挥组织在促进人群就业方面的作用。具体可参照的做法有：一则，社会企业作为社会的有力构成组织，应当按照规定，定期且足额地为所雇用的流动人口缴纳一系列相关费用，例如劳动者权益保护资金，以维护城市流动人群中工人的合法权益，改善农民工的工作环境，为流动人群城市就业与社会生存的保障稳定基础。积极重视城市流动人群职业技能方面的提升培训，提升城市流动人群职业技能素质。二则，城市中的工会组织在流动人群就业层面协助企业创造良好的就业环境，为城市流动人群提供一些就业指导、技能培训和技能鉴定等一系列配套服务。同时，培训过程中要适时调整教育培训课程，也要增设必要的法律法规、文化礼仪以及网络媒介等课程，提高流动人群的法律维权意识，使流动人群能够言行文明、善于沟通且能够具备适应互联网＋时代的能力。三则，强化创业培训课程、提供创业跟踪指导，提升流动人群的就业创业能力。同时，在提供诸如此类培训配套服务的同时，还可以辅之以城市地方文化特色，适当地培育当地城市特色的劳务项目，吸纳更多的城市流动人群劳动力，帮助他们实现就业和创业，为流动人群人口城市化过程中群体就业分异问题的消解贡献力量。四则，城市社区充分发挥服务的功能作用，健全社区流动人口服务和管理平台，把外来流动人群就业服务纳入城市社区就业建设、公民参与城市社区治理的过程之中，并以城市社区为平台，解决城市中的流动人口群体就业障碍问题，促进该群体城市就业的实现，这样有利于实现流动人群与城市户籍居民人群城市就业补足性协调发展的良性循环。

（三）突出社会互动中的助推作用

流动人口要想真正融入城市社会空间，解决群体社会融入分异问题，社会组织支持必不可少。规范的社会组织效能可以为流动人口群体的城市融入提供良好的组织渠道、团体帮助和支持。从这一逻辑上来讲，首先，城市社会组织要充分发挥好建设包容性城市的宣传动员作用。城市中存在着大量的社会性组织，它们深深扎根于民众之间，努力推动不同利益群体之间的良性互动。这些社会团体组织沟通作用的发挥促进了城市户籍居民与流动人口之间的友好对话和协商，增进了相互间的认识和了解，有效地实现了不同群体之间的包容共生、扶持并进。因此，一则，城市社会组织应该增加流动人口对社会组织的了解，增强这部分人群对社会组织的认可和群体信任，为下一步社会组织对于流动人口人力资源的吸收提供组织与情感基础。二则，社会组织要切实关注城市中流动人口的日常生活与心理健康建设需求，帮助这部分人群了解城市生活中的各类政策、制度，可以指派专业服务人员为这一类群体提供免费的咨询服务，以社会组织名义建立共融的平台，在开展常规项目的同时在民众思想上和行动上双管齐下，既要注重包容性理念价值的传递，又要适时开展包容性的帮扶活动，帮助城市中的流动人口群体树立健康的、正确的、包容开放的城市生活与社会交往的理念，增强与他人和谐相处的能力。三则，多层面、多渠道建立旨在促进流动人口子女与城市户籍居民人群子女之间的相互沟通和理解的项目和平台（例如建立多种类型的趣味组织、组织微公益类活动等），通过多种类活动的举办与参与，积极提升流动人口子女的社会参与度，提升他们在城市社会空间的融入能力，并通过代际传递最终实现流动人口社会融入群体分异因素的彻底消减。

其次，城市社区应当积极拓展服务职能和领域，提升社区的包容度。在社区设立专门的服务组织，增强流动人口的学习意识，实现帮助流动人口提高自身劳动素质和技能的目的。此外，社区应当引导和鼓励社区范围内的流动人群积极参与社区治理，为流动人口顺畅融入城市社区空间提供必要的支撑条件。积极发挥社区中公民论坛在实现城市居民与城市政府的良性互动中的作用。公民论坛是20世纪发展起来的一种公民参与社区政治生活的形式，作为一种自发形成的自治组织，其行动主要依托于社区公民的志愿、公益、互助等，表现出公民具有关心公共生活并承担自主管理责任的强烈愿望。论坛的主导者和组织者是由选举产生，具有志愿性、公益性和互助性。论坛以自愿的方式组成，实行完全开放式的制度，社区成员可以随时加入论坛。一般而言，社区成员就社区出现的一些问题或大家关心的事情提出自己的看法，并投入议题信箱之中，然后社区理事会和工作室对这些看法进行筛选和归类，并形成重要议题，提交到公民论坛。这一平台的建设与完善不仅有助于实现流动人群在城市社区基层管理中的政治参与与利益表达，更有助于实现流动人口城市融入的包容性权利建设。

三 流动人群自身提升能力占位

角度决定高度，立场决定命运。流动人口城市化过程中群体分异问题的解决不仅仅需要外部制度与社会环境的变革，也需要流动人口自身能够伴随场域的转化进行相应的立场与行为转变。基于此，群体分异问题的消解也需要流动人群自身从观念到行为做出相应变革，以增强其在城市社会的群体生存竞争力，提升社会地位。

（一）培养包容性城市化实践心态

人口城市化过程中，流动人口尽管在生活的物理空间上已经镶嵌到城市地域，但长期受乡村文化、传统生活方式的影响使他们难以快速适应城市生活、转变思维方式。不同的家庭结构、生活目标、社会交往方式、工作类别、相对较低的综合素质以及自卑心理等，都是导致流动人口被动或自主地与主流社会隔离的因素。从年龄、文化程度方面来看，流动人口是流出地的精英群体，但受文化以及教育资源质量影响，流动人口素质整体低于城市居民群体。因此，大多数流动人口会产生低人一等的自卑心理，从而主动将自己与城市群体隔离开来，社会交往意愿、主体参与意识低。为此，在流动人口城市化过程中，流动人口首先要转变心态，培育积极向上的健康心理，摒弃长期农村生产生活中形成的封闭思想观念和心理，发扬吃苦耐劳、勤俭朴实等精神，努力克服乡土文化中内向、自卑等消极思想和心理的影响，以宽容接纳的心态对待城市主流文化和市民，自觉增强对城市的归属感，增强城市"主人翁"意识，实现由农村人口到新市民的实质性转变。

（二）提升城市化实践的核心能力

流动人群自身城市化实践能力的提升不仅有利于居住、就业等群体分异城市化问题的内部性主体成因的消解，也有利于流动人口群体社会实践层面生存样态的提升。为此，一方面，流动人口自身应当积极参加政府及社会力量提供的各类职业与技能培训，努力提升自身融入城市空间的经济与就业能力。流动人口自身工作的非技能性和就业的非正规性决定了其收入水平的不稳定性和较低的收入预期，导致其城市化进程中进入城市空间的微观经济基础薄弱，以及群体居住与就业分异问题。因此，流动人口自身应当通过积极主动的提高与拓展自身的职业和技能培训的参与频率与范围，提升其技术水平和单位劳动时间所创造的价值，增加人力资本积累，提高其收入水平，为实现城市空间的主动融入提供经济成本与基础。以广东省为例，广东省东莞市实施了技能人才培养五年行动计划、新生代流动人口职业技能培训计划以及"一镇一品"技能人才培养、企业技能大师育才和"首席技师"计划，落实终身职业技能培训制度。当地城市中的流动人口抓住机遇，积极参加适合于自己的职业技能培训，待遇也逐步提高，与户籍人群间的差异逐渐缩小，城市社会生存的自信与能力也得到不同程度的增强。

另一方面，学习使用远程教育平台，树立终身学习的理念，不断提升自身的文化知识水平。现代远程教育具备的开放性、灵活性、共享性和多样性的特点很好地破解了流动人口教育培训中内容形式单一、灵活性不够、受众面窄、培训成本高等难题，在流动人口自身教育学习中具有不可替代的优势。流动人口自身应当根据自己的需要，在远程教育飞速发展的时代背景下运用优质网络资源去学习，接受新知识、新技术、新观念，及时更新自己的知识，提高个人的素质，适应城市社会和职业的新挑战。现代远程教育具有开放性和灵活性，学习者可以自由选择需要的、感兴趣的内容，在自己方便的时间和地点，用自己喜欢的方式进行学习。流动人口也可以利用空闲时间安排学习，闲时多学，忙时少学或不学，经常学习和听取一些优秀专家、学者的授课，享受多样性的教育资源，为自身储备所需的新知识、先进生产技术以及其他一些相关的就业市场信息，也可以为自身的就业与创业积淀做积累，提升自身适应城市空间生活的能力。

（三）提升社会参与的积极性与主动性

流动人口社会融入群体分异问题的解决需要流动人口群体自身做出积极改变：具体而言，首先，流动人口应当提升自身对于城市文化的适应与理解能力。城市文化与乡土文化之间存在巨大差异，因而提升流动人口群体自身的文化适应能力有助于促进流动人口群体自身对城市文化的理解与认知，加速自身的城市社会的融入。提高群体自身对城市文化适应能力就要增强自身对不同文化的理解和接受能力，尽快使自己融入到城市文化环境中去。所以，一则，流动人口群体要努力提高自身的教育水平和文化理解能力。二则，流动人口群体要通过训练和培养逐步提升对城市文化的适应能力，尝试用城市文化的视角和价值观念去观察和分析各种事物，加深对城市的理解。三则，流动人口群体要注意培养自身开拓进取的意识和观念，以应对环境变迁带来的新问题与新考验，顺利完成市民化的进程。

其次，城市社会融入过程中，流动人群自身要尝试积极拓展城市社交网络，寻求更广泛的信息、机会和资源，增加关系网络的异质性成分，更好地融入城市生活。具体而言，一则，流动人口自身要扩展社会交往，努力适应城市生活，主动培养城市定居的意愿，努力追求与保持稳定的就业与拥有城市平均生活水平的能力等。二则，流动人口自身要积极、主动地学习城市生活所需的生活、生产技能，适应城市社会规范与行为方式，提高自身的科学文化水平和专业技能，克服不良习惯，提升自身人力资本价值含金量。只有这样才能够更加快速地融入城市社会空间并获得来自城市户籍居民的认可、尊重。

再次，流动人口自身应当积极参与所在社区居委会、社区中心、志愿组织、文化团体等所组织的文化娱乐活动，主动融入社区，增强与城市户籍居民之间的相互信任与互动交往，并以此建立和谐的社区人际交往环境。社区内群体及个体间交往互动的频率越高，愈可以缩短与社区城市户籍居民之间的心理距离，创造更多沟通交流的机会。据此，流动人口可以通过为城市居民提供清洁维修、家政等服务，建立邻里间的友爱互助，完善流动人口自身与城市居民的常态沟通交流渠道，拉近彼此距离，打破交往隔阂。

最后，在城市权利空间的政治参与上，流动人口自身应当积极参与社区组织的选举与投票活动，积极参与来自社区的、社会的组织、工会与团体等，积极参与、发表对城市空间服务与权利的意见，满足自身维权和公共参与等方面的诉求。社区中的社会性的公益服务组织在实现流动人口专业帮扶、社区干预等方面具有很大优势。此外，流动人口应当明确自身对城市发展决策的知情权、参与权、监督权，积极主动地通过各种渠道方式参与城市建设与管理，通过实践城市共管共治、共融共生、共建共享的社会活动走出人口城市化发展进程中的群体社会融入分异困境。

结　　语

　　在流动人口城市化的推进过程中，任何国家及地方政府都不可能实现相关利益群体同步化发展的目标，势必会出现城市化发展利益博弈下的部分人口群体分异现象与问题，这既是人口城市化发展的必经历程，也是必然结果。但是历史实践表明：传统流动人口城市化过程中，相关社会治理进程存在以资本为核心、以利润率最大化为导向、以地方政府片面的 GDP 追求为价值特征、以制度公正相对缺失与管控排斥的治理特征导致城市化发展过程中流动人口与城市居民间的差距愈益加大，居住分化、职业排斥与群体隔离等流动人口群体分异问题层出不穷。因此，中国人口城市化的继续推进需要对当前群体分异问题的治理进行深入关切，需要以更具包容性的社会治理形式与路径实现异质群体的城市化利益"共容"，促进中国人口城市化的可持续深入发展。

　　本书以"乡城"这一流动人口为研究主体，以人口城市化问题为研究领域，以"群体分异"为研究切入视角，综合运用人口流动、人口城市化、社会包容与治理等相关理论，采用文献研究、案例研究与实证分析相结合的方法，在流动人口群体分异及其包容性治理研究框架的基础上，系统分析了流动人口群体分异这一人口城市化问题。围绕这一研究主题，具体研究了 4 个下属层次的问题领域：一是人口城市化进程中流动人口群体分异问题的纵向时序演进脉络与共性特点；二是当前人口城市化发展阶段的流动人口群体分异的差异化发展与特点；三是流动人口群体分异问题的生成，即分异因素的学理性分析与探讨；四是流动人口群体分异问题的社会包容性治理的探索与实践路径研究。通过上述研究问题的分层化领域聚

焦,得出以下关于流动人口群体分异问题研究的结论:

第一,流动人口作为人口城市化发展的主体力量,在长期的中国人口城市化阶段纵向历史时序演进中,自内而外地显露出包括(但不局限于)居住、就业与社会融入领域在内的城市化群体分异表现,且呈现出群体分异演进阶段的纵深累积性、群体分异主体人群的互斥隔离性、群体双向分异的时序差异性的一般演进特点。

第二,当前人口城市化发展阶段,流动人口群体分异(群体居住、就业、社会融入)这一城市化问题依然没有得到有效解决,同时呈现出新的差异性变化与特点,即群体居住差异结构场域已然改变、群体就业结构差异依旧且就业向上流动不明显、群体社会融入差异变化显著性不高且意愿与行动匹配性不强、群体内部差异凸显且内向型群体差异发展迅速。

第三,流动人口群体分异问题的形成有着复杂的社会背景与发展现实,概括而言为三大方面:即制度分异因素(包括乡村社会制度的封闭性限制、二元化的户籍制度限制、住房制度的覆盖真空空间存在、地方保护视域下的劳动就业制度限制与社会保障制度的碎片化限制)、社会发展分异因素(包括社会资本误配、社会网络失衡)与相关主体分异因素(包括政府主体理念导向偏失、流动人口群体城市化实践内卷与竞利能力短缺、受市场主体资本利益逻辑影响、城市公众群体比较收益博弈)等。

第四,基于流动人口群体分异因素的复杂性与问题表现,包容性治理在治理目标的导向转变、治理方略的确立以及相关主体的行为重塑方面为流动人口群体分异因素的消解提供了治理路径启示,因而,研究在包容性治理理念的启示下提出流动人口群体分异问题的包容性社会治理变革路径。(制度变革、社会变革与相关主体变革路径)

本书通篇研究的是借由既有自然地理学中的学术术语与管理学实际问题分析的情景转化,同时结合管理学中既有的包容性社会治理研究,为中国人口城市化发展进程中城市化问题的表现与治理寻找新的学理性解释与路径探索,故研究在部分程度上可以说具有探索与新颖性。同时,由于是探索性的跨学科研究情景转化,必然会存在些许部分(群体分异城市化问题涵盖范围〈研究中主要以居住、就业与社会融入群体分异为例展开〉局限等）的迁移融合度欠佳问题，这是下一步有待继续拓展与深入论证的方向。一言以蔽之，本书对当前群体分异这一流动人口城市化问题的治理进行深入关切，并对更具包容性的群体分异问题的城市社会治理形式与路径进行了研究探索，以期为流动人口群体分异问题的解决与中国人口城市化发展的纵深推进贡献一份力量。

流动人口 CMDS 问卷涉及城市名单

省份	样本地区名称			
北京市 （16）	东城区	西城区	朝阳区	丰台区
	石景山区	海淀区	门头沟区	房山区
	通州区	顺义区	昌平区	大兴区
	怀柔区	平谷区	密云区	延庆区
天津市 （16）	和平区	河东区	河西区	南开区
	河北区	红桥区	东丽区	西青区
	津南区	北辰区	武清区	宝坻区
	滨海新区	宁河区	静海区	蓟县
河北省 （11）	石家庄市	唐山市	秦皇岛市	邯郸市
	邢台市	保定市	张家口市	承德市
	沧州市	廊坊市	衡水市	
山西省 （11）	太原市	大同市	阳泉市	长治市
	晋城市	朔州市	晋中市	运城市
	忻州市	临汾市	吕梁市	
内蒙古自治区 （12）	呼和浩特市	包头市	乌海市	赤峰市
	呼伦贝尔市	兴安盟	通辽市	锡林郭勒盟
	乌兰察布市	鄂尔多斯市	巴彦淖尔市	阿拉善盟
辽宁省 （13）	沈阳市	大连市	鞍山市	本溪市
	丹东市	锦州市	营口市	阜新市
	辽阳市	盘锦市	铁岭市	朝阳市
	葫芦岛市			

续表

省份	样本地区名称			
吉林省 （8）	长春市	吉林市	四平市	辽源市
	白山市	松原市	白城市	延边州
黑龙江省 （17）	哈尔滨市	齐齐哈尔市	鸡西市	鹤岗市
	双鸭山市	大庆市	伊春市	佳木斯市
	七台河市	牡丹江市	黑河市	绥化市
	大兴安岭地区	农垦总局	森工总局	绥芬河市
	抚远市			
上海市 （16）	黄浦区	徐汇区	长宁区	静安区
	普陀区	虹口区	杨浦区	闵行区
	宝山区	嘉定区	浦东新区	金山区
	松江区	青浦区	奉贤区	崇明区
江苏省 （13）	南京市	无锡市	徐州市	常州市
	苏州市	南通市	连云港市	淮安市
	盐城市	扬州市	镇江市	泰州市
	宿迁市			
浙江省 （11）	杭州市	宁波市	温州市	嘉兴市
	湖州市	绍兴市	金华市	衢州市
	舟山市	台州市	丽水市	
安徽省 （16）	合肥市	芜湖市	蚌埠市	淮南市
	马鞍山市	淮北市	铜陵市	安庆市
	黄山市	滁州市	阜阳市	宿州市
	六安市	亳州市	池州市	宣城市
福建省 （9）	福州市	厦门市	莆田市	三明市
	泉州市	漳州市	南平市	龙岩市
	宁德市			
江西省 （11）	南昌市	景德镇市	萍乡市	九江市
	新余市	鹰潭市	赣州市	吉安市
	宜春市	抚州市	上饶市	

省份	样本地区名称			
山东省 （17）	济南市	青岛市	淄博市	枣庄市
	东营市	烟台市	潍坊市	济宁市
	泰安市	威海市	日照市	莱芜市
	临沂市	德州市	聊城市	滨州市
	菏泽市			
河南省 （18）	郑州市	开封市	洛阳市	平顶山市
	安阳市	鹤壁市	新乡市	焦作市
	濮阳市	许昌市	漯河市	三门峡市
	南阳市	商丘市	信阳市	周口市
	驻马店市	济源市		
湖北省 （15）	武汉市	黄石市	十堰市	宜昌市
	襄阳市	鄂州市	荆门市	孝感市
	荆州市	黄冈市	咸宁市	随州市
	恩施州	仙桃市	天门市	
湖南省 （14）	长沙市	株洲市	湘潭市	衡阳市
	邵阳市	岳阳市	常德市	张家界市
	益阳市	郴州市	永州市	怀化市
	娄底市	湘西州		
广东省 （21）	广州市	韶关市	深圳市	珠海市
	汕头市	佛山市	江门市	湛江市
	茂名市	肇庆市	惠州市	梅州市
	汕尾市	河源市	阳江市	清远市
	东莞市	中山市	潮州市	揭阳市
	云浮市			
广西壮族自治区 （14）	南宁市	柳州市	桂林市	梧州市
	北海市	防城港市	钦州市	贵港市
	玉林市	百色市	贺州市	河池市
	来宾市	崇左市		

续表

省份	样本地区名称			
海南省 （16）	海口市	三亚市	儋州市	五指山市
	琼海市	文昌市	万宁市	东方市
	屯昌县	澄迈县	昌江县自治县	乐东自治县
	陵水自治县	保亭自治县	琼中自治县	洋浦经济开发区
重庆市 （32）	万州区	涪陵区	渝中区	大渡口区
	江北区	沙坪坝区	九龙坡区	南岸区
	北碚区	綦江区	渝北区	巴南区
	黔江区	长寿区	江津区	合川区
	永川区	璧山区	铜梁区	荣昌区
	两江新区	梁平区	垫江县	武隆区
	开州区	云阳县	奉节县	巫山县
	石柱自治县	秀山自治县	酉阳自治县	彭水自治县
四川省 （21）	成都市	自贡市	攀枝花市	泸州市
	德阳市	绵阳市	广元市	遂宁市
	内江市	乐山市	南充市	眉山市
	宜宾市	广安市	达州市	雅安市
	巴中市	资阳市	阿坝州	甘孜州
	凉山州			
贵州省 （9）	贵阳市	六盘水市	遵义市	安顺市
	毕节市	铜仁市	黔西南州	黔东南州
	黔南州			
云南省 （16）	昆明市	曲靖市	玉溪市	保山市
	昭通市	丽江市	普洱市	临沧市
	楚雄州	红河州	文山州	西双版纳州
	大理州	德宏州	怒江州	迪庆州
西藏自治区（3）	拉萨市	日喀则地区	林芝地区	
陕西省 （11）	西安市	铜川市	宝鸡市	咸阳市
	渭南市	延安市	汉中市	榆林市
	安康市	商洛市	杨凌示范区	

省份	样本地区名称			
甘肃省 （14）	兰州市	嘉峪关市	金昌市	白银市
	天水市	武威市	张掖市	平凉市
	酒泉市	庆阳市	定西市	陇南市
	临夏州	甘南州		
青海省 （8）	西宁市	海东市	海北州	黄南州
	海南州	果洛州	玉树州	海西州
宁夏回族自治区 （5）	银川市	石嘴山市	吴忠市	固原市
	中卫市			
新疆维吾尔 自治区（14）	乌鲁木齐市	克拉玛依市	吐鲁番市	哈密地区
	昌吉州	博尔塔拉州	巴音郭楞州	阿克苏地区
	克孜勒苏州	喀什地区	和田地区	伊犁州
	塔城地区	阿勒泰地区		
新疆生产建设 兵团（11）	第一师	第二师	第三师	第四师
	第五师	第六师	第七师	第八师
	第十师	第十一师	第十二师	

受访对象说明

问卷的受访对象为调查前一个月前来本地居住、非本区（县、市）户口且年龄在 15 周岁及以上的、户籍性质为"农业"的流入人口。目标总体中不包括调查时在车站、码头、机场、旅馆、医院等地点的瞬时流入人口，不包括身份为"在校学生"的流动人口。对符合抽样总体要求但在非正规场所（临时工地、废弃厂房、路边等）居住的流入人口编制进相应的抽样框内，调查对象共计140563人。

参考文献

著　作

中文著作

白光润：《应用区位论》，科学出版社 2009 年版。

白国强：《城市化的选择——城乡空间均衡及其实现》，广东人民出版社 2013 年版。

费孝通：《乡土中国》，北京大学出版社 1998 年版。

辜胜祖：《非农化与城镇化研究》，浙江人民出版社 1991 年版。

国家人口和计划生育委员会流动人口服务管理司：《流动人口理论与政策综述报告》，中国人口出版社 2010 年版。

黄建钢：《群体心态论》，浙江大学出版社 2004 年版。

珂兰君：《都市里的村民——中国大城市的流动人口》，中央编译出版社 2001 年版。

李春玲：《中国城镇社会流动》，社会科学文献出版社 1997 年版。

李竞能：《现代西方人口理论》，复旦大学出版社 2004 年版。

李强：《农民工与中国社会分层》，社会科学文献出版社 2012 年版。

李怡涵：《中国省际人口迁移的空间区域分布特征及相关问题研究》，中国社会科学出版社 2017 年版。

王佃利、曹现强：《城市管理学》，首都经济贸易大学出版社 2007 年版。

王俊祥、王洪春：《中国流民史·现代卷》，武汉大学出版社 2015 年版。

王培安：《流动人口理论与政策综述报告》，中国人口出版社 2010 年版。

吴晓:《我国大流动人口居住空间解析——面向农民工的实证研究》,东南大学出版社 2010 年版。

谢建社:《新生代农民工融入城镇问题研究》,人民出版社 2011 年版。

许耀桐:《政治学》,对外经济贸易出版社 2010 年版。

颜咏华:《中国人口流动对城市化进程的影响》,经济科学出版社 2017年版。

杨宏山:《转型中的城市治理》,中国人民大学出版社 2017 年版。

尹艳华:《现代城市政府与城市管理》,上海大学出版社 2003 年版。

俞可平:《治理与善治》,社会科学文献版社 2000 年版。

张弥:《中国人口史论纲》,中国财富出版社 2020 年版。

张占斌:《城镇化建设的保障房研究》,河北人民出版社 2013 年版。

赵伟:《城市经济理论与中国城市发展》,武汉大学出版社 2005 年版。

中华人民共和国建设部:《中华人民共和国国家标准城市规划术语》,中国建筑工业出版社 2008 年版。

钟水映:《人口流动与社会经济发展》,武汉大学出版社 2000 年版。

左学金、朱宇、王贵新:《中国人口城市化和城乡统筹发展》,上海世纪出版社 2007 年版。

中文译著

[印度] 阿马蒂亚·森:《论经济不平等:不平等之再考察》,王利文、王占杰译,社会科学文献出版社 2006 年版。

[美] 爱德华·苏贾:《寻求空间正义》,高春花译,社会科学文化出版社 2016 年版。

[美] 爱德华·W. 索亚:《后大都市:城市和区域的批判性研究》,李钧等译,上海教育出版社 2006 年版。

[英] 安德鲁·海伍德:《政治学核心概念》,吴勇译,天津人民出版社 2008 年版。

[英] 大卫·哈维:《新自由主义化的空间》,王志弘译,群学出版社 2018年版。

［美］戴维·W 约翰逊、弗兰克·P. 约翰逊：《合作的力量——群体工作原理与技巧》，崔丽娟，王鹏等译，上海人民出版社 2016 年版。

［南非］毛里西奥·帕瑟琳·登特里维斯：《作为公共协商的民主：新的视角》，王英津等译，中央编译出版社 2006 年版。

［美］唐纳德·德沃金：《至上的美德——平等的理论与实践》，冯克利译，江苏人民出版社 2003 年版。

外文著作

Park, R. E., Burgess, E. W., *The City*, Chicago：University of Chicago Press, 1967.

Iris M. Young, *Justice and the Politics of Difference*, Princeton：Princeton University Press, 1990.

Ostron, Elinor, *Governing the Commons：The Evolution of Institutions for Collective Action*, London：Cambridge University Press, 1990.

Soja E. W., *Seeking Spatial Justice*, Sarthe：University of Minnesota Press：Minneapolis, 2010.

Wu F., *China's Emerging Cities：The Making of New Urbanism*, New York：Rout Ledge, 2007.

Castells M., *The Urban Question：A Marxist Approach*, Paris：Mit Press, 1997.

Clark W. A. V., *Human Migration*, London：SAGE Publications Press, 1986.

Derek G., Ron J., Geraldine P., *The Dictionary of Humageography*, Chichester：John Wiley & Sons Press, 2009.

Henri Lefebvre, *The Production of Space*, Main Street Maiden：Wiley Blavkwel Press, 1992.

Jin Mou, Sian M., Griffiths, *Health of China's Rural Urban Migrants and Their Families：A Review of Literature from* 2000 *to* 2012, Lindon：Oxford University Press, 2013.

John Friedmann, *China's Urban Transition*, Sarthe：University of Minnesota

Press, 2005.

Lee, E. S. A., "Theory of Migration", *Demography Press*, Vol. 3, No. 1, 1966, pp. 47 – 57.

Maesen, L., Walker, A., *Social Quality*: *From Theory to Indicators*, New York: Palgrave Macmillan, 2012.

Montgomery, M. R., R. Stren, B. Cohen and H. E. Reed, *Cities Transformed*: *Demographic Change and Its Implications in the Developing World*, New York: National Academies Press, 2003.

Sam Hickey, Kunal Sen, Badru Bukenya, *The Politics of Inclusive Development*, Lindon: Oxford University Press, 2014.

Wilson C., *The Dictionary of Demography*, Lindon: Basil Blackwell Ltd., 1986.

论　文

中文论文

期刊论文

白极星、周京奎、佟亮:《人口流动、城市开放度与住房价格——基于2005—2014年35个大中城市面板数据经验研究》,《经济问题探索》2016年第8期。

班茂盛、祝成生:《户籍改革的研究状况及实际进展》,《人口与经济》2000年第1期。

蔡昉:《人口迁移和流动的成因,趋势与政策》,《中国人口科学》1995年第6期。

蔡建民:《城市流动人口社会保障问题探析》,《济南大学学报》(社会科学版)2007年第2期。

曾永明、张利国:《户籍歧视、地域歧视与农民工工资减损—来自2015年全国流动人口动态监测调查的新证据》,《中南财经政法大学学报》2018年第5期。

陈丙欣、叶裕民：《中国流动人口的主要特征及对中国城市化的影响》，《城市问题》2013 年第 3 期。

陈明星、陆大道、张华：《中国城市化水平的综合测度及其动力因子分析》，《地理学报》2009 年第 4 期。

陈小娟：《农村流动人口的文化社会学研究》，《安徽大学学报》2004 年第 1 期。

成华威、刘金星：《经济发展与农村流动人口的城市融合》，《河南社会科学》2015 年第 4 期。

邓集文：《包容性治理的伦理向度》，《伦理学研究》2020 年第 6 期。

翟锦云、马建：《我国广东省人口迁移问题探讨》，《人口研究》1994 年第 2 期。

翟振武、王宇、石琦：《中国城市流动人口走向何方？》，《人口研究》2019 年第 2 期。

杜凤莲、高文书：《中国流动人口：特征及其检验》，《市场与人口分析》2004 年第 4 期。

段成荣、王莹：《流动人口的居住问题》，《北京行政学院学报》2006 年第 6 期。

段成荣：《改革开放以来我国人口变动的九大趋势》，《人口研究》2008 年第 6 期

付晓东：《中国流动人口对城市化进程的影响》，《中州学刊》2007 年第 6 期。

高春凤：《标签理论视角下流动人口融入城市问题研究》，《农业考古》2011 年第 6 期。

顾朝林、蔡建明、张伟等：《中国大中城市流动人口迁移规律研究》，《地理学报》1999 年第 3 期。

郭虹：《从"外来人口"到"流动人口"——城市化中一个亟待转变的观念》，《经济体制改革》2000 年第 5 期。

郭竞成：《杭州流动人口城市融入调查报告》，《城市观察》2014 年第 2 期。

何朝银：《人口流动与当代中国农村社会分化》，《浙江社会科学》2006 年第 2 期。

侯文克：《非定性移民视角下的流动人口城市化进程》，《齐齐哈尔大学学报》（哲学社会科学版）2015 年第 6 期。

江智华：《中国人口城市化综述》，《北方经济》2013 年第 1 期。

李春城：《包容性治理：善治的一个重要向度》，《领导科学》2011 年第 7 期。

李瑠：《外出打工人员规模、流动范围及其他》，《中国农村经济》1994 年第 9 期。

李婕、胡滨：《中国当代人口城市化、空间城市化与社会风险》，《人文地理》2012 年第 5 期。

李明欢：《20 世纪西方国际移民理论》，《厦门大学学报》2000 年第 4 期。

李培林：《流动民工的社会网络和社会地位》，《社会学研究》1996 年第 4 期。

李烁、曹现强：《以包容性城市治理推动城市转型发展》，《行政论坛》2018 年第 4 期。

李拓、李斌：《中国跨地区人口流动的影响因素——基于 286 个城市面板数据的空间计量检验》，《中国人口科学》2015 年第 2 期。

李子明、王磊：《地方政府与包容性城乡一体化》，《国际城市规划》2013 年第 3 期。

林李月、朱宇：《两栖状态下流动人口的居住状态及其制约因素》，《人口研究》2008 年第 3 期。

刘传江、程建林：《双重户籍墙对农民市民化的影响》，《经济学家》2009 年第 10 期。

刘光宇：《论中国快速人口城市化进程中的公共住宅问题》，《社会科学家》2004 年第 4 期。

刘厚莲：《我国特大城市流动人口住房状况分析》，《人口学刊》2016 年第 5 期。

刘世定、邱泽奇：《内卷化概念辨析》，《社会学研究》2004 年第 5 期。

罗淳：《中国"城市化"的认识重构与实践再思》，《人口研究》2013 年第 5 期。

罗震宇：《城市居住空间分异与群体隔阂——对失地农民城市居住问题与对策的思考》，《城市发展研究》2009 年第 1 期。

吕露光：《从分异隔离走向和谐交往——城市社会交往研究》，《学术界》2005 年第 3 期。

孟杰、孙巍：《让流动人口心有所寄》，《人民论坛》2017 年第 11 期。

明芬：《农民工家庭人口迁移模式及影响因素分析》，《中国农村经济》2009 年底 2 期。

农村剩余劳动力转移与劳动力市场课题组：《28 个县（市）农村劳动力跨区域流动的调查研究》，《中国农村经济》1995 年第 4 期。

戚伟、刘盛和、赵美风：《中国城市流动人口及市民化压力分布格局研究》，《经济地理》2016 年第 5 期。

任远、邬民乐：《城市流动人口的社会融合：文献述评》，《人口研究》2006 年第 3 期。

任远：《谁在城市中逐步沉淀了下来？——对流动人口个人特征及居留模式的分析》，《吉林大学社会科学学报》2008 年第 4 期。

商俊峰：《加强流动人口的宏观调控充分发挥流动人口在城市化中的作用》，《中国人口科学》1996 年第 4 期。

沈建法：《中国人口迁移，流动人口与城市化——现实、理论与对策》，《地理研究》2019 年第 1 期。

石恩名、刘望保、唐艺窈：《国内外社会空间分异测度研究综述》，《地理科学进展》，2015 年第 7 期。

孙柏亮：《治理模式的内在缺陷与政府主导的多元治理模式的构建》，《武汉理工大学学报》2010 年第 1 期。

孙永正：《城市化滞后：扩大内需的深层梗阻》，《苏州城市建设环境保护学院学报（社科版）》，1999 年第 1 期。

孙中和：《中国城市化基本内涵与动力机制研究》，《财经问题研究》2001 年第 11 期。

田凯:《关于农民工的城市适应性的调查分析与思考》,《社会科学研究》1995 年第 5 期。

万广华、朱翠萍:《中国城市化面临的问题与思考:文献综述》,《世界经济交通》2016 年第 6 期。

王春光:《农村流动人口的"半城市化"问题研究》,《社会学研究》2006 年第 5 期。

王桂新:《城市化基本理论与中国城市化的问题及对策》,《人口研究》2013 年第 6 期。

王明涵、于莉:《城市化背景下流动人口的城市融入研究》,《管理观察》2019 年第 8 期。

王小鲁:《城市化与经济增长》,《经济社会体制比较》2002 年第 1 期。

王泽群、于扬铭:《论城市少数民族流动人口的社会保障问题》,《西北人口》2009 年第 3 期。

魏津生:《中国城市流动人口的基本概念、状况和问题》,《人口与计划生育》1999 年第 6 期。

文军、沈东:《当代中国城乡关系的演变逻辑与城市中心主义的兴起——基于国家、社会与个体的三维透视》,《探索与争鸣》2015 年第 7 期。

吴凡、韦伯:《关于我国社会主义城市化问题》,《城市规划》1979 年第 5 期。

谢治菊:《论承认差异的平等正义》,《福建行政学院学报》2015 年第 1 期。

徐莉、林雪明:《流动人口子女教育与"城市梦"的实现》,《宁波大学学报(教育科学版)》2018 年第 4 期。

徐倩:《包容性治理:社会治理的新思路》,《江苏社会科学》2015 年第 4 期。

徐祖荣:《社会融入:推进流动人口城市化的路径分析》,《中共南京市委党校学报》2008 年第 4 期。

许经勇:《中国特色城镇化、农民工特殊群体与发展县域经济》,《当代经济研究》2006 年第 6 期。

杨波、朱道才、景治中:《城市化的阶段特征与我国城市化道路的选择》,《上海经济研究》2006 年第 2 期。

杨菊华:《制度要素与流动人口的住房保障》,《人口研究》2018 年第 1 期。

杨胜利、王艺霖:《流动人口就业稳定性与收入差异——基于异质性视角的分析》,《重庆工商大学学报》(社会科学版) 2020 年第 11 期。

叶裕民、黄壬侠:《中国流动人口特征与城市化政策研究》,《中国人民大学学报》2004 年第 2 期。

尹德挺、苏扬:《建国 60 年流动人口演进轨迹与若干政策建议》,《改革》2009 年第 9 期。

尹利民、田雪森:《包容性治理:内涵、要素与逻辑》,《学习论坛》,2021 年第 4 期。

俞可平:《治理和善治引论》,《马克思主义与现实》1999 年第 5 期。

俞玲、张海峰、姚先国:《户籍地影响农民工工资吗?——基于杭州市外来农民工问卷调查的实证研究》,《财经论丛》2017 年第 12 期。

袁方成、姚化伟:《政策推进、社会流动与利益分化——我国城市化进程中的社会风险及其特征》,《理论与改革》2011 年第 4 期。

张茂林:《改革开放以来的人口流动研究》,《西北人口》1995 年第 4 期。

张子珩:《中国流动人口居住问题研究》,《人口学刊》2005 年第 2 期。

赵乐东:《新时期人口流动和流动人口的统计学研究》,《经济经纬》2005 年第 6 期。

赵民、朱志军:《论城市化与流动人口》,《城市规划汇刊》1998 年第 1 期。

朱传耿、顾朝林、张伟:《中国城市流动人口的特征分析》,《人口学刊》2001 年第 2 期。

学位论文

毕琳:《我国城市化发展研究》,博士学位论文,哈尔滨工程大学,2005 年。

陈藻:《农民工"半城市化"问题研究》,博士学位论文,西南财经大学,

2013 年。

公磊：《城市化、分工和经济发展》，博士学位论文，辽宁大学，2012 年。

何念如：《中国当代城市化理论研究（1979—2005）》，博士学位论文，复旦大学，2006 年。

贺韵竹：《城市化进程中公交服务商业模式创新研究》，博士学位论文，大连海事大学，2020 年。

刘英群：《中国城市化：经济、空间和人口》，博士学位论文，东北财经大学，2011 年。

卢继宏：《人口均衡城市化的基本问题与路径选择研究》，博士学位论文，西南财经大学，2012 年。

齐爽：《英国城市化发展研究》，博士学位论文，吉林大学，2014 年。

王通：《中国社会流动的特殊性：表现、成因及对策研究》，博士学位论文，南开大学，2019 年。

王知非：《中国城市化进程与经济增长互动关系及推进城市化政策研究》，博士学位论文，东北师范大学，2015 年。

周丽萍：《中国人口城市化质量研究》，博士学位论文，浙江大学，2011 年。

外文论文

Bo Hou, James Nazroo, James Banks et al., "Are Cities Good for Health? A Study of the Impacts of Planned Urbanization in China", *Environment*, *Green Space and Pollution*, Vol. 4, No. 1, Aug. 2019.

Maecuse P., "Form Critical Urban to Theory to the Right City", *City*, Vol. 13, No. 1, Jun 2009.

Stark, Oded, J. E. Taylor, "Migration Incentives, Migration Types: The Role of Relative Deprivation", *Economic Journal*, Vol. 408, No. 101, Sep. 1991.

Zhang L. W., Liu S. S., Zhang G. Y., Wu S. L., "Internal Migration and the Health of the Returned Population: A Nationally Representative Study of China", *BMC Public Health*, Vol. 9, No. 1, Jul. 2015.

Abdul Raheem I. S., "Health Needs Assessment and Determinants of Health-seeking Behavior Among Elderly Nigerians: A House-hold Survey", *Ann Afr Med*, Vol. 6, No. 1, Jul. 2007.

Buhaug, H., Urdal, H., "An Urbanization Bombs? Population Growth and Social Disorder in Cities", *Glob*, *Environ Chang*, Vol. 23, No. 1, Feb. 2013.

Chan K. W., "The Chinese Hukou System at 50," Eurasian Geography and Economics, Vol. 50, No. 2, May 2009.

Florida R., "The Rise of the Creative Class", *Washington Monthly*, Vol. 35, No. 1, Jun 2002.

Gibbs, J. P., Martin, W. T., "Urbanization and Natural Resources: A Study in Organizational Ecology", *American Sociological Review*, Vol. 3, No. 23, Jun 1958.

Ivan Turok, "Urbanization and Economic Growth: The Arguments and Evidence for Africa and Asia" *Environment & Urbanization*, Vol. 25, No. 2, Jun 2013.

Ivana Přidalová, Jiří Hasman, "Immigrant Groups and the Local Environment: Socio-spatial Differentiation in Czech Metropolitanareas", *Geografisk Tidsskrift-Danish Journal of Geography*, Vol. 13, No. 1, Aug. 2017.

Klemetti R., Regushevskaya E., Zhang W. H. et al., "Unauthorized Pregnancies and Use of Maternity Care in Rural China", *Eur J. Contracep Reprod Health Care*, Vol. 16, No. 1, Oct. 2011.

Lunga, V., "Empowerment Through Inclusion: The Case of Women in the Discourses of Advertising in Botswana", *Perspectives on Global Development and Technology*, Vol. 14, No. 1, Aug. 2002.

Ma L. J. C., Xiang B., "Native Place, Migration and the Emergence of Peasantenclaves in Beijing", *The China Quarterly*, Vol. 1, No. 1, Sep. 1998.

Ma L. J. C., "Urban Transformation in China, 1949 – 2000: A Review and Research Agenda", *Environment and Planning A*, Vol. 34, No. 9, Sep. 2002.

Rosen Sherwin, "The Theory of Equalizing Differences", *Handbook of Labor Economics*, Vol. 1, No. 1, Feb. 1987.

Sjoberg Ö. , "Shortage, Priority and Urban Growth: Towards a Theory of Urban-ization Under Central Planning", *Urban Studies*, Vol. 13, No. 1, Dec. 1999.

Sun, P. J. , Song, W. ; Xiu, C. L. , Liang, Z. M. , "Non-coordination in China's Urbanization: Assessment and Affecting Factors, China", *Geogr. Sci*, Vol. 23, No. 1, Sep. 2013.

Bhugra, D. , A. , "Mastrogianni, Globalization, Mental Disorders, Overview with Relation to Depression", *The British Journal of Psychiatry*, Vol. 184, No. 1, Jan. 2004.

Bygbjerg, I. C, "Double Burden of Noncommunicable and Infectious Diseases in Developing Countries", *Science*, Vol. 337, No. 1, Sep. 2012.

Chan, K. , Evans, S. , Ng, Y. -L. , Chiu, M. Y. -L. & Huxley, P. J. , "A Concept Mapping Study on Social Inclusion in Hong Kong", *Social Indicators Research*, Vol. 119, No. 1, Oct. 2014.

Cherayi, S. , Jose, J. P. , "Empowerment and Social Inclusion of Muslim Women: Towards a New Conceptual Model", *Journal of Rural Studies*, Vol. 45, No. 1, Jun 2016.

Chinn, M. D. , R. W. , Fairlie, "The Determinants of the Global Digital Divide: A Cross-Country Analysis of Computer and Internet Penetration", *Oxford Eco-nomic Papers*, Vol. 59, No. 1, Aug. 2006.

Clark, B. , Foster, J. B. , "The Environmental Conditions of the Working Class: An Introduction to Selections from Frederick Engels's the Condition of the Working Class in England in 1844", *Organization & Environment*, Vol. 19, No. 1, Sep. 2006.

Cremer, D. De & Tyler, T. R. , "Am I Respected or Not? Inclusion and Repu-tation as Issues in Group Membership", *Social Justice Research*, Vol. 18, No. 2, Jun 2005.

Davis, K. , "The Origin and Growth of Urbanization in the World", *American Journal of Sociology*, Vol. 60, No. 1, Mar. 1955.

DeWall, C. N. , Bushman, B. J. , "Social Acceptance and Rejection: The

Sweet and the Bitter", *Current Directions in Psychological Science*, Vol. 4, No. 1, Aug. 2011.

Fredericks, B., "What Health Services within Rural Communities Tell us about Aboriginal People and Aboriginal Health", *Rural Society*, Vol. 20, No. 1, Dec. 2010.

Frederickson, N., Simmonds, E., Evans, Soulsby, C., "Assessing the Social and Affective Outcomes of Inclusion", *British Journal of Special Education*, Vol. 34, No. 2, Jul. 2007.

Gong P., Liang S., Carlton E. J. et al., "Urbanization and Health in China", *The Lancet*, Vol. 1, No. 1, Mar. 2012.

Greenfield E. A., "Age-friendly Initiatives, Social Inequalities and Spatial Justice", *Hastings Center Report*, Vol. 48, No. 1, Oct. 2018.

Gupta, J. Pouw N. R., MRos-Tonen, M. A. F, "Towards an Elaborated Theory of Inclusive Development", *European Journal of Development Research*, Vol. No. 10, Sep. 2015.

Gutièrrez, L. M., "Understanding the Psychological Empowerment Process: Does Consciousness Make a Difference?", *Social Work Research*, Vol. 19, No. 1, Dec. 1995.

Hall, S. A., "The Social Inclusion of People with Disabilities: A Qualitative Metaanalysis", *Journal of Ethnographic & Qualitative Research*, Vol. 3, No. 1, Jan. 2009.

He S., Li Z., Wu F., "Transformation of the Chinese City, 1995 – 2005: Geographical Perspectives and Geographers' Contributions", *China Information*, Vol. 20, No. 3, Nov. 2006.

Jansen, Wiebren S., Otten, Sabine; van der Zee, Karen I, Jans, Lise, "Inclusion: Conceptualization and Measurement", *European Journal of Social Psychology*, Vol. 44, No. 4, Mar. 2014.

Kohler, S., "Can Internet Access Growth Help Reduce the Global Burden of Noncommunicable Diseases?", *Online Journal of Public Health Informatics*,

Vol. 5, No. 2, Jul. 2013.

Ma L. J. C., "Viewpoint: China's Authoritarian Capitalism: Growth, Elitism and Legitimacy", *International Development Planning Review*, Vol. 31, No. 1, Nov. 2009.

Marino-Francis, F., Worrall-Davies, A., "Development and Validation of a Social Inclusion Questionnaire to Evaluate the Impact of Attending a Modernized Mental Health Day Service", *Mental Health Review Journal*, Vol. 15, No. 1, Apr. 2010.

Massey D. S., "Reflections on the Dimisions If Segregation", *Social Forces*, Vol. 91, No. 1, Sep. 2012.

McDade, T. W., L. S., Adair, "Defining the 'Urban' in Urbanization and Health: A Factor Analysis Approach", *Social Science and Medicine*, Vol. 53, No. 1, July 2001.

Miech R., Eaton W., Liang, "Occupational Stratification over the Life Course", *Work and Occupations*, Vol. 30, No. 4, Nov. 2003.

Pannell C. W., "China's Urban Geography", *Progress in Human Geography*, Vol. 14, No. 2, Jun 1990.

Sachs, I., "From Poverty Trap to Inclusive Development in LDCs", *Economic and Political Weekly*, Vol. 39, No. 18, Jan. 2004.

Stark O., D. Bloom, "The New Economics of Labor Migration", *American Economic Review*, Vol. 75, No. 1, May 1985.

Tana Cristina Licsandru, Charles Chi Cui, "Subjective Social Inclusion: A Conceptual Critique for Socially Inclusive Marketing", *Journal of Business Research*, Vol. 82, No. 1, Jan. 2018.

Yan X., "Chineseurban Geography Since the Late 1970s", *Urban Geography*, Vol. 16, No. 6, May 1995.

Chen J., "Internal Migration and Health: Re-examining the Healthy Migrant Phenomenon in China" *Social Science Med*, Vol. 72, No. 1, Apr. 2011.

Collins, H., "Discrimination, Equality and Social Inclusion" *The Modern Law*

Review, Vol. 1, No. 1, Jan. 2003.

Florida, R., C., Mellander, H. Qian, "China's Development Disconnect", *Environment and Planning A*, Vol. 44, No. 3, Mar. 2012.

Gupta, J., Pouw, N. R. M., Ros-Tonen, M. A. F., "Towards an Elaborated theory of Inclusive Development", *European Journal of Development Research*, Vol. 27, No. 4, Aug. 2015.

Haijun Wang, Qingqing He, Yanhua Zhuang etc., "Glibal Urbanization Research from 1991 to 2009: A Systematic Research Review", *Landscape and Urban Planning*, Vol. 104, No. 3, March 2012.

Hao P., Sliuzas R., Geertman S., "The Development and Redevelopment of Urban Villages in Shenzhen", *Habitat International*, Vol. 35, No. 2, Apr. 2011.

Ivan Turok, "Urbanization and Economic Growth: The Arguments and Evidence for Africa and Asia", *Environment & Urbanization*, Vol. 25, No. 2, June 2013.

J. M. Bryson, B. C. Crosby, M. M. Stone, "Designing and Implementing Cross-sector Collaborations: Needed and Challenging", *Public Administration Review*, Vol. 1, No. 5, Aug. 2015.

Kohler, S., "Can Internet Access Growth Help Reduce the Global Burden of Noncommunicable Diseases?" *Online Journal of Public Health Informatics*, Vol. 5, No. 2, June 2013.

Lark G. H., Ballard K. P., "The Demand and Supply of Labor and Interstate Relative Wages an Empirical Analysis", *Economic Geography*, Vol. 57, No. 1, Apr. 1981.

Ma L. J. C., "Urban Transformation in China, 1949 – 2000: A Review and Research Agenda", *Environment and Planning A*, Vol. 34, No. 5, Sep. 2002.

Marcuse, P., "From Critical Urban Theory to the Right to the City", *City*, Vol. 13, No. 3, Sep. 2009.

Marshall, S. J., "Developing Countries Face Double Burden of Disease", *Bul-

letin of the World Health Organization, Vol. 82, No. 7, July 2004.

Munoz S. , "Urban Precarity and Home: There is no 'Right to the City'", *Annals of the American Association of Geographers*, Vol. 2, No. 1, Dec. 2018.

Ottaviano, Peri, "The Economic Value of Cultural Diversity: Evidence from US Cities", *Journal of Economic Geography*, Vol. 6, No. 1, June 2005.

Pacione M. , "Urban Environmental Quality and Human Wellbeing—A Social Geographical Perspective", *Landscape & Urban Planning*, Vol. 1, No. 65, Sep. 2003.

Peter, B. G. , "Is Governance for Everybody?" *Policy and Society*, Vol. 33, No. 4, Mar. 2014.

Pierre, Philippe Combes, Sylveis, Démurger, Shi Li, Jianguo Wang, "Unequal Migration and Urbanization Gains in China", *Journal of Development Economics*, Vol. 142, No. 1, Jan. 2020.

Sorokin P. A. , Zimmerman C. C. , "Principles of Rural-urban Sociology", *Urban Sociology A Global Introduction*, Vol. 12, No. 3, Sep. 1929.

Stark O. , D. Bloom, "The New Economics of Labor Migration", *American Economic Review*, Vol. 75, No. 1, May 1985.

Stoker G. , "Public Value Management: A New Narrative for Networked Governance?" *The American Review of Public Administration*, Vol. 89, No. 4, March 2006.

Stouffer, S. A. , "Intervening Opportunities Atheory Relating Mobility and Distance", *American Sociological Reviews*, Vol. 5, No. 1, Dec. 1940.

Tark O. , Bloom. O. E. , "The New Economics of Labor Migration", *American Economic Review*, Vol. 75, No. 1, May 1985.

Wirth L. , "Urbanism as a Way of Life", *American Journal of Sociology*, Vol. 1, No. 1, Mar. 1938.

Yang T. , Zhao Y. H. , Song Q. , "*Residential Segregation and Racial Disparities in Self-rated Health: How do Dimensions of Residential Segregation Matter?*" *Social Science Research*, Vol. 61, No. 1, 2017.

Yuan, J. J., Lu, Y. L., Ferrier, R. C. ect., "Urbanization, Rural Development and Environmental Health in China", *Environ*, *Dev.*, Vol. 28, No. 1, December 2018.

后 记

　　伴随中国人口城市化进程的推进，城市化率渐趋近 64%，人口城市化发展进程正处于向现代化转型的高速发展期。人口城市化作为城市化发展的核心，突出"人"的城市化而非"物"的城市化，承认与强调"人"在城市化过程中需求的满足与成长、发展。习近平在中央工作会议中也曾着重强调城市化发展终究要依靠人，为了人，以人为核心才是城市发展本质。故人口城市化过程是包括流动人口在内的人口生活方式（价值观、态度和行为等）向城市生活方式转变的一系列过程，目的就是流动人口在城市文明下形成新的价值观和生活方式、取得城市户籍、完成身份的城市化。然而现实是，在中国快速的人口城市化发展进程中，一方面原计划经济时代以平均主义为特征的社会体系不同程度地表现出对流动人口的隔离与分异；另一方面，市场化改革后的城市化发展进程以资本为核心、以利润率最大化为导向、以地方政府片面的 GDP 追求为价值特征、以制度公正相对缺失为条件的城市"再造"建立在不断剥夺流动人口城市居住、就业与社会生活等方面的合法权利之上；加之，流动人口城市化实践的内卷化与竞争能力的短缺，引致中国人口城市化发展过程中的流动人口群体分异城市化问题越演越烈、层出不穷，严重影响了城市化质量发展的提高。历史实践表明：我国流动人口城市化发展的过程与社会现状基本可以用多质共存来形容，多质表现于社会多质态发展的不平衡也表现于多元异质群体的复杂参与。错综复杂的社会关系和大量不确定性的因素显然超出了科层和技术治理的承载能力，传统带有"防范型"与"限制型"特点的流动人口城市化问题治理模式与制度政策供给也显然不符合现代化社会的治理的要求。因此，流动人口群体分异这一问题的治理需要一种更具包容性的社会治理形式。包容性以"尊重差异、差异正义"为理念，以"平等参与、协商合作"为治理策略，以"利益共享"为治理目标的治理理论于流动人口群体分异这一城市化问题治理的运用有助于在"存异"中实现异质群体的利益"求同"，实现流动人口城市化发展问题的"善治"。由此，流动人口群体分异问题如何形成、突出表现为何？内在制因为何？包容性治理出路如何实践？对以上问题的深入探究是我开展此项研究的根本出发点。

本书的主体部分根基于博士阶段学位论文，得益于南开大学四年的培养，让我能够在政府改革理论与实践研究方面不断成长。博士阶段成果的积累与取得，尤其是选题的确立、研究框架的搭建都要感谢导师沈亚平的辛勤指导。本书能够如期出版还要感谢中国社会科学出版社许琳编辑的帮助与支持。成书的过程中，先生马德广对书稿的编辑校对工作贡献颇多，在此表达感谢。当然，学识积累有限，书中难免存有错讹之处，恳请读者朋友理解。

博士毕业后有幸回到母校内蒙古大学任职，继续于公共管理学院开展后续科研工作。本书的出版得到内蒙古大学公共管理学院全力资助，系内蒙古大学 2022 年高层次人才科研启动项目的阶段性支撑成果。

王瑞雪

2023 年 5 月 28 日于内蒙古呼和浩特